符号与记忆研究丛书

丛书主编：纳日碧力戈 龙宇晓

湘黔桂边区的三个族群方言岛

草苗—那溪人—本地人语言文化调查研究

石林 著

中国社会科学出版社

图书在版编目(CIP)数据

湘黔桂边区的三个族群方言岛：草苗—那溪人—本地人语言文化调查研究/石林著．—北京：中国社会科学出版社，2015.7

（符号与记忆研究丛书/纳日碧力戈，龙宇晓主编）

ISBN 978 - 7 - 5161 - 6494 - 5

Ⅰ.①湘…　Ⅱ.①石…　Ⅲ.①苗族—民族语—调查研究—湖南省、贵州省、广西　Ⅳ.①H216

中国版本图书馆 CIP 数据核字（2015）第 141861 号

出 版 人	赵剑英
选题策划	刘　艳
责任编辑	刘　艳
责任校对	陈　晨
责任印制	戴　宽

出　　版	中国社会科学出版社
社　　址	北京鼓楼西大街甲 158 号
邮　　编	100720
网　　址	http://www.csspw.cn
发 行 部	010 - 84083685
门 市 部	010 - 84029450
经　　销	新华书店及其他书店

印　　刷	北京市大兴区新魏印刷厂
装　　订	廊坊市广阳区广增装订厂
版　　次	2015 年 7 月第 1 版
印　　次	2015 年 7 月第 1 次印刷

开　　本	710 × 1000　1/16
印　　张	15.75
字　　数	288 千字
定　　价	56.00 元

黎平县顺化乡归豆村草苗（60苗）服饰　石林　摄

黎平县洪州镇归垒村草苗（60苗）姑娘　石林　摄

通道县锅冲乡肯溪村花苗（20苗）姑娘　石林　摄

黎平县德顺乡天堂寨花苗（20苗）姑娘　石林　摄

从江县洛香镇新平村草苗（40 苗）女装　石林　摄

三江县林溪乡程阳村侗族姑娘

黎平归垒苗寨（60 苗）　石林　摄

从江新平苗寨（40 苗）　石林　摄

通道肯溪苗寨（花苗） 石林 摄

总　序

　　对符号与记忆的研究，在国际人类学民族学的学科体系中有着极其重要的地位。在国际人类学界，早期的象征研究始于爱弥尔·涂尔干和马塞尔·莫斯合著的《原始分类》，自维克多·特纳和格尔兹以来，象征符号与社会记忆的研究更是成了这门学科的重中之重，对文化符号所蕴涵的意义的阐释是人类学最大的学科特色。为此，贵州省高等学校人文社会科学研究基地贵州师范学院中国山地民族研究中心暨贵州民族学与人类学高等研究院自成立以来就将符号与记忆研究放在最突出的位置，经过两年多的学术积累，我们主编了眼前这套"符号与记忆丛书"，目的就是要重拾"千灯交映"的生态观，在认知、学术和思想上重新把"形""气""神"勾连起来，动员人文社会科学诸领域乃至自然科学在学术上共同"致富"，从而建设敢为人先的创新共同体、协商中和的智慧共同体、"形""气""神"三通的生态共同体以及美美与共的美德共同体。

　　符号与记忆是万象共生的本质，是社会与自然的本征，也是地天相通的元气。世间万物的存在是符号的存在，有生命与无生命互相指涉，互为环境；两个或者更多的存在物重复互动，形成记忆，实现"结构耦合"。记忆是一种结构耦合。

　　符号或指号的特质是物物相指，象象互涉，事事耦合。当我们看到一幅纸质地图，展开来，上面有雄鸡的轮廓，便知道那是中华人民共和国，印刷出来的图形和航拍到的图形一致；天上乌云密布，一阵风吹来，下雨了，云和雨有前后关联；汉语把"树"叫 shu，英语叫 tree，蒙古语叫 mod，韩语叫 namu，约定俗成，不似地图和云雨。根据指号学家皮尔士的理论，指号分三元，有形物的征象（sign），有涉指的对象（object），有神智的释象（interpretant）。地图上的中国和实测到的中国存在形似或者象似的关系；云和雨存在连续或者顺接的关系；不同语言的"树"有不同发音，全凭集体约定，不靠形似或顺接。就是这样，形物和神智需要精气联络，形有物性，神有智性，气有物性，也有智性，居中。中国古人熟知形气神三通的道理，生活世界中，三者互动共生，缺一不可；皮尔士也强调指号三元的互不可分，交融一体。《尚书》和《国语》有"地天通"和"绝地天通"的记载，说曾有过地天相通的时代，民神混杂，神可以下凡，民可以登天，可谓互通有无，互补共生，是一个形气神三通的时代。后来，颛顼帝命大臣"绝地天通"，阻断"民神混杂"的通道，形神之间没有了互通之气。张光直说地天通时代是萨满时代，这个观点给了我们启发，也给了我们丰富的哲理想象。"乐由天作，礼以地制"，天地相通，礼乐圆融。皮尔士说"人是指号"，这是有道理的：社会的构成要依赖符号认知和历史记忆，更要依赖日常生活和社会实践，尤其是耳濡目染的形物，更是不可忽略。族群与民族的现象涉及心物，涉及把心物联结在一起的交流活动；爱父母、爱家园、爱民族、爱国家，层层递进，顶针续麻，根植于形物指号，交流于环环相扣，升华于社会记忆。社会记忆不单纯是个人心理现象，哈布瓦赫、维果斯基、康纳顿等令人信服地指出，社会记忆是集体记忆，是身体记忆，也是心物交融的记忆。可以说，社会记忆表达了体物与神智、个人与群体之间的生态关系，在差异中重叠关联，互补共生。人类符号的精华是语言，社会记忆的本体也是语言。语言是物感物觉和心神心智的生态系。《礼记》说：

> 凡音之起，由人心生也。人心之动，物使之然也。感于物而动，故形于声；声相应，故生变；变成方，谓之音；比音而乐之，及干戚羽旄，谓之乐也。乐者，音之所由生也，其本在人心感于物也。

心物互动，形声成音，比音而乐，这也符合亚里士德多关于"灵魂情动，语言乃生"的解说。虽然各民族没有共同的文字，也没有相同的口语，但语言毕竟是内心经验的符号，而全人类的内心经验是相同的。亚里士多德把史诗、悲剧诗、喜剧、酒神颂以及"绝大多数演奏术和竖琴演奏术"看作是摹仿艺术，有浓重的象似性，摹仿用颜色，用图形，用声音，用节奏，用语言，用谐声。物感物觉要"困扰"心神心智，心神心智要反串物感物觉，语言本身是一个生态系统，各个要素互相制约，保持平衡。人类用身体实现物感物觉，形成长期的或者短暂的身体记忆。语言和音乐和身体记忆及其操演有关，涉及身体化的社会记忆，也涉及社会化的身体记忆。从民族译名的文本讨论（纳日碧力戈《万象共生中的族群与民族》），到民族音乐的爱国情怀（蒋英《黔山遗韵——贵州音乐考古》），再到草苗语文的"婚姻密码"（石林《黔湘桂边区的三个族群方言岛——草苗、那溪人、本地人语言文化调查研究》），等等，都在说明这样一个道理：人类不分民族、宗教、党派和爱好，首先是生命体，要和周围的各种生命和非生命现象共存共生，在精神和物质的交接处"美美与共"。

索绪尔式结构主义在观察和分析社会文化现象的时候，把历时发展悬置起来，将它看作是一个个横截面的纵向累积，认为知其一便可知其余，共识重于历时。但是，这样的研究取向会脱离感性和实践，拘泥于高度抽象的"语法"或者"规则"。同时，在这个研究样式中，社会记忆被社会语法代替，历时被共识代替，指号被象征代替，"地天通"被"绝地天通"代替。要弥补这种研究取向的不足，既要回归到感性实践中来，使抽象的"语法"具有物感的基础。研究一个活的社会仅着眼于宏观规律是不够的，还需要观察细节，记录变化，分析过程，比较个案。人类学民族学的田野工作是地天通的过程，深入草根，局内观察，局外分析，进得去，出得来。格尔兹说，人类学者不可能成为被观察的本土人，而只能通过详尽的民族志，丰富已知人类学文化的样式，充实有关生活世界的认知。

皮尔士说"人是一堆习惯"。习惯的本质是什么？是体现在身体上的社会记忆。人类记忆可以体现在语言使用和概念抽象之中，也可以体现在地志景观和山水草木中，二者虽有区别，但藕断丝连，不可割裂。社会想象和民族记忆就是在这样的形神勾连、物智交融中存在和延续的。历史记忆是指号活动的积淀，有浓厚的社会属性，涉及物质存在，如塑像、纪念碑，也涉及精神，如价值观和意识形态。可以想象这样的图景：两位老同学相见，激动万分，兴奋异常，儿时同桌，白发重逢，唤起真切的记忆，藏猫猫的体感，捉蛐蛐的情形，侃大山的乡音，盘中餐的味道，社会记忆，浓浓地沉积在身体中，挥之不去，去之又来。推动历史发展、社会前进的动力，不单是价值理念、观点主义，还有乡愁别恋、对酒当歌。那对酒乡愁中的五味杂陈，心旌摇曳，才是更加基本的动力，才是更加实在的根据。美学家伯克认为，崇高与美直接产生于身体对于外界刺激的感应，即最抽象和崇高的心境离不开最具体的身体和心理官能，痛苦的事物通过身体感觉作用于人类心智，恐怖的事物通过危险感作用于人类身体器官"。听闻、触摸、味道、景观，这些都是社会记忆的物质根据；栖居、家园、地景、地志，这些都是意识形态的基底。

　　现时代是一个多元共和的时代，社会与文化处于极速发展变化之中，一方面社会与文化要适应发展变化的大势，另一方面它们也有自己的反作用，以内因的主动性应对外因的影响，凸显自组织的作用，内因主体和外因主体形成耦合性的生态关系。人们应该如何相处？如何互爱？这是一个任何人都无法回避不应该回避的重大问题；这个问题与其他至关重要的问题一道，正在定义着我们这个数字化世界的"超级时刻"。"国民国家"已经成为人类最大和最有效的默认共同体，从政治到经济，从语言到文化，从法律到教育，一个"无声"的声音在呼唤着匀质，呼唤着同一。然而，人类关系是生态关系，不是同化关系，更不是互相消灭的关系。波德里亚认为，当下世界只有社会构成，没有象征（符号）交换，没有目的，主体、政治性、经济、意义、真理、社会事物、真实事物都已消失，只剩下法则。用皮尔士指号学加以分析，这是像符断裂，即征象和对象相对于释象的断裂，即征象和对象"死亡"，只剩下释象。当然，深受索绪尔影响的波德里亚只关注西方中心城市的虚拟化，没有注意到西方世界生存环境的多样性（即存在大量非虚拟化生活），更没有注意到非西方地区生活现实。在生活世界中，形物不死，神智活跃，精气贯通。

　　根据贝特森的"元关联"理论，把生物体的某一部分和其他部分相比较，会产生一级关联；螃蟹和龙虾、人与马互相比较，找出部分与部分之间的对应关系，会产生二级关联；把螃蟹和龙虾之间的比较和人与马之间的比较相比较，即比较的比较，会得出三级关联。这是一个思考之梯，是关联性思考之梯，从基本模式上升到模式的模式。原本就有元关联取向的地方智慧和传统知识，既是人、自然、社会生态关联的组成部分，也是其中的文化动力。人的主体性要嵌入自然和社会的主体性之中，形成互为指号、互为环境的生态共同体。

　　本丛书正是从上述诸理论与方法出发，对国内外学术界关注的一些重要相关问题作了新的探索，并对中国南方山地民族的语言、音乐等文化符号进行微观分析，希望作者们这些学术成果能对我国人类学民族学以及与之相关各学科的建设和发展有所裨益。

编者

2014 年 12 月

目　录

目　录

下篇　通道的本地人和本地话

附录

自　序

　　《湘黔桂边区的三个族群方言岛——草苗－那溪人－本地人语言文化调查研究》先后在南开大学中文系、贵州大学西南少数民族语言文化研究所、吉首大学人类学与民族学研究所、贵州民族大学民族文化学院/文学院和贵州师范学院贵州民族学与人类学高等研究院的帮助下，经过前前后后、断断续续将近二十年的时间终于得以完成。我心中的感受很难以语言来表达，纠结于心的压力也终于得以释然。

　　洞口的那溪瑶族一直对自己的民族成分有所怀疑，因其与同县（湖南洞口县）的另一支瑶族在语言文化方面都存在着很大的差异。后来从贵州来的几个侗族妇女的口中，他们才发现二者的语言较为接近，进而觉得自己可能也是侗族。1994年在南开大学中文系的帮助下，我和研究生黄勇对洞口那溪话和通道平话进行了田野调查。2005年和2006年我受聘到吉首大学人类学与民族学研究所工作，在研究所的帮助下，我又两次对那溪话进行了调查，从而坚定了我对那溪话与侗语同源的信心。洞口那溪话和侗语两者不仅有严格整齐的语音对应关系，而且还有60%的基本词汇同源率，洞口那溪话无疑是侗语的一个方言岛。那溪瑶族的语言文化很有民族和地方特色，但以前未有人对其进行过全面系统的调查研究，本人对其的调研可以说是弥补了这一空白。语言与民族的族属有密切的关系，但也不是绝对的等同关系，那溪人的族别应遵循"名从主人"的原则，由其自己去选择。

　　我对草苗的印象始于40年前的1965年8月，那时我还是中央民族学院民语系的大二学生，受中央指派，中央民院近千名师生浩浩荡荡、轰轰烈烈开到广西三江进行社会主义教育运动（即"四清"）。因我是侗族，又是班上49个同学中非团员的三个人之一，毫无疑问被组织指定到最边远最落后的林溪区茶溪公社孔冲大队（ul gongc）中最穷的一户人家去接受贫下中农的再教育。那时，由三江县城古宜（guis nyic），经林溪（liemc qip）、美华（meix wac）、茶溪（jac qip）到孔冲80里地没有通公路，全靠步行。我每过美华都能看到说着侗语但穿着较旧长衣的"草苗"（miiul nyangs），从当地侗族口中得知这是一个"说侗话唱汉歌"的苗族，孔冲的老乡还说我的侗话有点像草苗话。（我是锦屏侗族，与靖州三秋（samp siup）一带接壤，后来我在调研中发现草苗很多人都是从三秋一带迁去的。这是我的侗话像草苗话的原因）从那时开始，我一直在想，为什么草苗是苗族说的却是侗话，唱的又是汉歌呢？若有机会我一定将其弄明白。

2005年4月至2007年7月在吉首大学人类学与民族学研究所的帮助下，我对通道和黎平的草苗进行了两次田野调查，发现了草苗与众不同的婚姻密码，发表的论文《草苗的婚姻圈和阶层婚》在学界也有较大的反响，也成功申报了"与侗语有关系的三个湖南土话：那溪话、平话、草苗话"的国家社科基金项目。2007年10月至2013年2月我又受聘到贵州民族大学民族文化学院和文学院任教，继续完成对草苗等三个族群语言文化的调研工作。在贵州民大五年多的时间里，我带领侗语专业的本硕学生，对黔湘桂交界的黎平、三江、通道和靖州四县所有的草苗乡镇，进行了十余次的田野调查，搜集了较为丰富的草苗语言文化资料，发表了数篇关于草苗语言文化的论文，使我对草苗的语言文化有了较为全面、深入、客观的认识，并完成了《草苗—那溪人—本地人语言文化调查研究》一书的初稿。2013年10月我又受聘到贵州师范学院贵州民族学与人类学高等研究院及中国山地民族研究中心工作，在高研院和山地中心的帮助下，终于完成了《草苗—那溪人—本地人语言文化调查研究》的修改定稿工作。

1994年我对湖南通道平话进行了田野调查，后来我将整理好的平话的音系和同音词汇寄给杨锡先生请他提意见，杨锡先生不仅审阅了全稿并提出了宝贵的意见，同时还将他记录的部分通道平话资料供我参考。杨锡先生是通道下乡本地人（nyenc bens dih），他兼通本地话和侗语。我记录整理的平话经过认真地排同音词汇及经杨锡先生的校对应该说是可靠的。根据所说语言的不同，本地人分为客本地（gax bens dih,

其说的是平话）和侗本地（gaeml bens dih，其说的是侗语）；客本地分布在通道的下乡、菁芜洲、临口、溪口和马龙等地，约有两万五千人，侗本地分布在通道下乡的各村及临口乡的官团、山溪、石壁、陇底等地，约有一万余人。平话主要分布在广西，分为桂南平话和桂北平话，以及湖南南部的宁远、道县、蓝山和通道。通道平话的声韵调跟其他地方的平话基本相同，入声韵已消失，韵母简化；浊声母已轻化为清声母；入声调已消失，大都归入阳上，平、上、去各分为 2 个调，阴平、阴去又各分为 2 个调，这样就形成了 10 个声调的格局。侗语的汉语借词分为老借词和新借词，新借词借自西南官话，因现在侗族聚居区内的汉族说的都是西南官话，而老借词其音韵面貌与中古汉语对应，但在侗族居住区以前又找不到说中古汉语的汉族，故找不到侗语老借词的来源。通道本地人平话的发现，使我们终于找到了侗语老汉语借词的来源。草苗和本地人的语言文化以往也有简单的文章介绍，但全面深入的调研尚未有人进行过。我们的调研成果也应是填补了这方面的空白。

科学研究的意义就在于发现未知的新世界、新事物，并揭示其内部结构规律及发展演变规律，或对前人的研究成果进行修正或补充。我对那溪人、本地人、草苗的语言文化的调查研究，揭示了这三个学界未知族群语言文化的神秘面纱，让大家对它们有所认识和了解，我自己亦因此有些许自愉和安慰，但肯定也难免有错漏和不当之处，敬请草苗、那溪、本地同胞和学界朋友海涵、批评、指正！

石 林

2014 年 5 月 25 日

于贵州师范学院高研院、中国山地民族研究中心

上 篇

三省坡草苗的语言与文化

第一章 三省坡60苗的语言文化调查研究[*]

在我国湘黔桂交界的三省坡，生活着苗族的一支——草苗，他们散居于侗族村寨的周围，说类似于"侗语"的草苗话，和唱着"汉歌"，有人称他们为"说侗话唱汉歌的苗族"。为何他们属于苗族又说着与侗语基本相似的草苗话，为何不称他们为苗族而是草苗，他们从何而来，他们的语言与侗族、苗族有哪些区别和联系，他们又有着怎样的风俗习惯和民族意识呢？下文我们将对这些进行一一探究。

第一节 草苗的族称族源分布人口

一 草苗的族称族源

族称指一个民族的自称和他称，草苗自称为 miiu⁵⁵ ȵaŋ³³，直译为"苗草"。当地侗族亦称其为 miiu⁵⁵ ȵaŋ³³。族源指一个民族的来源，对于草苗的由来众说纷纭，莫衷一是，但总的来说有三种说法。有的认为草苗是蒙古族的后裔，其根据是草苗的上衣长齐膝，和蒙古族的长袍相类，此说无多大依据，未能令人信服。有的认为草苗是由汉族逐步演化而来的，此说有民间传闻和家谱的佐证。一部分人由汉族演变

———————

* 2008 年 7 月、8 月，2009 年 2 月、10 月，笔者先后四次带贵州民族学院民族文化学院 2005、2006 级同学龚永文、陈蓉、梁思娥、彭婧、杨红梅、石长井、熊恩琴、张江舒、龙本洲、石庆章参加了对三江、黎平、通道、从江、靖州五县草苗花苗的田野调查。在田野调查中，我们先后得到五县乡（镇）村领导潘启斌、吴家彦、吴通爱、吴仕维、吴启航、龙怀益、胡伟、潘仕品、吴金辉、龙景铎、曾垂亮、李邦益、庞广根、胡大立、潘开海、梁永军、吴启林、潘启亮、杨远胜、吴金情、潘昌和、吴玉贤、杨昌能等的盛情接待和帮助；在写作中也参考了上述同学的田野调查记录以及"草苗之窗"的有关文章。谨此一并对诸位表示由衷的谢忱！本章民族语记音为国际音标，所有记音由笔者完成。

而来很有可能，但如果说大部分草苗都如此则不大可能。再说家谱都是"修"出来的，不管汉族、侗族、苗族凡是同姓的都来自同一祖先，这也不大可信。有的学者认为现居于三省坡的草苗在明末清初从湖南省靖州苗族侗族自治县三秋（sam⁵⁵siu⁵⁵即三秋）一带迁来已确定无疑①。

二　草苗的由来及立碑

关于草苗的由来，三江县归斗村吴氏宗支簿载："昔我吴戌一支，始住江西泰和县鹅甲大坝发迹之源，自宋太祖平海宇，我吴戌祖从楚南出贵州至潭亮二江及庄皇大段家焉，镇安数代，又遇变世不安，迁居五开五垴寨（今黎平县城关镇——笔者注），昔贵州之地，及明朝朱太祖洪武二年诏告，即委派一抚官带领雄兵数万至五开五垴寨，筑城立府，号黎平府，扰乱多端，我祖见事不谐，难受其苦，有之移居五开家焉，有之转下同古八竹坪家焉，今号地潭溪司也（潭溪在今黎平县境内——笔者注）。及明末万历年间，我有二太祖公名叫悦楼、读楼，字讳央朝、央明，自慕苗村出身，祖公各务生涯，又移居黄白家焉（今三江黎平通道各有一草苗村名叫黄柏，通道黄白是从黎平黄白分出去的——笔者注），央明公至黄白屯移居黄白屯住焉，央朝公自黄白屯又移居高宇家焉。（高宇村在今三江县——笔者注）"又据三江县八江乡布代村龙姓、吴氏草苗宗支簿载，"祖宗原籍都是江西泰和、永新的汉族，元朝中期才从江西迁到湖南会同、靖县一带，17世纪40年代又从那些地方迁到现在的独洞乡玉马高宇两村，到第二代才演变为草苗的"③。又据布代村吴氏宗谱载，一世祖吴荣还在清康熙五十四年（公元1715年）从高宇移居到布代村，至今已有12代。又据布代村一吴姓老人介绍，其祖先原在靖州岑秋（tɕən²²siu³⁵，即sam³⁵siu⁵⁵三秋）居住，后从那里迁到高宇，再从高宇迁到布代，其祖坟现尚在高宇。高宇吴通腾也说，三江的吴姓草苗都是从高宇迁去的。又据通道吴家彦介绍，其始祖于清顺治年间从靖州三秋到通道大高坪给人放牛，然后在此安家，三秋现仍有其祖坟。又据黎平吴金辉介绍，其祖先先从靖州甘棠

---

①　石林、罗康隆：《草苗的通婚圈和阶层婚》，《广西民族大学学报》（哲学社会科学版）2006年第6期。

迁到靖州通道交界的四乡、播阳一带，后又从那里迁到黎平洪州，黎平境内的草苗又大都是从洪州迁去的。2008 年 7 月 31 日我们在黎平归垒（kui^{33}li^{31}）调查时，当地老人说，ja^{53}han^{31}（亚罕）、kui^{33}pe^{33}（归白）、mei^{31}nat^{55}（树果）、set^{55}sa^{31}（七傻）、kui^{33}na^{33}（归纳）、kui^{33}keŋ^{55}（归共）、liaŋ^{22}gai^{55}taŋ^{22}（龙寨塘）、mieŋ^{13}（孟冲）、kui^{33}ne^{55}（归内）、kui^{33}taŋ^{2}（白狼娘）、pia^{55}pak^{31}（白岩）、pau^{33}li^{31}（包里冲）、tou^{33}kai^{53}（鸡窝寨）、toŋ^{31}lien^{22}（东林）、xai^{42}lao^{31}（老寨）、pan^{53}pian^{53}（半田坝）、ɕau^{31}taŋ^{22}（小唐）、pi^{22}pa^{22}pu^{33}（龙安）、pen^{53}no^{33}（?）、ʈi^{31}taŋ^{22}（保堂）等都是从归垒迁徙出去的。

综上所述可以得出：一，关于草苗迁到现居住地的时间：黎平草苗迁到洪州的时间已有 16 代，大约在明万历年间，即公元 1605 年左右；三江草苗迁到高宇、其马的时间大约在 17 世纪 40 年代（1640—1649），即明末清初之间；通道草苗迁入大高坪的时间在清顺治年间（1644—1661）。这就是说三省草苗迁到现居住地的时间大约在 1605—1649 年间，即在明末清初陆续迁入的。二，三省草苗大都是从湖南靖州迁去的，各地草苗家谱和民间口传都如此认为。草苗的一大特点就是"说侗话唱汉歌"，也可从其语言方面证实其是从靖州来的。草苗的一部分词汇与北侗的锦屏秀洞（与靖州三秋相邻）相同，而与南侗的通道、三江侗语不同。我们认为，这一部分词汇是北部侗语留在草苗语中的语言底层。例如：

	猴	药	肚子	土	日子	黄牛	背	兄	帽	桌子
秀洞	ləi^{1}	məi^{4}	tu^{3}	ən^{3}	pən^{1}	tu^{2}	əm^{3}		pau^{3}	meu^{42}	tai^{3}
草苗	ləi^{1}	məi^{4}	tu^{3}	ən^{3}	pən^{1}	tu^{2}	kəm^{3}	pau^{3}	meu^{42}	tai^{3}
通道	mun^{42}	əm^{3}	loŋ^{2}	mak^{31}	mɐn^{1}	sən^{2}	lai^{2}	ʈai^{4}	əm^{4}	ɕoŋ^{2}

在语法方面，草苗话也留有北部侗语的语法底层，即人称代词的语序与北侗相同而与南侗相左。例如：

	我	父亲		他	的	黄牛
秀洞	ja^{2}	pu^{4}		mau^{42}	ti^{3}	tu^{2}
草苗	jau^{2}	pu^{4}		mau^{42}	ti^{3}	tu^{2}
通道	pu^{4}	jau^{2}		sən^{2}	mau^{42}	

以上的语言事实也证明草苗确系从靖州迁去的。

　　草苗是一个守诚信和有规矩的民族，特别是关于草苗的婚姻大事，事关民族的生死存亡。草苗又是一个迁徙民族，每到一个新地方或社会经济环境发生变化后，都要将已与当时生态环境不适的婚姻条规进行修改，并立碑作大家遵守的凭证。草苗先后立过五个石碑（以后所立的碑，系各地草苗自立的分碑），有立碑歌为证：

　　前头还未分岩碑，同客还在通天河；同在天河岸西坐，条理还是同一条。

　　共一朝一本历，男女条理是同符；高坡山顶第一碑，高坡岑洞第一岩。

　　第一头名杨庙之，第二名是李之全；难为娘心的不弃，才得姑表六十年。

　　第一岩名杨庙之，前头当初李之全；娘也有情郎有意，如今才得六十年。

　　第二岩碑定岑本，岩碑立在高岑银；头名是张大宝，二名就是李仕明。

　　还有潘通良一个，龙付手是也有名；因为前头治岩碑，当到如今得生人。

　　第三岩碑定岑午，人讲人笑意也和；水十八年转高江，鱼十八年转高河。

　　第四岩碑平三炉，人靠人扶江也扶；上平三炉吴仕泰，下平三炉住天人。

　　第五岩碑定岑干，头名就是吴仕良；垒寨有名胡收山，同心和意共商量。

　　六十四鲜李孟鸳，高宇胡荣又吴爷；堆水中江半岑干，条礼虽少也在行。

　　堆水中江半岑干，六亲六客满元房。

碑序	埋碑地	立碑年代	参与层
第一碑	不具体	不具体	60＋40＋花苗＋外部苗
第二碑	不具体	不具体	60＋40＋花苗＋外部苗
第三碑	高宇　其马之间	不具体	60＋40＋花苗＋外部苗

第四碑	下温 岩寨之间	1630 年左右	60 + 40 + 花苗 + 外部苗
第五碑	归垒	1650 年左右	60 苗 + 40 苗（后违约）
第六碑	塘冲	不具体	60 苗
第七碑	yav gueengv（田坳）	不具体	60 苗
第八碑	归白	不具体	60 苗
第九碑	高达	不具体	60 苗
第十碑	归宝（后迁亚罕归毛）	1960 年	60 苗

三 草苗内部各支系

草苗原先分为三个支系：内岗苗（kaŋ⁴² kau³¹），中岗苗（kaŋ⁴² ta⁵³），外岗苗（kaŋ⁴² pak³³）。内岗苗又分为 60 苗、40 苗，中岗苗指花苗，有人也叫 20 苗，外岗苗指老苗，又叫黑苗。这源于 300 余年前在贵州黎平洪州归垒召开的第五次草苗婚姻礼俗改革大会，经协商开会的代表为 120 人，为 94 个自然村寨的代表，会期三天。但开会的第一天，只有 60 人到会，即 60 苗的代表，会议仍如期召开。第二天又有 20 人到会，即花苗（20 苗）。这 80 个代表重新拟定了草苗的婚姻礼俗规章条款并刻成碑文，立在归垒村寨头的晒谷坪上，据说地上地下各有一碑。可到第三天又有 40 人（即 40 苗）才到会，并要求对前面制定的条款做一定修改，但遭到第一天到会的 60 人的坚决反对，不让第三天到会的这 40 人加入草苗村寨组织，而第二天到会的 20 人保持中立，因而发生争执，40 人愤然离去。后来这 40 人便自己重立碑文，并将原草苗女性民族服装大襟由右开改为左开。由于第二天到会的这 20 人在会上对开除 40 人加入草苗村寨组织保持中立态度，60 人对其亦表示不满，也不允许他们加入草苗村寨组织。从此以后，60 人所代表的村寨便成为 60 苗，40 人所代表的村寨便成为 40 苗，20 人所代表的村寨便成为花苗即 20 苗。上述仅是一部份人的说法，而大部分人认为草苗只包括 60 苗和 40 苗，花苗并不包含在草苗内。

四 草苗的分布

前面说过草苗主要聚居于湘、黔、桂三省交界的三省坡，即湖南通道县的大高坪乡、独坡乡、锅冲乡、牙屯堡镇；贵州黎平县的洪州镇、龙额乡、地坪乡，水口乡、德顺乡、顺化乡、肇兴乡，从江县的洛香镇；广西三江的独峒乡、林溪乡、八江乡、同乐乡、良口乡、洋溪乡。草苗村寨的具体分布如下所示：

（括号内的数字，为草苗的寨子数）

60苗(126)	三江县（54）	八江乡（12）	归内、汾水、高难、中干、汾水、八所、岑牛上寨、成登、孟田、瓦寨、布代、白狼娘老人部分
		林溪乡（2）	牙己、美代
		独峒乡（5）	玉马、高宇、其马、牙戈、高亚
		良口乡（8）	布糯、滩背、布交、寨沙、燕茶（部分）、黄柏、归斗、良柳
		同乐乡（21）	归亚、配东、初沙、归纳、美孝、归保、高达、归落、美地、寨江、培秀、平良甲、平宽、亚邑、岑培、弄底、岑甲村、归横、上良同、净代（部分）、归夯（部分）
		洋溪乡（6）	奴图、红岩、鞍马、岑夜、岑灯、塘扣
	黎平县（58）	雷洞乡（4）	傻罗、塘培、毕义、厦头
		顺化乡（4）	高泽、半江、归斗、富荣、高清
		龙额乡（10）	起凡、万台、亚罕、府村、兄正、传翁、几大、母王、岑转、岑赏
		地坪乡（4）	归白、归共、归叫、美对
		洪洲镇（10）	归欧、塘冲、九蕨、归垒、包里、大田垮、钉归、高酩、高少、赏方（部分）
		水口镇（18）	美嫩、地钉、命江、岩弯、八善、上能少、八列、光明、上七厦、下七厦、上纪塘、下纪塘、邑嫩、新年（部分）、命细、坪松、三和、中寨（部分）
		德顺乡（8）	鸡窝、老寨、小塘、塘坡、东林、归井、雷打岩、半便（部分）
	通道县（15）	大高坪（9）	老寨、两步桥、下龙寨、龙林、田坝、排楼、龙寨塘、龙冲、冷水段
		牙屯堡（3）	上逊冲、下逊冲、大良
		独坡乡（3）	孟冲、本土、吊香

40 苗 (17)	黎平县	肇兴乡（12）	堂华、登育、普鲁、响贡、高鸟、得盘、岑友寨、儿满、弄塘、联转（部分）、风云、上高贡
	从江县	水口镇（2）	平善、下能少（部分）
		洛香镇（3）	德格、方良、弄对

五　草苗的人口

草苗（含花苗）大约有 58900 余人，其中黎平县约有 19000 人，三江县约有 31600 人，通道县约有 6800 人，从江县约有 1020 人，靖州县约有 500 余人。在"三苗"中，60 苗约有 49300 人，20 苗（花苗）约有 5930 人，40 苗（又称"刁族"）约有 3620 人。黎平有 60 苗、40 苗和花苗（20 苗）；通道有 60 苗和花苗，无 40 苗；三江只有 60 苗，无花苗和 40 苗；从江只有 40 苗，无 60 苗和花苗；靖州只有花苗和外部苗，无 60 苗和 40 苗。这是我们于 2008 年 7 月、8 月间到五县所有草苗花苗乡镇调查得出的结果，应该说是比较准确的。而以前所说的草苗有 6 万 5 千人是有误的，因黎平的 3 万余人是把其县内的老苗人口也算入草苗人口以内。同时需要更正的是，五县中以三江的草苗人口为最多，其次为黎平，通道再次，从江更少，靖州最少；在"三苗"中，60 苗人口最多，花苗其次，40 苗最少。具体情形如下。

（一）湖南通道县

大高坪乡：大高坪 1478 人、龙寨塘 741 人，总计 2219 人；

独坡乡：孟冲村 1000 余人、本土村 200 人、吊香村 200 人，总计 1400 人；

牙屯堡镇：逊冲村 900 人。

通道县草苗人口约 4519 人。

（二）贵州黎平县

洪州镇：归垒村约 1500 人、塘冲约 500 人、九厥约 500 人、归欧约 300 人、高少约 100 人、赏方约 100 人、包里约 50 人、大田塝约 50 人，总计 3100 人；

龙额乡：亚罕村 2135 人、亚改村 208 人、起凡村 862 人，总计

3205 人；

水口镇：坪善村（40 苗）共 455 人，美嫩村（60 苗）共 857 人，八列村（60 苗）共 501 人，岩湾村（60 苗）的命江约 200 人、能烧 40 人，总计 2053 人；

德顺乡：鸡窝 190 人、平阳老寨 78 人、麻禽榜 49 人、银团榜 45 人、塘梗坡 54 人、水塘 37 人，总计 453 人；

肇兴乡：堂华村共 1009 人、高鸟村共 1030 人，内大榜 30 人、外大榜 40 人，总计 2109 人；

雷洞乡：塘培 635 人、傻罗 244 人，总计 879 人；

地坪乡：归白约 1096 人；

顺化乡：高泽约 400 人、半江约 200 人、富荣约 150 人、归斗约 250 人，总计 1000 人。

黎平县约有 13895 人。

（三）贵州从江县

洛香镇总计 1015 人，其中新平村 549 人、方良村 456 人。

贵州草苗的人口约 14910 人。

（四）广西三江县

独峒乡：上亚屯 781 人、其马屯 1533 人、高宇屯 1248 人、岑高亚 130 人、牙戈 605 人，总计 4297 人；

林溪乡：牙己村 1377 人；

同乐乡：岑甲村 303 人：上良同 194 人、归横 109 人，归美村 3015 人：归纳 1236 人、岩脚 34 人、归保 288 人、美耀 427 人、寨江 124 人、高达 282 人、美地 157 人、归乐 467 人，良冲村 1656 人：平香甲 581 人、岑培 96 人、弄底 96 人、培秀 435 人、平宽 273 人、亚岜 181 人、归亚村 1739 人：初沙 135 人、归亚 1298 人、配东 288 人，净代村 481 人：上支两 174 人、中支两 188 人、下支两 119 人，总计 14376 人；

良口乡：布糯 852 人、王白 212 人、滩背 198 人、布勾旧寨 217 人、布交 255 人、归斗 586 人、良柳 425 人，长冲 89 人、两交 172 人，总计 3006 人；

八江乡：汾水村 2361 人、归内村 1062 人、布代村 3068 人，总计 6491 人；

洋溪乡：红岩村（"文革"前叫白岩村）的红岩屯439人、岑灯屯233人、塘扣屯288人，鞍马村的鞍马屯274人、岑夜屯434人、奴图屯439人，总计2107人。

广西三江县草苗人口约为31674人。

第二节　草苗的恋爱婚姻

草苗虽然散居于侗族的周围，然而他们却不与周围侗族通婚，即使距离遥远也要和自己的草苗族通婚。同时在草苗内部，还有严格的通婚圈和阶层婚。

一　恋爱

草苗的恋爱大多是以对歌的形式来表达对对方的爱恋，这完全可以称为"对歌恋爱"。对歌先在男女集体对歌中进行，一旦其中的一对男女在对歌中互生好感就会发展为单独的约会对歌。草苗的"对歌恋爱"主要通过逛"花园"、"坐月堂"和"约日"等活动来完成。

（一）逛"花园"

草苗每一个村寨，都把一处树木葱郁、百花常开的山岗，设为青年男女谈情说爱的"花园"。每逢节日，四面八方的青年男女，就会云集到这里来逛"花园"，也称"坡会"。在花园中通过对歌，小伙子一旦看中了意中人，便摘下一枝花，朝他看中的姑娘的云发上插。姑娘若对他报以微笑，就会羞答答地离开女伴，独个儿走了。开始她走得很快，小伙子紧紧跟随。当她确信她的歌不会让女伴们听到时，她才慢慢地走，并给身后的小伙子甩来一串歌。如果歌声中暗藏有几分情意，小伙子就把事先准备好的一包糖递给姑娘，然后开口唱：

我到山塘挖口井，
井水几深情几深，
井水千年不断流，
郎也千年不变心。

如果姑娘还要探探小伙子的"虚实",是不是真心喜欢,他们就要一整天对歌,直至黄昏。假若姑娘已爱上小伙子,她就会接下那包糖。这之后小伙子就可以邀约朋友,跟随姑娘到她家去。姑娘的亲人们便会热忱地把他们当贵宾来款待。晚上,姑娘请来她的女伴,与小伙子们一起"坐夜"。青年男女们就是这样开始了初相会。

(二)"坐月堂"

"坐月堂"是晚间小伙子到姑娘家玩的一种活动,因往往都玩至深夜,故称"坐夜",又因为是小伙子到本寨或邻近的草苗寨的姑娘家玩,所以也称"走寨"。在农闲期间,每逢双日的晚上,吃罢夜饭之后(草苗因为在下午五时许要吃一餐晚茶,故夜饭一般在晚九时左右),老人们早早睡去了,小伙子便出门开始活动。而姑娘们戴上耳环、项链、手镯,系上头巾,穿上锦衣彩服,每人拿两筒糯米,一抓阴米(蒸熟的糯米晾干后就成阴米,煮油茶时将阴米放入油锅炸开),一抓茶叶,一把韭茶,还有少许黄豆、花生,三五成群地汇集在一姑娘家做针线活,对月当歌,等待远路而来的情郎。小伙子则首先到鼓楼一带集中,然后也两三人一伙开始进寨,即"走寨"。"走寨",不限定在本寨,附近的草苗寨都可以走。因此草苗寨一到晚上就成了小伙子的天下,本村的、邻村的、跨村的,甚至跨乡的小伙子都有,他们唱着撩人的"嘎花"(即草苗语歌)进寨,"哪家亮灯进哪家"。歌声响彻了寨子的大街小巷,苗寨已成了歌的海洋。在还没有心上人时,小伙子需要靠"走寨",不断地去寻找心仪的姑娘,去向她发起攻势,去追求心仪的姑娘。能否博得姑娘青睐,很大程度上取决于小伙子的歌唱得怎么样,"进屋三首歌",小伙子的歌如果能唱到姑娘的心坎里,姑娘会继续用歌试探、答复。所以"坐夜"其实应该称为"行歌坐夜"。应该说在"坐夜"中姑娘一直都处于主动的位置,小伙子是被动的。姑娘们唱道:

来相会,
年登十八飞过岗,
茶花开放蜜蜂转,
蜜蜂转花郎转娘。

等到小伙子们来到了姑娘家之后，姑娘们如喜鹊般的喜悦："莫吵，莫吵！他们来了。"木楼巷里飘歌声，姑娘们喜盈盈地齐声唱起了想郎会：

想郎会，
妹是半坡一丘田，
半坡丘田没水养，
盼郎引水下娘田。
妹是画眉叹单身，
今晚得听金鸡叫，
娘盼金鸡来同林。

小伙子进屋了，情人相见了。窃窃低语，细细歌声，男的倾肠倒肚，女的掏肺捧心。一双双，一对对，情意缠缠，难舍难分。鸡啼了，姑娘们打油茶招待远方的情人。敬上油茶，歌声伴随：

娘茶苦哟，
娘的茶比若皮黄（皮黄，即黄柏）。
娘的茶比皮黄苦，
不知情郎可愿尝？

人好茶香，歌甜情深。小伙子吃完三碗茶，对姑娘唱开了：

妹茶甜，
蜜蜂尝了笑开颜，
我喝阿妹茶一碗，
回去三年嘴还甜。

等到天快亮时，月亮和星星互相告别了，小伙子和姑娘们也唱起了分离歌：

13

> 叫鸡莫啼公鸡要啼，
> 叫天莫亮天要亮，
> 鸡啼双日变单日，
> 天亮郎娘要分离。
> 心难舍，脚难移，
> 山和江水两相迷，
> 鸟和树木两相恋，
> 我俩生死结夫妻。

姑娘可以在来"走寨"的一批又一批的小伙子中选出自己的意中人，陪自己"坐夜"，与自己对歌、聊天、谈心，交流感情，情投意合者就彼此把对方定为自己的心上人，姑娘此后便不再参与"坐夜"活动，而是与情郎单独相会，或者是采取"约日"的方式双方约定好日期相会，作进一步发展。当然，青年小伙子和姑娘们在逛"花园"，"坐月堂"时唱的歌并不是局限于上面几首的，他们可以随机应变，临场发挥，还可以有其他的歌曲，但不管内容怎么变，所表达的意思都是一样的，都是在唱爱慕、传情达意的歌曲。

（三）"约日"

"约日"其实就是约会。但"约日"只限在白天进行，适于不同村寨的情侣在农闲时节的约会。情人之间如胶似漆，难舍难分，嫌晚上"坐夜"不够，还要相约在白天相会。相会的地方一般都在姑娘所在寨子的"花园"，小伙子到约定地点后会按约定的暗号吹"木叶歌"或打几个呼哨或站到高处高呼几声"呜——呼"。此时待在家里时刻竖着耳朵的姑娘听到小伙子的信号后，往往会以拿柴刀、扁担装作去砍柴作掩饰，三步做两步赶往"花园"与情郎相会。

（四）交换定情信物

在行歌坐夜中，姑娘和小伙子如果情投意合，愿意作进一步发展，除频频"约日"相会外，还要互换礼物来表示自己的心意，不能空口无凭。这个活动俗称"换当"（wanh dangv, 即交换定情礼物）。草苗人对互换的定情礼物也是十分讲究的，是按不同礼物所代表的不同含义分两个阶段来交换的："腰带耳环表情意，彩衣项圈定婚缘。"

在刚相识的"坐夜"时期，心灵手巧的姑娘往往是边做针线活边与小伙子交谈或对歌，此时姑娘会出种种的难题来考问、为难小伙子，小伙子如能从容应对并合理反诘，则正中姑娘芳心。此时善察言观色的小伙子趁机向姑娘索要定情礼物，姑娘如果心甘情愿地给，那说明她将接受小伙子，愿意与小伙子将恋爱作进一步发展；如果以种种借口不大肯给或不给，那说明小伙子经姑娘"考核"后难以过关。姑娘就算当晚与小伙子"坐夜"也仅是礼节性招待而已，仅在不涉及个人感情问题方面以谈笑作应酬，不愿再作进一步发展，识趣的小伙子唯有就此罢休，再去他处另找心上人。

而如果姑娘愿把定情礼物送给小伙子，那么两人的恋情会得到迅速发展，就会很快进入热恋时期，就会频频"约日"相会，阿郎有情妹有意，非你不嫁，非你不娶，最终二者会山盟海誓定终身。到此时聪明的姑娘会将贵重的一套精致的彩衣和银项圈送给小伙子，以表示愿与小伙子永结同心，将自己的一生托付给心上人。心有灵犀一点通的小伙子也将一套最贵重的礼服送给姑娘，意为永不变心，愿把整个人及所有一切交给姑娘保管。草苗人善以物寓意，特定的礼物比山盟海誓更能表达男女双方的爱恋之情。

二　婚礼

姑娘与小伙子互相交换订婚衣物后，还不能马上结婚，因为草苗人规定要在农历十二月才能接新娘过门。十二月是农闲时节，才有充足的时间将婚事办好。他们认为婚礼定时，婚宴定菜，送亲客定人，一切都是按照大家拟定的婚姻条款来执行的，谁都不能违反，违者将受重罚。这充分体现了草苗婚姻的规范性、条约化，有章可循，兼顾贫富，也显示了草苗的团结和谐及民主意识，也是草苗婚姻与众不同之处。

（一）接新娘

草苗人接新娘有两种方式：一种是新郎亲自去接，另一种是新郎不能亲自去接。对于选择何种方式去接新娘，要视女方的家人、家族的情况而定。若新娘家人、家族喜欢对歌和比较循规蹈矩，新郎就不能亲自去，必须在本家族中挑选两名能言善辩、能歌善唱的中年妇女去；若新娘的家人、家族比较随和，新郎邀请一个要好的朋友跟自己去就可以了。

　　草苗人接新娘忌白天，去接新娘都是晚上去，而且也必须要在凌晨四时（寅时）前将新娘接到新郎家。若新娘是本寨的，接新娘的人可以在新郎家吃完晚饭后去接新娘，到新娘家后再打一餐油茶，等到寅时前将新娘接到新郎家即可。新娘若是其他寨的，迎新客则要视路途远近估算好所需要的时间后再动身。到新娘家吃晚饭后，等对歌或交谈到合适的时候就开始动身，将新娘于寅时前接到新郎家。

　　（二）新娘"转脚"

　　新娘接到新郎家后，新娘还需"转脚"。新娘"转脚"，顾名思义，就是新娘将脚步再转回家去一下，以表对父母的难分难舍之情。新娘到新郎家后，稍作休息，就又要"转脚"。陪新娘转的必须是新郎本族的两到三名长辈妇女，新郎不得参加。在选择"转脚"的对象时，新娘若是本寨的，就回到新娘自己家"转脚"，意为下一餐饭开始就是新郎家的人了，新娘舍不得娘家，再回娘家来看望父母，吃最后一餐茶。新娘若是其他寨子的，则要到与新郎不同姓的亲戚家"转脚"，被选做新娘"转脚"的亲戚家，新郎家事先必须向其打好招呼并为其准备所需的物品。

　　（三）结婚的"一茶"与"三酒"

　　草苗家的婚事，都是按既定的模式办的，从"一茶"（迎新娘茶）到"三酒"（喜酒、葫芦酒、送新娘酒），每一个环节都丝毫不能马虎，因为草苗人把一个人的婚事看得比什么都重要，把办理婚事的隆重程度，看成是是否遵规守俗，在寨上是否有地位、名望、人缘的标志。

　　新郎将新娘接到家的第二天，就要请全房族的"斗萨"（doux sax，即已婚育的女性）来打一天油茶，由新娘亲自主厨。迎新娘油茶一般一家就来一个女主人，而且随到随吃，吃完再聊聊天就可以走，无时间限制。迎新油茶，新娘是最辛苦的，粗俗豪放的草苗"半萨"（即"少妇"之意）开着"荤"玩笑，常常令初为人妻的新娘面红耳赤，而"半萨"们则笑得前仰后合。

　　第三天，是宴请亲戚朋友吃喜酒的日子，这是婚事"三酒"中的头一场酒，在新郎一方来说也是最最隆重的一场酒。新郎家将尽其财力

16

而为，杀猪杀鸡杀鸭，备好二三十桌酒菜宴请亲戚朋友。喜酒的菜谱是已经由团寨的寨老定好的，不管新郎家有没有钱，都不得超过十二种菜的上限（婚宴菜品的多少现草苗各地规定不一，但在每一个相邻婚姻团寨内是有约定的），否则，将受到处罚。酒到酣处，新郎将携新娘出来向各路来宾敬酒，先敬客人，后敬主人（即本家族）。新娘唱敬酒歌，新郎负责敬酒。新郎敬酒的杯分小杯、大杯、碗（八角碗）三种，碗敬舅舅、舅公等长辈客人，大杯敬其他亲戚朋友，小杯敬舅娘等女上宾。酒过三巡，主宾双方开始把酒对歌，常常是从下午三时一直唱到喝到晚上八九时方止。

新娘在新郎家住8至10天（此时已接近农历大年），新郎要请本族两名懂礼节的中年妇女将新娘送回娘家过年，这是婚事"三酒"中的第二酒，俗称"葫芦酒"。草苗繁衍生息数千年，生活条件一直不很宽裕，将新娘送回娘家过年，只有用葫芦装的五六斤酒和数斤猪肉，意为仅给亲家尝尝女儿现在的家的酒。但新中国成立后，随着生活水平的不断提高，"葫芦酒"已变得与"葫芦"没有什么关系，虽然名字一直沿用，但礼品现已变成了酒要30斤，肉要一边猪腿（20斤左右）。送到新娘家后也不是亲家爷自己自享，而是要请新娘本族中年岁较长、在族中较有声望的人，一起来喝"葫芦酒"。送新娘去的两名妇人第二天即可转回。

新娘过完年后必须于正月初四以前赶到新郎家，因为正月初四是草苗人规定的送新娘回娘家的日子，要进行婚事"三酒"中的最后一酒：送新娘酒。送新娘酒也称"送酒"或"放炮酒"。新郎要于正月初四当天，和父亲及本家族中的两名中年男人做"伴公"、两名青年放炮手组成"6亲客"，将新娘再次送回娘家。所请的两名"伴公"至少要有一人精通各种苗歌且能说善辩。礼品主要由猪肉150斤、自酿纯米酒100斤、糯米粑若干（由新娘家族的户数来定，一般每户5～10个）等组成。但此次"送新娘酒"最主要的目的是要以最热烈的方式将新娘送回娘家，因此需要买300至400元的鞭炮，边走边放，越靠近新娘的寨子，越要求不能间断，放炮时间越久越显得新郎家有气魄，尊重新娘家。送新娘的队伍必须于下午四时左右赶到新娘所在的寨子。正月初四是草苗规定的送新娘回娘家的日子，全寨老少会自发地在放炮地点聚集，找好安全的地方观炮。新娘所在寨子如果当年嫁出去的姑娘比较多，那么当天草苗大的寨子里会出现一整天炮火连天的壮观场面，也会形成"赛炮"的现象，放炮的时间愈久就愈显出那家的姑娘嫁的男人大气，姑娘及其家人就越有面子。此时两名炮手肩负大任，既要合理地控制放炮的节奏以延长放炮的时间，又要使炮声不中断。晚上，新娘的家族老老少少全部聚集在新娘家，喝新郎家送来的"送新娘酒"，放炮节奏掌握得比较长久的炮手此时往往成为大家敬酒的焦点。炮手在当晚或明晨可提前回家。亲家公则要率两名"伴公"在新娘家做客。好客的新娘家族人要将亲家公三人轮流请去做客，一天三餐一餐一家，直至吃遍整个家族。酒席间，伶牙俐齿的新娘家族人，常常会以对歌、喝酒来作弄客人，憨厚迟钝点的亲家公和"伴公"常被问得满脸通红、喝得酩酊大醉，此时就看新郎的"伴公"是否能言善辩及能歌善唱了。一般亲家公会在新娘家逗留三至四天始回。至此，婚事才算真正结束。

　　过去，草苗也是兴"不落夫家"的，经过"三年上，五年下"的婚姻磨合期或称试婚期（在此期间，男女仍可以与其他的青年男女进行"坐夜"、"约日"等社交活动），待新娘怀胎有孕后才最终落户夫家（至此，女方与其他男青年的社交活动就戛然而止，而男子则可继续其与其他女青年的社交往来）。而现在一旦结婚新娘即常住夫家，草苗"不落夫家"的久远历史行将退出历史舞台，凡经历过这种婚姻的男女难免有几分难舍难分的留恋。

第三节　草苗的习俗禁忌

一　饮食习俗

　　新中国成立前，草苗以杂粮为主食，新中国成立后多以大米为主食，辅之以玉米、红薯、高粱、小米、"产子"（san^{33}）等杂粮。副食除青菜、白菜、豆角等外，还有酸鱼、酸肉、酸菜、酸汤等酸类食品。喜好油茶是草苗饮食的一大特点。本来，油茶是侗、苗等少数民族的共同饮食，但草苗更盛，且在喝油茶方面有自己的独特之处：第一，每天喝油茶的次数多，早中晚都要食油茶。第二，油茶是草苗招待客人的一种最普通的食品。客人进家，献给客人的是一碗香喷喷的油茶，而且要连喝三碗。此外，草苗的婚俗也离不开油茶，新娘初到新郎家，一家一家请去吃油茶，新郎的亲戚朋友送新娘回娘家，也被请到村上所有人家去吃油茶。第三，草苗饮油茶的方式也特别。其他民族喝油茶一般用一双筷子，或用一只筷子考验来客能否借助茶碗的旋转将碗内食物吃光，而草苗喝油茶时则用一块特制的小铲形竹片代替筷子。

二　居住习俗

草苗地区盛产杉木，房屋多为木质结构（改革开放后也有建砖瓦房的），木皮盖顶。新中国成立前，穷苦人家有的建极简陋的叉叉房，也有建吊脚楼的。叉叉房以树干交叉搭棚，上盖茅草，用茅草、树枝或竹片编篱为墙。吊脚木楼是草苗最有特色的房屋建筑。因草苗居住在山坡上，苗民们便依山势建吊脚木楼。每座木楼的下层有两排柱子，里面一排为短柱，外面一排为长柱。柱子的上截柱头都凿有"十"字眼，用粗方条连起来加以"锁"紧，使柱与柱之间连成整体。下层用竹木简单地围起来，关养家禽家畜，堆放柴草，安置碓磨。二层、三层铺上木板，周围镶上木板。第二层主要做火塘，火塘是草苗烧菜做饭、就餐请客、祭祀祖先的地方，也是青年男女对歌传情、谈情说爱的地方。火塘外面设宽阔的敞式长廊，作乘凉、休息、聊天、唱歌之用。第三层主要是住人和堆放谷物。不少草苗村寨还建有鼓楼和风雨桥。草苗的鼓楼和风雨桥主要是受到周围侗族的影响而建的。

三　草苗的节日习俗

所有的民族都有节日，草苗也一样，除了一些和其他民族相同的节日之外，他们还有着自己本民族特有的节日，下面我们将对草苗的节日一一地作介绍。草苗的节日几乎每个月都有，如十二月的春节，正月的元宵节，二月的二月二，三月的三月三，四月的四月八黄牛节，五月的五月五端午节，六月的六月六，七月的七月十四鬼节，八月的八月十五中秋节，以及七八月之间的新米节，九月的重阳节等，而能称得上是草苗民族特色的节日有四月的四月八黄牛节，七八月之间的新米节，以及春节。

（一）春节

春节是我国的传统节日，几乎每个民族都过，草苗作为中华民族的一员自然也不例外。草苗的春节除了和其他民族一样过除夕吃鸡鸭鱼肉等丰盛晚餐之外，还有自己的特色，三十晚上，男女青年聚集在一起对歌、打油茶，通宵达旦。初一早上到井边抢新水，走在前面的拿香，女的挑桶，男的放炮，抢到新水者为吉利。此外，还举行芦笙比赛，芦笙从秋后可一直吹到农作物下种为止。男青年双日外出走村串寨，与外村姑娘对歌、打油茶，活动持续到正月十五才结束。

（二）四月八

在四月八黄牛节这一天，通道大高坪的草苗，每家每户都会到山上采来一种树叶，一定要当年生的嫩叶，回家后将树叶的汁水压出来，把糯米泡入其中使糯米变成黑色，然后蒸熟，蒸过的糯米颜色又黑又亮又香。小孩将自己家的乌糯米饭带到外面，摆在地上比，看谁家的乌糯米饭做得更黑更好。这一习俗已经保留了三百多年，尽管现在的人们四处打工，但是每到这一天，他们都会以这样的方式来过节。这个节日的由来有以下两种传说。

1. 杨八姐解救被囚入柳州城之兄

传说在宋仁宗四年，杨文广曾随狄青来征伐壮族首领农智高的起义，他曾短期任职在宜、邕二州。后杨文广被围在柳州城，当时他内无粮草，外无救兵，加之连年干旱，整个柳州城处于绝望之中。有一天，城外来了一个衣衫破烂的女人，她手里端着一团黑乎乎的东西对围城的士兵说：这是一种有毒的食物，现在杨文广的士兵已经多日无粮，如果将此送入城内谎说是粮食，士兵吃过后会被毒死。围城的士兵信以为真，打开围城之门，这个不速之客将大量的黑糯米带入城内，杨文广的士兵吃了之后，精神大振，杀出城外，解了被围之困。后人为了纪念杨八姐智救柳州城的壮举，就在每一年的四月初八这一天把糯米染成黑色，用以纪念杨文广。

此故事，在湖南通道大高坪草苗中广为流传。

2. 牧童吃"牛屎"的故事

四月正是农忙时节，人都劳累困顿牛更累得不行。有一天，村里的牛王率领众牛罢工不下田干活，任凭村里的老农怎样劝告都无济于事。眼看农忙时节很快要过去，田野还是一片荒芜，村里的人焦急得如同热锅上的蚂蚁，错过农作物栽种的黄金时节可就误了大事。一年之计在于春，有什么办法能劝牛儿们下田为人们干活呢？老人们集中在一起讨论了几天也无计可施。有一天，一个牧童上山放牛，看见牛儿在吃青草，个个膘肥体壮，心里很不是滋味，心里想，人们把牛养得如此强壮，牛居然不为人劳动，我得想个办法来解决这个问题才行。于是他整天躺在草地上看着牛群，这时一头老黄牛来到他身边，"啪啦啪啦"拉出一大堆又脏又臭的牛屎，"哞哞"叫几声就走了，似乎在向牧童示威。没想到小牧童因此得到灵感，到附近山上采来一些不知名的树叶，马上赶牛回家。对妈妈说："妈妈，你明天把这些树叶的黑汁水压出来，拌在我的午饭里，弄得越黑越好，就像一团牛屎似的，我要带它到山上去吃。"妈妈百思不得其解，为什么要吃这样的饭呢？但还是按照牧童的要求做好了一团很黑也很像牛屎的"黑米饭"，装在兜里，作为牧童第二天的午饭。且说到了第二天，牛儿们还是不愿为人下地劳动，牧童照样将牛群赶到山上青草儿最嫩最鲜的小河边，他怀揣饭兜，得意地躺在草地上。这时老黄牛又过来了，和昨天一样撅起屁股向牧童示威……见到此景，牧童对黄牛说："老黄牛你为什么不愿意为人类劳动呢？"

"要是你们人类吃了我刚刚拉下的牛屎我就率领牛群为你们劳动，怎么样？"

"此话可当真？"牧童反问道。

"那当然。"老黄牛毫不犹豫地回答说。

牧童早有准备，他趁老黄牛抬头看天的时候，从饭兜里拿出昨天妈妈做的"黑米饭"当着牛群的面吃了下去，并做出十分恶心的样子，老黄牛见了，心想：人这样高贵也吃我们的屎，我们也应该信守诺言为他们劳动。从此之后，牛群就老老实实勤勤恳恳地为人类劳动，毫无怨言。据说这一天刚好是农历四月初八，后人为了纪念这个聪明的小牧童，就沿袭了每年四月初八吃黑米饭的习俗。这就是四月八草苗吃黑糯米饭传说的由来。

（三）七八月的新米节

新米节也叫吃新节，是为了庆祝丰收而过的节日。新米节各姓氏所过的日期也不一样，但都是在当年的丰收之后。草苗吴姓称过新米节为甲戌节。新米节这天，草苗人们用当年刚收的糯米做成香喷喷的糯米饭，但自己并不先吃，而是先叫一个外姓人吃后，自己才吃。他们之所以这样是为了纪念最初过新米节时曾被小偷偷吃过的传说。那时大家收成不好，辛辛苦苦种了一年的地，到了丰收后过新米节时自己舍不得马上吃，要祭祀一下祖先才吃，可是在祭祀祖先时却被一个小偷给偷吃了。所以，草苗在过新米节时先让外姓人吃新米的习俗便流传了下来。草苗过新米节时除了吃今年收的新米之外，还要吃鸡、鸭、鱼、猪肉等食品。

四 草苗的丧葬习俗

草苗习惯以木棺土葬。年迈因病正常死亡称为过世，因刀枪伤害、吊颈、落水、掉岩、雷击、重灾、车祸、难产、酗酒、服毒等非正常死亡，称为暴死、凶死。婴幼儿死亡称转去，未成年人死亡称夭折。非正常死亡者，如暴死、凶死者一般都要进行火化。夭折者多用木匣或草席裹着入土埋葬，不能入祖坟，只能葬入乱坟坡。宅外死亡的灵柩一般不入中堂，确属年老耄耋和儿孙众多，需在堂屋行祭奠仪式的，灵柩只能从小门或后门抬进再移入堂屋。为老年人置办的棺材称寿枋、寿木，多以老杉木为材料，外表以土漆漆之，主要有八合、十二合和十六合三种。满尺镶口、八合为豪华棺材，气势雄壮。老人花甲之后逢闰年方置寿枋。成人正常死亡，都要在亡人生前住宅中堂举行隆重祭奠仪式，其形式和程序，各地大致相同，只在某些细节上稍有差异，且较为固定，非经家族中德高望重的老人同意，不能随便更改。随着社会的发展，对个别烦琐的礼仪也略有简化，但基本的礼俗原则不变。

（一）送终

久病卧床、大病不起、急病倒床、意外重创，但凡病情危重，人之将死，估计生命不能维持下去，就要遣人奔告亲朋好友前来探视。为体现临终敬孝之情，临终者的家人均放下手中的活计，哪怕再远，除非确实赶不上，都要齐聚于临终者床前片刻不离地守护，有事离开片刻也必须轮流值守，即便疲惫不堪，也只能在旁打盹休息，以便随时聆听临终嘱咐。家族内、邻居或距离不远的亲友，白天也要派人轮流到场，晚上除留人看家外，大多要参与守候，如同平时的其他重大事项必须帮忙一样，体现出族人的亲情，也是族人团结、互助、凝聚力的表现。有的临终者拖的时日过久，正当"落气"时又无几人在场，称为"落枕空"，子女则被社会谴责为不孝之辈。

（二）报　丧

病人落气之后，众儿媳、女儿（包括已出嫁赶回送终的）要跪拜于床前作泣不成声，痛不欲生状，才显出其悲伤孝敬之情。此时，屋外铁炮鸣放三响，寓意将亡魂送归西天仙界，也是向四邻亲友传递报丧的信息。同时，焚化钱纸（冥币），称烧落气钱。四邻亲友听见报丧信号，便云集丧家，表示慰藉哀思，并商议治丧事宜，推举族内和寨中能人组成治丧理事小组。治丧小组落实入葬日期后，即派族人分头前往各处向亲戚好友口头传讣告，通知亲友参加祭奠活动。

（三）寿　殓

报丧之后，子女较多的男性亡人由其长子主持寿殓，众亲儿及已赶到的女婿必须参加；女性亡人，由长媳、长女或已出嫁但最先赶到的年长之女儿主持寿殓，众儿媳、女儿及已赶到的出嫁女儿必须参加。先为亡人遗体沐浴整容，并由人拿钱纸到水井边焚化，打来一瓢水，然后为死者简单地干抹一个澡，抹眼睛和嘴巴，舒展脸部皱纹，穿戴寿衣、寿裤、寿裙、寿鞋、寿帕等。男性亡人穿三、五、七单数件（套）寿衣，外套必须是长衫；女性亡人着四、六、八双数件（套）寿衣，外套应当是手工绣制的服饰。有的用燃香在寿衣上烙出一个小洞，寓意亡者在阴间将不会有别的亡魂向其借用身上的衣物。若亡人父母（含继父、母）以上的老人有一个健在的，则寿衣至少最里那件（套）必须着白色，以示带孝入葬。

寿殓毕，将遗体移至堂屋按男左女右安放于一侧，遗体面部用钱纸覆盖，供来人瞻仰遗容。亡人头朝左表示向东方，头部面前置一板凳，上面摆放油灯、一大碗饭（饭里插满香、香中间夹着一条酸鱼）和其他供品，旁边放一个铁制容器，供孝子贤孙和来人烧钱纸，然后等待择时入棺。

五　信仰祭祀习俗

草苗的祭祀主要有祭祖宗和祭神灵，祭祖宗一般在过节过年时祭祀，以过年时较多。过年时要好好打扫供奉祖先牌位的神龛，贴上对联，神龛上方的条幅为"×氏先灵神位"，两边的对联用得最多的一般是："金炉不断千年火，玉盏常明万岁灯。"神龛下方，中间条幅书"镇宅中留神位"，两边用得最多的一般为："土能生万物，地可发千祥。"然后，在神龛上下左右均整齐有序地贴上钱纸。到傍晚时，在神龛前摆上桌子，呈上猪肉、糍粑等供品，上香、倒酒，燃纸磕头。他们要把自己认为最好的食品都呈敬给祖先，召来祖宗八代，一起过年；同时也借此叮嘱已故先人，保佑一家老少身体健康、和睦相处、行事顺利等。此时，家中长者还会蹲在祭桌前，口中念念有词地说些什么。

由于草苗身居偏僻山区，自然条件恶劣，文化知识欠缺，在无法战胜自然灾害的时候，往往又产生对自然的一种依赖感和敬畏感，因此他们信奉万物有灵。祭神灵主要有"祭桥"、"祭石"、"祭树"等。祭神灵的活动也主要是在过年时，大年三十傍晚时分，村前村后，小溪石渠边，凡有桥梁处，必见有人挎篮提袋，烧香焚纸，摆上供品，磕头作揖。这是他们的祭桥活动。原来不管男女，只要一生下来，他（她）的阿爸就会上山砍来杉树一根，捆上几穗稻谷，搭在一座桥梁边，象征着给这座桥梁添上一分力量，同时，巫师在桥头设案予以祭祀，称"板桥"。从此，这座桥便成为该小孩的"粮桥"，从小到老，只要他（她）还在世，每年大年三十这一天，家里总要有人前来祭祀，祭祀后的糍粑（称为桥粑）必定要带回家来给他（她）吃，这样便会保佑他（她）一年安康吉祥。"板桥"本是一件公益事，让孩子一出生就积德，以保证孩子顺利成长。此外，草苗认为小孩越脏越健康，越不为鬼神所挂念，也越平安无恙，化作桥梁的一部分，供千人踩万人踏，越脏越好。

祭桥之后，他们还祭石，草苗村寨中几乎每一个村寨或几个村寨都共同供奉着一面巨石，认其为小孩的"妈妈"，"岩妈妈"可以显灵，保佑小孩不受疾病侵扰。平时，小孩如有什么小疾小恙的，到"岩妈妈"那里拜一拜，带回"岩妈妈"所赐的饭（供品），很快就会好起来，又变得活蹦乱跳起来。大年三十这一天，每家每户都要前往祭祀"岩妈妈"，带回的糍粑全家分吃，让每一个人都受到"岩妈妈"的保护。

除了祭桥、祭石之外，草苗还祭树，在他们心中，古树也是神，它有一种神秘的力量，影响着它身边的人和事。得罪了树神就要受罚，但如果尊重它，敬奉它，则能获得它的保护和庇佑。在一些村寨周围，总有一些古枫树、槐树等被村民尊之为"树妈妈"。人们过年了，也要前往祭祀"树妈妈"，让它与人们一起，享受大年丰盛的食物。平时小孩生病了老人们则会带上一些糯米粑粑、糖果等去祭树，然后带回来给小孩吃，他们相信这样就会让小孩康复起来。正因为他们对树如此崇敬，草苗寨子周围的参天古树，即使枯死了也没有人砍来当柴烧。他们相信这些树就是守护寨子的神灵，可保一方水土平安。

除了"祭桥"、"祭石"、"祭树"外，各家各户还祭祀牛圈和猪圈等。

六　草苗的禁忌风俗

禁忌的由来，大体上有四个方面：一是对神灵的崇拜畏惧；二是对欲望的克制和限定；三是对仪式的恪守和服从；四是对教训的总结和记取。下面我们来看看草苗有哪些禁忌。

（一）草苗的生活禁忌

1. 饮食禁忌

碗里装有饭菜时，忌讳将筷子插在饭里，忌用筷子敲碗打锅。用餐时先祭神拜祖之后方能进食。

2. 居住禁忌

修建房屋极为讲究。先请风水师选择宅基后，才择吉日动工。建房期间，不能吵架、打架，不能讲不吉利的话，要和和气气，热热闹闹。上梁时，要向观众抛发饼果。

3. 服饰禁忌

衣物如果破了，需要立即缝补起来，否则不吉利。缝补衣服时，忌讳穿在身上缝补。在家里时子女忌穿白衣戴白帽，因为丧服是白的。

4. 礼节习俗禁忌

忌以中指指人，这被看作是很不礼貌的行为。忌用扫帚打人，挨打者认为这是对他的最大侮辱。在路边见到任何人都要向他打招呼。

（二）草苗的性别禁忌

1. 成年人绝对不可以将肉体裸露人前，有"男不露脐，女不露皮"的俗语；

2. 女子忌上屋顶；

3. 女忌坐在大门槛上；

4. 女子忌从男人的头上跨过；

5. 女子忌靠近神龛拿香纸钱。

（三）草苗的婚姻禁忌

1. 忌异辈通婚；

2. 忌与异族人通婚；草苗忌不同支系间通婚；草苗忌不同阶层间通婚；"上层亲"忌与"下层亲"通婚。

（四）草苗岁时禁忌

1. 春节风俗

大年初一：忌动针线，借钱和花钱，忌倒污水、垃圾，扫地，洗衣；忌说脏话、打架斗殴、家里人抬杠拌嘴。初一到初三都是岁首，初三忌办喜事。大年初七：称"人日"，忌远行求财，办事。

2. "偷鸡日"

农历十一月的某日为"偷鸡日"，该日家里拒客于门外，如有客人在家要另择日开灶。

（五）草苗兆头禁忌

1. 乌鸦叫认为有人会死或遭凶事，半夜鸡叫认为会有火灾和盗贼；

2. 出远门时忌鸟飞过头顶；

3. 忌闻猫头鹰叫，在草苗人心目中猫头鹰属不祥之鸟，尤其忌讳听到其鸣叫，认为听到猫头鹰叫村里就会死人；

4. 忌见蛇相缠，即忌见蛇交尾。

（六）草苗白事禁忌

房族内有老人去世后，整个房族都要清洗干净锅碗瓢勺；死人未下葬之前忌沾荤；女人头发要披肩；父母去世未满七天，子女忌入他人家中。

第四节　草苗民歌

草苗民歌与草苗的生活息息相关，逢年过节时要唱歌，青年男女谈情说爱时要唱歌，丧葬嫁娶时要唱歌，劳动时也要唱歌，不论庄重严肃的场合，还是轻松娱乐的场合都要唱歌。

一　草苗汉语歌

草苗的歌分为汉歌和草苗歌两种，用汉语唱的歌为"明歌"即"嘎明"（ $ka^{55}mjən^{22}$ ）。"嘎明"是四句为一首的歌，一般一、二、四句末相押韵。草苗群众在公开场合时唱明歌，凡节日喜庆、送客迎宾、婚丧大事等庄重场合均唱明歌。明歌不仅应用广泛，内容也十分丰富，大体可分为以下几大类。

（一）根源歌。这是迎客送宾时唱的盘歌，以问答的形式探讨世间万事万物的根源，如"路根"、"桌子根"、"米酒根"、"谷子根"、"棉花根"、"茶叶根"等。

（二）"三朝酒歌"、"贺新屋歌"等贺喜之歌。这是祝贺孩子三朝和建新屋上梁之歌。例如：

　　起新房
　　新屋落成千样得，水光山色照两旁。
　　得好先生看地基，得好木匠画龙羊。
　　三朝酒
　　望天望了这多久，望日望了这多长。
　　时今东边太阳出，照落你家亮堂堂。
　　今日主家生贵子，遍山遍地见太阳。
　　红日高照艳阳天，水光山色亮堂堂。

（三）"伴花歌"。是男女青年行歌坐夜时唱的歌。例如：

　　伴花歌
　　三顿吃饭是望菜，娘门不关希望郎。
　　时今得郎来到走，心也欢喜肚欢怀。

（四）"吃杨梅歌"。每年农历五月，男青年以"吃杨梅"为名，成群结队地到邻近村寨与外村姑娘对歌，称为"吃杨梅歌"。

　　　杨梅多，

　　　五月杨梅红满坡，

　　　妹捡杨梅哥摇树，

　　　边吃杨梅边唱歌。

　　　杨梅红，

　　　杨梅树上结灯笼，

　　　杨梅树上吊灯盏，

　　　那颗当阳那颗红。

　　　杨梅鲜，

　　　好颗杨梅在树尖，

　　　无心结伴树下吃，

　　　有情结伴树上连。

　　（五）私奔歌。因为私奔的理想地点是洞庭湖，又称"洞庭湖歌"或"私奔洞庭湖歌"。这是要好的青年男女，为反对包办婚姻，用歌的形式来表达对自由婚姻幸福生活的向往。例如：

　　　约逃走，

　　　哥办铜钱妹办衣，

　　　哥办铜钱十八两，

　　　妹办草衣十八匹。

　　（六）"哭嫁歌"。这是姑娘出嫁时拜别父母兄弟姐妹时唱的歌。

　　"明歌"的演唱形式有独唱、对唱，还有一领众和的多声部合唱。对唱有女声对唱，男声对唱，男女声对唱，青年与青年对唱，老年与老年对唱，"明歌"歌手往往成为人人尊敬的对象。

二　草苗民语歌

　　除了"明歌"之外就是年轻人用本民族语言编唱的歌曲，草苗称为"花歌"即"嘎花"（ka^{55}wa^{35}）。"嘎花"均由两句组成，一般前后两句的字数相同，花歌正规的要求是要押腰韵的，句末可押韵也可不押韵。这是草苗花歌的重要特点之一。

如： tu²² nok²² phən³³ ta⁴² sin³⁵ a⁴² pən³³ lau³³ i⁵⁵ a⁴² sa⁵³
　　 只　鸟　飞　过　千　枝　常　只　一　枝　歇，

　　 wan⁴² pəi³¹ jau²² təi³³ kəi³³ ȶha⁵³ pən³³ lian³⁵ ȵa²
　　 万　女　我　看　不　上　只　爱　你。

这首歌既押脚韵，即上句句和下句句末的韵母都是 a 韵，又押腰韵，即上句句末音节韵母与下句句中音节的韵母都为 a 韵。

又如： nɐn⁵⁵ pu²² təu⁵³ ȶɐŋ⁵⁵ pjin⁵³ po³³ kɐn³¹
　　　 个　瓜　留　久　变　瓜　瓢，

　　　 tu²² ȵo⁴² təu⁵³ ȶɐŋ⁵⁵ pjin⁵³ khɐn³⁵ ljəŋ²²
　　　 只　鳝鱼　留　久　变　成　龙。

下面这首歌既未押脚韵又未押腰韵。

如： kəu⁴² wa³⁵ khəi³⁵ sɐm³⁵ kwe²² khəi³⁵ san⁵³
　　 串　花　开　早　没　开　散，

　　 jau²² eŋ⁵³ çaŋ⁵³ ȵen⁵⁵ wa³⁵ khəi³⁵ lən²²
　　 我　更　想　念　花　开　后。

因是情歌，"嘎花"只适合年轻人唱，可对唱、合唱、独唱。"嘎花"跟对联、诗歌骈句极为相似，一问一答，既可单独成句，又可联系成篇。

老一辈的草苗人主要唱汉歌，即明歌，青年男女则以草苗歌即花歌为主。老一代的草苗人并不懂得用本族语言来编歌，而是仿照当地汉歌的形式借用汉语来编歌。而年轻人，他们编歌的技术已经有所提高，也有了创造自己民族语言歌曲的意识，他们从当地侗歌的形式中受到启发（三江、通道一带侗族的情歌，一般以男女各两句的对唱形式为多见），便开始用本民族的语言来创作民族的歌曲。从此，也可看出，"明歌"为古老的汉语草苗民歌，而"花歌"为后起的草苗语的草苗民歌，两者所用的语言不同，歌的形式也不一样，产生的时间先后亦不同。我们在各地调查时也发现，老年人的确大都不会唱"花歌"。

第五节　草苗服饰

草苗的服饰都是苗女自织自绣的，全都是手工精心缝制、绣制。女孩从十二三岁就开始学习各种女工，学织布，学绣制各种花带、花饰。女孩出嫁时送给男方亲友的各类服饰，都是新娘婚前亲手缝制的，做工是否精密将接受夫家女方亲人的考验。草苗妇女个个都是能里能外的贤妻良母，这与草苗女从小就受到精于女工，勤俭持家，诚恳待人，尊老爱幼的美德教育不无关系。

一　草苗的女性服饰

草苗女性的服饰独具一格，颇有特色。草苗女服主要由头帕、长衣、腰带、百褶裙、绑腿、云头鞋六大部分组成，主色为青黑色。整体结构是：头包青帕，上穿右开斜衽长衣，衣扣为银圆扣，斜衽边加镶五色布条；腰缠鲜艳的腰带，腰带是用丝线织就的，腰带两头缀有五彩流苏吊在腹前；下装是及膝的苗家百褶裙，长衣盖住百褶裙的十分之八处，隐隐露着膝盖；小腿扎绑腿，绑腿上用一根丝线织就的一指宽的花带绑着，花带两头也配有五彩流苏，吊在小腿上；脚穿绣花鞋，绣花鞋鞋尖高高翘起，带有蒙古式的云头鞋格式，鞋面和鞋帮绣的是花草虫鱼。然后佩戴与侗族相同的花式各样的银冠、银项圈、银手镯、银耳环、银圆扣等。色泽一亮一沉，明暗层次鲜明，相互对照，异常洁爽，显得雍容华贵，绚丽夺目。

（一）头帕

头帕有短帕和长帕两种，长帕没有镶任何花饰，就是一匹布裁一节180～210厘米长即可，使用时把布的一头留一节帕头后对着额门发际固定，另一头向头部缠绕几圈，然后在发髻下面打个结即可。长帕一般在冷天才用，其他时候都是包短帕。而短帕却非常考究，首先在织布时就确定其为头帕布来织。短帕比一般的布料窄，宽度都在21厘米左右，使用时裁一节长度在116厘米左右的布下来做短帕。短帕的两头都镶上两指宽的花饰，顶头先镶1厘米白布，再在白布上用红、绿丝线绣出齿状的花饰，然后镶两根各0.25厘米的红蓝布条，再镶1厘米宽的绣带，再镶各 0.25 厘米的两根红、蓝布条。头帕绣带和绑腿绣带都是在土布上绣出花饰，苗语叫"确"（音译）。"确"的图案有上百种，常用的有棉花图案（确袜民）、小人形图案（确腊梗）、鸡肠图案（确腮盖）、谷花图案（确袜藕）、侗花图案（确袜更）、蜘蛛形图案（确四鹅）、螃蟹形图案（确港给）、鹰形图案（确阿）等。一根头帕的优劣就看绣带和针脚及结构的精细与否，而绣带又是关键。因此，草苗姑娘从十二三岁学做女工时都是从做"确"即织绣带开始的，"确"都是绣好的备用品，不是一边做头帕一边做"确"。

（二）衣服

草苗女都着长衣，衣长都盖过臀部至大腿中部，衣领只有指宽的短领，镶红、白、蓝、黑布条；衣服宽大，右衽衽边用红、白、蓝、黑四色布条装饰，苗语叫"琵琶"，年长点的镶条要小些，年轻的为了突出艳丽，镶条要大些。两个衣袖口内里还要镶红、蓝、白布条，衣袖较长，挽一个袖口就正好把各色布条翻出，在视觉上给青黑色的衣服产生一些艳丽效果。镶布条用的都是丝线，做工要求针脚整齐细密，衣服其他地方无别的点缀。衣服的好坏主要看"琵琶"，即衽边装饰，镶的各色布条搭配合理，线条流畅，针脚细密，即为上品，否则为下品。

（三）腰带

腰带是草苗妇女必用的带子，因为衣服较长，必须捆腰带，并且一年四季都要用。腰带苗语叫"社"（ se^{55} ），不是一般的布带，而是用丝线精织细绣出来的花带。腰带宽度在 4～7 厘米之间，长度在 220～240 厘米之间，花带中间绣一朵花的叫一毫带，苗语叫 " $se^{55} i^{55} hau^{22}$ "，绣两朵花的叫二毫带，苗语叫 " $se^{55} ja^{22} hau^{22}$ "。中间绣的是什么花带子就叫什么带：有裙花带，苗语叫 " $se^{55} wa^{35} wən^{33}$ "，有黄粱花带，苗语叫 " $se^{55} wa^{35} ljaŋ^{22}$ "，有浮萍花带，苗语叫 " $se^{55} wa^{35} ŋəi^{33}$ "，有稻花带，苗语叫 " $se^{55} wa^{35} əu^{31}$ "。花带是用各色丝线织就的，底色的主打色为绿色，花带两头都配有流苏，腰带都是捆两圈，在正面打结，吊两头流苏在腹前。一根带子要织一两个月才织成，一般都在年轻时就把大半生用的花带或出嫁时送给男方女亲的腰带织好，少则二三十根，多则七八十根。

（四）百褶裙

裙子苗语叫"温"（wən³³）。草苗的裙子和侗族裙子基本相同，都属于百褶裙，又是至膝的短裙。不同的是，侗裙是百褶直裙，草苗裙还加裙头和裙脚，裙头加块双层布做捆带，裙脚加一个三寸的百褶节，增加了立体感。裙子很宽，穿裙坐下时能折出很大的一段裙落在两腿之间，以避免漏光。草苗的习俗是婚前不穿裙，婚后才穿裙，穿不穿裙是区别未婚或已婚的标志。

（五）绑腿

绑腿苗语叫"形"（çin²²），其实绑腿不是绑，而是穿。因为绑腿是做成圆筒状穿在小腿上的。绑腿有单筒和绣筒之分，单筒是一段土布钉成筒状，再在筒脚镶上拇指宽的花带即成，是平常劳动和生活常穿的。绣筒却十分讲究，是用各色丝线在机子上精织细绣出来的，绣的花饰五花八门，有蛤蟆蛋形花，有凳脚形花，有鸦嘴形花等。为了能固定筒状绑腿，都是用一根小指宽的花带捆住绑腿筒头。小花带也十分讲究，也是用丝线精织出来的，两头也配有七色流苏，流苏上还串着各种珠子，流苏珠子吊在小腿的绑筒上，显得十分秀丽大方。绣筒只在休闲、节庆日或出门做客时才穿。

（六）绣花鞋

草苗妇女穿的绣花鞋形似蒙古云头鞋，鞋头尖尖的，高高翘起，鞋帮和鞋面绣着各类花草虫鱼，鞋底是千层布底。这种鞋不是每人都能做的，是苗家鞋匠专门做的，现在因市面鞋类多样，物美价廉，平时，大家多买鞋穿，绣花鞋只在节日或重大活动时才穿。

（七）背带

背带草苗语叫"霞"（ça²²），背带是背孩子用的，背带根据装饰分单"霞"、绣"霞"、花"霞"三种类型。单"霞"边上镶上红、绿布条，看上去比较简单。绣"霞"是用丝线在织布机上织绣而成的，绣上各种图案，非常秀丽富贵。花"霞"用白布做底，用各种颜色布料剪成各种图案（如蝴蝶花等）贴在布上，再用各种丝线将图案边镶好，就形成了花色各样的"霞"。"霞"的式样一致，其结构为双层，外层宽，内层窄，内层头部固定于外层上部的六分之一处，外层头部两个角和内层尾部两个角各订一条三指宽的布带，布带是双层布装订而成的，外层下面两个角各装订一根指宽的绣带，绣带尾吊流苏。外层是活动的，可吊可盖，内层是用于托背小孩的。背小孩时，把"霞"的上部托在孩子双腋处，内层下角两根带子分别从小孩两腿间穿过，四根带子在背人的胸前交叉打结即可。孩子睡着时可把外层向上翻盖在头上，两根绣带向前固定，可挡风保暖。其他时候外层都是吊在后面，盖住小孩背部。单"霞"没有装缀任何饰品，绣"霞"和花"霞"却非常考究，外层的内里和整个内层都装订图案非常富贵的绣花，绣花是机子上精织细绣出来的，每一床绣带都要花上两个月的工夫才做成。背带是女方母女织做的，于第一个小孩办"三朝"酒时送去的。送"霞"只能是送单数不能是双数。

二　草苗男性服饰

草苗男人的装束较简单，与侗族男人的装束相同。上装为对襟短衣，左右各一个口袋，直领，头上包青帕，下装为大头短裤，十分简洁。头帕有长帕和短帕之分，长帕有 2 米多长，一般在冷天使用，可多缠几圈，并可缠到面部，用于保暖；短帕只有一米多长，缠两圈即可，都没有装缀任何花饰，节日里则头插野山雉羽毛，类似于其他苗族和侗族风格。裤头左右对折，然后卷起，不用捆带子也可以穿。

第六节　草苗的语言

花苗和草苗都被外人称为"说侗话唱汉歌"的民族，但花苗和草苗却说他们说的是"苗话"而不是"侗话"。应该说花苗和草苗说的的确是侗话，和当地的通道、三江、黎平等地侗话大同小异。他们和当地侗族各用自己的民族语进行交流毫无问题，但互相也能从对方说的话中判断出谁是侗族、花苗、草苗。这说明他们说的话也是存在一定的差别的，但细微的差别并不能说明它们是两种不同的语言。民族的归属感和对自己民族的感情，对民族成分的认定是最为重要的。从花苗和草苗对苗族的认同感来看，他们的苗族成分是毫无疑问的。下面我们将对 60苗话与侗语、40 苗话、花苗话语音、词汇的异同进行比较。

一　60苗、40苗、花苗、侗语声调调类调值表①

表一

调值	秀洞	三门塘	起凡	高宇	大高坪	肯溪	堂华	陇城	程阳
1	13	13	55	55	55	55	55	55	55
1'	22	13	35	13	13	13	35	35	35
2	42	22	13	22	22	22	13	22	22
3	33	23	33	33	33	33	33	33	33
3'	13	23	33	33	33	33	33	33	33
4	31	31	31	31	31	31	31	31	31
5	35	35	53	45	53	45	53	53	53
5'	35	35	53	45	53	45	53	453	453
6	53	44	42	42	42	42	42	33	33
7	55	55	55	55	55	55	55	55	55
7'	35	55	55	55	55	55	55	35	35
9	33	33	33	33	33	33	33	33	33
9'	13	33	33	33	33	33	33	33	33
8	31	22	13	22	22	22	13	31	22
10	31	31	31	31	31	31	31	31	31

① 表中起凡、大高坪、高宇为60苗，肯溪为花苗，堂华为40苗，秀洞、三门塘、陇城、程阳为侗语，这些语言均为笔者记录。

二　60 苗、40 苗、花苗、侗语词汇表

表二

汉语	秀洞	肯溪	大高坪	堂华	起凡	高宇	陇城	三门塘
太阳	ta⁵³pan¹³	ta³³pan⁵⁵	ta³³mɐn⁵⁵	ta³³pən⁵⁵	tə⁵³pən⁵⁵	ta³³pən⁵⁵	ta⁵³mən⁵⁵	ta²¹pən¹³
龙	ljəŋ²²	ljəŋ²²	ljəŋ²²	ljəŋ²²	ljəŋ²²	ljəŋ²²	ljoŋ²²	ljoŋ²²
雪	nui¹³	ni⁵⁵	ni⁵⁵	nui⁵⁵	ni⁵⁵	ni⁵⁵	nui⁵⁵	ni¹³
花	fa¹³	fa¹³	wa¹³		wa³⁵	wa³⁵	wa³⁵	fa¹³
水	nəm³¹	nɐm³¹	nɐm³¹	nɐm³¹	nɐm³¹	nəm³¹	nam³¹	nam⁴²
裙	wən³³	fən³³	wən³³	fən³³	wən³³	wən³³	wən³³	fən³³
深山	loŋ¹³	ta³³jɐm⁵⁵	ta³³jəm⁵⁵	loŋ⁵⁵	ta³³jəm⁵⁵	ta³³jəm⁵⁵	loŋ⁵⁵	ta³³lau⁴²
池塘	taŋ²²	taŋ²²	taŋ²²	taŋ²²	tɐm⁵⁵	taŋ²²	tɐm⁵⁵	təm¹³
土	ən³³	ən³³	ən³³	ən³³	ən³³	ən³³	mak³¹	ən²³
祖母	nai³³	wo⁴⁵	sa³¹	sa³¹	sa³¹	sa³¹	sa³¹	nai³³
铜	təŋ²²	təŋ²²	təŋ²²	təŋ²²	təŋ²²	təŋ²²	toŋ²²	təŋ²²
火	pi¹³	pi⁵⁵	pi⁵⁵	pi⁵⁵	pi⁵⁵	pi⁵⁵	pəi⁵⁵	pi¹³
被子	jan⁵³	jan⁴²	jan⁴²	jan⁴²	jan⁴²	jan⁴²	jan³³	jan⁴⁴
烟煤	ŋit⁴⁴	ŋiŋ⁵⁵	ŋiŋ⁵⁵	ŋiŋ⁵⁵	ŋiŋ⁵⁵	ŋiŋ³⁵	ŋiŋ¹³	ŋin¹³
月	wet¹³	wet	wet³¹	ȵan⁵⁵	wet³¹	wet³¹	ŋwet³¹	wet⁴⁴
日子	pən¹³	pən⁴⁴	pən⁵⁵	pən⁵⁵	pən⁵⁵	pən⁴⁵	mɐn⁵⁵	pən¹³
明天	mo³³	mo⁴²	mo³¹	mo³³	mo⁴²	mo⁴²	mu³³	mo⁴²
水牛	we⁴²	we²²	we²²	we¹³	we¹³	we²²	kwəi²²	we²¹
黄牛	tu⁴²	tu²²	tu²²	tu¹³	tu²²		sən²²	ljən²³
猪	mu³⁵	mu⁴	mu⁵³	mu⁵³	mu⁵³	mu⁵⁵	u4⁵³	mu³⁵
猴	ləi¹³	ləi⁵⁵	ləi⁵⁵	ləi⁵⁵	ləi⁵⁵	ləi⁴⁵	mun³³	ləi¹³
泥鳅	son³⁵	son⁴⁵	son⁵³	son⁵³	son⁵³	son⁵⁵	ŋwet³¹	tson³⁵
蝴蝶		met⁵⁵mit⁵⁵	mit³³	mat⁵⁵mit³³	mit³³	mit³³	mən²²	mit⁴⁴
蝉	ljaŋ³¹lji³³	ljaŋ⁵⁵lji³³		ljaŋ³¹lje³³		ljaŋ⁵⁵lji³³	ji⁵⁵jot³³	ljaŋ⁴²lji³³

汉语	秀洞	肯溪	大高坪	堂华	起凡	高宇	陇城	三门塘
螃蟹	aŋ¹³ɔi³⁵	qaŋ³¹qəi⁴	kaŋ³¹kəi⁵³	qaŋ¹³qəi⁵³	qaŋ¹³qəi⁵³	qaŋ³¹qəi⁵⁵	kəi⁵³	qaŋ²²aəi³¹
毛	ȶəm¹³	pjəm⁵⁵	mjɐm⁵⁵	pjəm⁵⁵	pje⁵⁵	pjəm⁴⁵	pjən⁵⁵	pjəm¹³
鸡胗		tap⁵⁵	tɐp⁵⁵	tap⁵⁵		tap⁵⁵	jem⁵⁵	tap⁵⁵
鱼	a¹³	qa⁵⁵	ka⁵⁵	qa⁵⁵	ka⁵⁵	qa⁴⁴	pa⁵⁵	qa¹³
桃	tau⁴²	ti⁵⁵tau²²	tau²²	ti⁵⁵tau²²	tau²²	tau²²	pɐŋ⁵⁵	tau⁴²
姜	ȶaŋ¹³	ȶaŋ⁵⁵	ȶaŋ⁵⁵	ȶaŋ⁵⁵	ȶaŋ⁵⁵	ȶaŋ⁴⁴	çeŋ⁵⁵	ȶaŋ¹³
嘴巴	mu⁵⁵	mok⁵⁵	mok⁵⁵	muk⁵⁵	mok⁵⁵	mok⁵⁵	əp⁵⁵	mu⁵⁵
背	əm³³	qəm³³	kəm³³	qɐm³³	kəm³³		lai²²	qəm³³
乳房	me⁵⁵	me⁵⁵	me⁵⁵	me⁵⁵	me⁵⁵	me⁵⁵	məi³³	me¹³
脚后跟	ȶəu³¹	ȶəu³¹	ȶəu³¹	ȶəu³¹	ȶəu³¹	ȶəu³¹	çoŋ⁵⁵	ȶəu³¹
鼻涕	mu⁴²	pje²²	pje²²	pje¹³	pje¹³	pje²²	muk³¹	ŋu³¹
人	ən⁴²	qən²²	kən²²	qən¹³	qən²²	qən²²	ȵən²²	qən²²
男青年	je³¹	je³¹	je³¹	ke²²	je³¹	je³¹	pan⁵⁵	
情人	nəi³¹je³⁵（石洞）	nəi³¹je⁴⁵	nəi³¹je⁵³	nəi³¹je⁴⁵³	nəi³¹je⁵³	nəi³¹je⁵⁵	ȶu³³	ȶu³³
鬼师		çəi³⁵	çəi¹³	çəi³³	çəi³³	çəi³³	çaŋ³³ȶui³³	çəi¹³
布	ȶa¹³	ȶa⁵⁵	ȶa⁵⁵	ȶa⁵⁵	ȶa⁵⁵	ȶa⁴⁴	ja⁵⁵	ȶa¹³
帽子	meu⁵³	meu⁴²	meu⁴²	meu⁴²	meu⁴⁵³	meu⁴²	əm³¹	meu¹³
碗	tui³¹	po³³tui³¹	kwaŋ³³	po³³	tui³¹	tui³¹	kwaŋ³³	tui³¹
罐		thəu¹³	thəu¹³	thəu³⁵	thəu¹³	thəu¹³	piŋ²²	thəu¹³
桌子	tai⁴²	tai²²	tai²²	tai¹³	ai¹³	tai²²	çoŋ²²	tai²²
床	toi³⁵	toi⁴⁵	toi⁵³	toi⁵³	toi⁵³	toi⁵⁵	çaŋ²²	toi³⁵
篮子	khiŋ³⁵	khiŋ⁴⁵	khiŋ⁵³	khiŋ⁵³	khiŋ⁵³	khiŋ⁵⁵	muŋ⁵⁵	khiŋ³⁵
锥子	kəm¹³（侗族）	kɐm⁴⁵	kɐm⁵⁵	kɐm⁵⁵	kəm⁵⁵（侗族）	kəm⁴⁴（侗族）	toi⁵³	kəm¹³
歌	a¹³	a⁴⁵	ka⁵⁵	qa⁵⁵	ka⁵⁵	qa⁴⁴	a⁵⁵	qa¹³
芦笙	ən⁴²	qən²²	kən²²	qən¹³	qən¹³	qən²²	lən²²	qən²²
墓	mo¹³	mo⁴²	mo⁴²	mo⁴²	wan¹³	mo⁴²	wan²²	mo⁴⁴
药	məi³¹	məi³¹	məi³¹	əm³³	əm³³	əm³³	əm³³	sa²²

36

续表

汉语	秀洞	肯溪	大高坪	堂华	起凡	高宇	陇城	三门塘
瘦肉	tsən13	ȶən44	ȶən55	ȶən45	ȶən55	ȶən44	jəm55	nau55
话	soŋ22	soŋ13	soŋ13	soŋ35	li31	soŋ13	ləi31	soŋ13
名字	an13	qan45	kan55	qan55	kan55	qan44	kwan55	qan13
漏	khoŋ13	qe33	khoŋ33	ləm31	qhoŋ33	qhoŋ33	sut33	
来	ma22	ma35	ma13	ma35	ma35	ma13	ma13	ma13
馋		ŋa42	ŋa42	pie42	ŋa42	ŋa42	jak33	ŋo44
怕	kho22	kho13	kho13	kho35	kho35	kho13	jau33	kho13
骂		qa55	ka53	qa53	qa53	qa55		qa35
解（便）	jən55	we31	we31	we31	we31	we31	soŋ53	we31
找	khat13	qhet45	khit55	qhet55	qhet55	qhet55	jəu35	qhet55
背（动）	pe53	pe42	pe42	ɐm53	pe42	pe42	ɐm53	pe44
搓（绳）	sa22	sa13	sa13	sa35	sa35	sa13	ta13	ta13
剪（布）	sin33	sin33	sin33	tɐt55	sin33	sin33	kwən55	tsen33
咳嗽	ha22 lau31	ha33 lau22	hau53 həu35	khəu53 ŋəu31	khəu53 ŋəu31	khəu55 həu13	khəu53 həu55	qhəu35
跑	ȶeu35	pjeu45	pjeu53	pjeu53	wi35	wi13	nəŋ33	pjəu35
跪	ȶhui13	ȶhui13	ȶhui33	ȶhui33	ȶhok13	ȶhui33	ȶok33	tsau33
蒸	tsau33	sau33	sau33	sau33	sau33	sau33	məi35	tsau33
谢谢	khai13	kai33	khai33	khai33	khai33	khai33	lje53	qhai33
红	ja35	ça45	ja53	jha53	ja53	ja55	ja453	kha35
田	ja35	ça45	ja53	ja53	ja53	ja55	ja53	ja53
直	tui42	tiu22	tiu22	tiu13	tiu13	tiu22	sɐŋ22	tiu22
钝	a42	qa55	ka22	qa13	qa13	qa22	tap13	qa22
近	ȶhəi35	phjəi45	phjəi53	phjəi53	phjəi53	phjəi55	ȶən31	phjəi53
暖	tau33	tau33	tau33	tau33	tau33	tau33	sau33	tau33
饿	ȶe33	pjek33	pjek33	pjek33	pjek33	pjek33	jak33	pje33
腻	win13	win55	ȵi53	mən53	win55	win44	ȵi55	wen13
坏	he35	he45	wai42	he53	wai42	he55	ja33	he35
嫩	je31	je31	je31	je31	je31	je31	ȵi31	

续表

汉语	秀洞	肯溪	大高坪	堂华	起凡	高宇	陇城	三门塘
聪明		qhiu^{33}	khiu^{33}	qhiu^{33}	qhiu^{33}	qhiu^{33}	kwai^{55}	qhiu^{33}
个（人）	pu^{13}	pu^{55}	pəu^{55}	pu^{55}	muŋ^{31}	muŋ^{31}	muŋ^{31}	pəu^{13}
他们	ne^{22}	ne^{13}	ne^{13}	ne^{13}	ne^{13}	ne^{13}	e^{35}	ne^{13}
还	han^{22}	hai^{22}	hɐn^{22}	hɐn^{13}	hɐn^{22}	hɐn^{22}	nɐŋ^{55}	han^{22}
和	kun^{13}	qhɐn^{35}	khɐn^{13}	qap^{55}	khɐn^{35}	qhɐn^{13}	jɐn^{35}	qon
瘦	jəm^{13}	gaŋ^{31}	kaŋ^{31}	jəm^{55}	qaŋ^{31}	qaŋ^{31}	wum^{55}	wəm^{13}
别人	ne^{22}	pi^{31}	ne^{13}	ne^{13}	ne^{13}	ne^{13}	e^{35}	ne^{13}
有	mə^{42}	me^{22}	me^{22}	li^{33}	me^{13}	me^{22}	me^{22}	me^{22}
没（有）		ŋe^{22}	kwe^{22}	ŋe^{13}	kwe^{13}	kwe^{22}	e^{22}	ŋe^{22}
祖父	aŋ^{33}	qu^{55}	kɐŋ^{33}	qɐŋ^{33}	kɐŋ^{33}	kɐŋ^{33}	oŋ^{33}	kɐŋ^{33}
柱子	tsau^{13}	sau^{33}	toŋ^{42}	tuŋ^{42}	tuŋ^{42}	tuŋ^{42}	tuŋ^{33}	tsau^{13}
山谷	çoŋ^{22}	hau^{22}	ɬui^{33}	hau^{35}	ɬəm^{42}	kui^{33}	ɬəm^{33}	hau^{22}

三 60 苗内的语言差异

从表一可看出，黎平起凡、三江高宇、通道大高坪三地的声调基本一致，都有 7 个调位，在单数调中除了 1 调分化为 1 调、1'调外，其余的均未发生分化。在调值方面，后三者都相同，起凡也只有 1'、2 调与另三者不同外，其余的四者都相同。

从表二也可看出，四地在语音上的不同主要有以下几方面。

（一）大高坪有清擦辅音 s 与清边擦音 ɬ 混读现象，但以后者为多，同时大高坪也无小舌辅音 q，以 k 对应 q。高宇无后低元音 ɐ，以 ə 或 a 对应。例如：

	大高坪	起凡	高宇
根	ɬaŋ^1	saŋ^1	saŋ^1
肩	ɬa^1	sa^1	sa^1
肠	ɬai^3	sai^3	sai^3
螃蟹	kaŋ^{4}kəi^5	qaŋ^{4}qəi^5	qaŋ^{4}qəi^5
人	kɐn^2	qɐn^2	qɐn^2

瘦	kaŋ⁴	qaŋ⁴	qaŋ⁴
和	khɐn¹	khɐn¹	qhən¹
毛	ʑjɐm¹	pjɐm¹	pjəm¹
水	nɐm⁴	nɐm⁴	nəm⁴

（二）在我们所调查的 800 余个词中，草苗三地的词汇差异仅有
1.25%的不同：

	大高坪	起凡	高宇
池塘	taŋ¹³	tɐm⁵⁵	taŋ¹³
碗	kwaŋ³³	tui³¹	tui³¹
墓	mo⁴²	wən¹³	mo⁴²
药	məi³¹	əm³³	əm³³
话	soŋ³⁵	li³¹	soŋ¹³
跑	pieu⁵³	wi˙³⁵	wi˙¹³
跪	ʈhui³³	ʈhok¹³	ʈhui³³
腻	ȵi⁵⁵	win⁵⁵	win⁵⁵
坏	wai˙⁴²	wai˙⁴²	he⁴⁵
个（人）	pəu⁵⁵	muŋ³¹	muŋ³¹

四 60 苗与 40 苗的语言差异

由于在地域上起凡和堂华（40 苗）较接近，大高坪和高宇较接近，所以地域接近的两者在语音上更为接近，特别在声调上地域接近的两地完全相同。在 800 个词中，60 苗和 40 苗不同的词仅有 16 个，即二者词汇的差异仅有 2%：

	大高坪	高宇	起凡	堂华
深山	ta³³jəm⁵⁵	ta³³jəm⁵⁵	ta³³jəm⁵⁵	ləŋ⁵⁵
月份	wet³¹	wet³¹	wet³¹	ȵan⁵⁵
后生	–je³¹	je³¹	je³¹	ke¹³
碗	kwaŋ³³	tui³¹	tui³¹	po³³
漏	khoŋ³³	qhoŋ³³	qhoŋ³³	ləm³¹
馋	ŋa⁴²	ŋa⁴²	ŋa⁴²	pje⁴²
背（着）	pe⁴²	pe⁴²	pe⁴²	ɐm⁵³

剪	sin³³	sin³³	sin³³	tɐt⁵⁵
跑	pjeu⁴⁵	wi¹³	wi³⁵	pjeu⁵³
腻	ŋi⁵⁵	win⁵⁵	win⁵⁵	he⁵³
坏	wai⁴²	he⁴⁵	wai⁴²	he⁵³
个（人）	pəu⁵⁵	muŋ³¹	muŋ³¹	pu⁵⁵
和	khɐn¹³	qhən¹³	khɐn³⁵	qap⁵⁵
瘦	kaŋ³¹	qaŋ³¹	qaŋ³¹	jəm⁵⁵
有	me²²	me²²	me¹³	li³³
没	kwe²²	kwe²²	kwe¹³	ŋe¹³

五 60苗与花苗语言的异同

由于大高坪、高宇和起凡的距离较近，所以三者的调类、调值完全相同，而肯溪与起凡的距离较远，二者的调类虽相同，而调值有的并不相同（请看表一）。

四地的韵母完全相同，而声母方面，肯溪（花苗）的轻唇辅音 f 对三地的重唇声母 w，大高坪以舌根清辅音 k 对三地的小舌音辅音 q：

	堂华	起凡	大高坪	高宇	肯溪
花	fa³⁵	wa³⁵	wa¹³	wa¹³	wa¹³
裙	fən³³	wən³³	wən³³	wən³³	fən³³
祖母	sa³¹	sa³¹	sa³¹	sa³¹	wo⁵⁵
药	əm³³	əm³³	məi³¹	əm³³	məi³¹
漏	ləm³¹	qhoŋ³³	khoŋ³³	qhoŋ³³	qe³³
解（便）	we³¹	we³¹	we³¹	we³¹	jəŋ⁵⁵
咳	khəu⁵³ŋəu³¹	khəu⁵³ŋəu³¹	khəu⁵³həu³¹	khəu⁵³həu³¹	ha³³lau¹³
田	jha⁵³	ja⁵³	ja⁵³	ja⁴⁵	ça⁵³
山冲	hau¹³	ȶəm⁴²	ȶəm⁴²	kui³³	hau²²
柱子	tuŋ⁴²	tuŋ⁴²	toŋ⁴²	tuŋ⁴²	sau⁵⁵
祖父	qəŋ³³	kəŋ³³	kəŋ³³	kəŋ³³	qu⁵³
坐	sui⁵³	sui⁵³	sui⁵³	sui³⁵	ȵau⁴²
脆	jim⁵³	sui⁵³	sui⁵³	sui³⁵	sau⁵³
扁	pje³³	pje³³	pje³³	pje³³	pjaŋ³³

没	qəi³³	kwe¹³	kwe²²	kwe²²	ŋe²²

六 草苗话与侗语的关系

从表二草苗话和南部侗语不同源的近90个词中，我们可看出，除了个别的词外，其实绝大部分都是同北侗天柱三门塘及锦屏秀洞同源的。三门塘和秀洞均与湖南靖州的三秋一带接壤，现居住在这一带的"四十八寨"（在湘黔交界的贵州天柱、锦屏和湖南的靖州相邻的四十八个寨子中居住着侗、苗两个民族，其中的苗族会操苗、侗、汉三种语言和会唱侗歌，而他们没有自己的苗语歌。每年夏季举行的四十八寨歌会，在当地远近闻名）苗族大都能操苗语、侗语两种语言。而现居住在三省坡地区的草苗、花苗大都于明末清初从靖州三秋一带先后迁来。在三省坡一带，侗族是原住民族，为强势民族，花苗和草苗是后来民族，四百余年来在侗族和侗语的强势影响下，草苗和花苗的民族语言渐渐消失了，转而借用了侗语，但现在其语言中仍保留了北侗的一部分词汇。所以，现在草苗和花苗的语言基本同当地的通道侗话、三江侗话和黎平侗话相同，然而在其语言中仍然留有北侗的一些词汇底层，这是草苗和花苗认为自己的语言是"苗话"的原因。从草苗话和花苗话的北侗词汇底层中，也可以证明他们的确是从靖州三秋（侗语称为 samp siul。三省坡草苗的老人跟我们说，他们是从靖州 samp siul 迁来的，samp siul 侗语的意思是"三秋"，至今当地侗族仍称其为 samp siul。而现在靖州将其译为"三锹"是不妥的）一带迁徙来的。

现今的草苗话（60苗、40苗）和花苗话（20苗）的词汇约90%为南侗侗语，10%为北侗侗语，因此，称草苗、花苗为"说侗话的苗族"不无道理。

第二章 40苗语言文化调查研究

在三省坡上有一支苗族支系，他们自称为草苗（mjiu⁵⁵ ɳaŋ¹³），其内部又分为三个支系，即内部苗，又叫内堺（或岗）苗或内亲苗（kaŋ⁴² kau³¹或 sən⁵⁵ kau³¹）；中部苗，又叫中堺（或岗）苗或中亲苗（kaŋ⁴² ta⁵³或 sən⁵⁵ ta⁵³）；外部苗，又叫外堺（或岗）苗或外亲苗（kaŋ⁴² pak³³或 sən⁵⁵ pak³³）。如此分法与草苗三个支系间婚姻亲疏的关系有关。在历史上这三个支系间早先是互相通婚的，后来才互不通婚。由于三省坡及其周边居住着人口众多的侗族，受侗族语言文化的影响，所以，草苗遂变为一支"说侗话唱汉歌"的苗族。草苗主要分布在湘黔桂交界的三省坡及其附近的山地上，即贵州省黎平县的洪州镇、龙额乡、地坪乡、水口镇、肇兴乡、永从乡、德顺乡、顺化乡和从江县的洛香镇；广西三江县的独洞乡、林溪乡、同乐乡、良口乡、八江乡、洋溪乡；湖南省通道县的大高坪乡、锅冲乡、独坡乡、牙屯堡镇；湖南省靖州县的新厂镇。草苗内又分 60 苗（mjiu⁵⁵ ljok²² çəp²²）和 40 苗（mjiu⁵⁵ si⁵³ çəp²²），40 苗又称为"刁族"（tjau¹³）。又有的说，草苗分为 60 苗、40 苗和 20 苗（mjiu⁵⁵ ɳi³³ çəp²²）三个支系；20 苗就是现在的花苗（mjiu⁵⁵ ken⁵³）。草苗约有 58900 人①，其中黎平县约有 19000 人，三江县约有

---

① 因各地在进行人口统计时，大都未把草苗的人口进行单独统计，而把其同其他苗族人口合并进行统计，所以其人口只能是一个概数。除了三江县草苗的人口是按村逐一统计的外，黎平和通道都是被访者逐村估算的。据朱慧珍、贺明辉主编的《广西苗族》（广西民族出版社，2004 年 1 月）载，全国草苗有 8 万余人，其中三江 2.3 万人，均为 60 苗。又据吴安邦、龙万帅《草苗民歌》（见吴浩主编《三江各族民歌》，1989 年 12 月）中载，草苗亦有 8 万余人。再据杨盛中主编《黎平县民族志》（贵州人民出版社，1989 年 12 月）载，该县含大母、蒙、草苗在内的苗族共 55261 人。笔者在黎平调查时，几个被访者估算黎平草苗约有 3 万人，其中已调查确定花苗 3160 人，40 苗 3619 人（含从江 1015 人）。笔者在通道县调查时，被访者估算通道的草苗约有 8000 余人，其中已调查确定花苗 2271 人。而经过我们于 2008 年 7、8 月，及 2009 年 10 月的调查统计，草苗的人口实为 58900 余人（含 60 苗、花苗和 40 苗），是我们在有草苗的五县中逐乡镇进行统计的，应说是较为可靠的。

31600 人，通道县约有 6800 人，从江县约有 1020 人，靖州县约有 500
余人。在"三苗"中，60 苗约有 49300 人，花苗约有 5930 人，40 苗约
有 3620 人。这是我们 2008 年 7、8 月到这五县（三江、黎平、通道、从江、靖
州）所有草苗、花苗乡镇，从乡村干部中调查得到的，应该说比较
可靠。

第一节　40 苗的民族意识、人口及分布

一　40 苗的民族意识

　　由于 40 苗居住地域相对集中，人口也很少，加上其独特的文化特
征，很容易与其他民族进行区分。40 苗大都居住在海拔 800 米以上的
高山上，虽然各自分属于黎平、从江两县四个不同乡镇的 18 个大小村
寨中，但他们的地域都是毗邻相连的。40 苗的四周虽都是侗族，但侗
族大都住在山脚的平坝中，两者的距离都在十里以上。40 苗和侗族历
来交往较少，互相间亦从不通婚。这样 40 苗的交往和生存环境就十分
的狭小，也很容易被其他民族纷扰歧视。因此，40 苗的民族意识非常
强。当地侗族、汉族都把 40 苗称为"刁"（tjau^{13}）。之所以称为"刁"
是因 40 苗迁徙到此地时先住在黎平肇兴寨（sao^{53}）下面一处称为"便
刁"①（pjan^{53}tjau^{13}）的地方，后来才离开此地迁到了现在的居住地。其
中德格、方良等地的 40 苗对"刁"的称谓有极强的认同感，一直坚称
自己是"刁族"，并曾先后向当地县州政府申报自己为"刁族"，但均
未被认可。而堂华等地的 40 苗对"刁"的称谓并不是很认同，并认为
那是当地其他民族对 40 苗的歧视称谓。

　　草苗的语言文化有古老的历史和独特的民族特色，但至今尚无人对
其进行过调查。下面我们将对 40 苗的人口、婚恋、习俗、丧葬、语言、
民歌等进行分析介绍。

---

　　① 便刁（pjan^{53}tjau^{13}）：当地侗语地名，其意为"刁"的平坝，位于肇兴侗寨下方叫上
香的地方，即现蓉厦高速公路黎平肇兴境内五标段下面。作为 40 苗的迁徙历史，"便刁"这
个地方，在新平、坪善、堂华都有着同样的说法，"便刁"都是他们祖先的栖息地。

二 40 苗的人口分布

（一）地理分布

40 苗主要分布在黎平县的肇兴乡、水口镇、永从乡和从江县的洛香镇，其位置大约位于东经 109°10′—109°20′，北纬 25°50′—26°00′之间，其面积为十余平方公里。肇兴乡的堂华村为 40 苗的中心，在其周围分布着大大小小的 18 个 40 苗村寨，其分布如下表：

地属别	40 苗村寨分布			
肇兴乡 （黎平）	堂华（中寨）	taŋ³³ wa²²	岑友（东边）	ȶən²² jəu²²
	芭更（东边）	pja⁵⁵ kiŋ⁵³	连转（南边）	ȶi³¹ çon³¹
	想共（南边）	çaŋ³¹ koŋ¹³	普鲁（西边）	pu²² lu³³
	高鸟（东北）	kau³³ ŋo³¹	德盘（东边）	te³³ pan¹³
	德坑（西边）	te³³ khɐm³⁵	登育（西边）	tɐm⁵⁵ jiu³⁵
	弄堂（西边）	loŋ⁵⁵ taŋ²²	外大榜 （属皮林村）	pa⁵³ man³³ khe³⁵
永从乡（黎平）	内大榜（西北）	pa⁵³ man³³ tən³³		
水口镇（黎平）	坪善（东边）	ljɐm³³ lәŋ⁵⁵	能烧（东边）	nɐm³¹ sau⁵⁵
洛香镇（从江）	德格（东南）	te³³ ke⁵³	方良（东南）	waŋ³⁵ ljaŋ²²
	弄对（东南）	ləŋ⁵⁵ tui⁵⁵		

以堂华为中心的 40 苗村寨分布图：

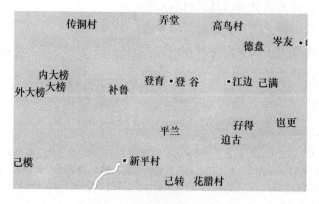

（二）人口分布

截至 2009 年 40 苗有 3619 人①左右。其中黎平县 2604 人左右，从江县 1015 人。具体人口分布如下：

黎平县肇兴乡 2079 人：堂华村 1009 人，高鸟村 1030 人；皮林外大榜 40 人左右。水口镇 495 人：坪善村 455 人，能烧 40 人左右；永从乡内大榜 30 人左右。从江县洛香镇 1015 人：新平村 549 人，方良村 456 人。

40 苗大都聚族而居，一般以房族为单位聚居一处。所以，在 40 苗分布的地方，每个村寨基本上是由单个姓氏或者几个姓氏组成。例如：堂华全部为杨氏族人，全寨 100 多户均为杨姓，高鸟 90% 的人口均为陆氏族人，坪善村的 91 户均为陆姓，另外还有新平村（潘氏），方良村（吴氏、杨氏），连转和登育（杨氏）。

第二节　40 苗与 60 苗、花苗及侗族的文化区别

一　40 苗的服饰及其与 60 苗、花苗、侗族的区分

在 40 苗、60 苗和花苗中，花苗妇女以其服饰鲜艳花哨区别于 40 苗和 60 苗。花苗多采用蓝色和绿色为主而很少采用黑色，并在袖口、衣脚、裤腰饰以花带，头发亦和彩线编成辫子，盘于花帕上，仅一些上了年纪的老人的服饰为黑色。而 40 苗和 60 苗的服饰无论男女大多以黑色为主，并且受侗族服饰影响甚大。堂华、高鸟、连转、德格、方良等 40 苗村寨的妇女着大襟短衣，开襟无领。平时穿裤不穿裙，节日和接亲嫁女时才穿裙子。40 苗的衣襟为左开（çet³³çe³³），人死后衣襟改扣在右边，意为他（她）已到另一边（阴间）去了。60 苗的衣襟为右开（çet³³wa³⁵），人死后仍扣在右边不变。发型在脑勺后挽髻，头上罩一块头帕，夏蓝冬青，不绣任何图案，在脑后交叉挽活结，留两个尖角垂

---

① 2008 年 7 月，2009 年 10 月，笔者带领贵州民院民文学院的龚永文、石长井、梁思娥、彭婧、杨红梅、熊恩琴等同学先后三次对从江洛香的新平、方良和黎平肇兴的堂华 40 苗的社会语言文化进行了田野调查。

在两耳后面，妇女们喜欢修饰眉毛，用禾杆草破开扭拔，把眉毛修成细长的柳叶眉，显得分外俊秀。40苗老龄妇女的服饰以黑色和青色为主，被称为九厥式服饰。

二 40苗和60苗、花苗、侗族的语言区别

草苗被外人称为"说侗话唱汉歌"的民族，草苗认为他们说的是"苗话"而不是"侗话"。然而草苗说的"苗话"，与通道、三江、黎平等地侗话大同小异。40苗与肇兴、洛香、水口当地侗族语言上只存在细微差异，互相之间语言交流是毫无障碍的。40苗与当地侗族之间存在的语言细微差别，也已成为了侗族与40苗的区别特征之一。

40苗话与当地侗话虽极接近，但互相也能从语言间判断出谁是40苗谁是侗族。40苗虽居住在南部侗族区内，但却保留了不少北部侗族特有的词汇底层，这是因为他们是在明末清初从北侗地区迁徙过来的。下面我们将对40苗与侗族、60苗、花苗语言的语音及词汇异同进行分析比较。（下面所列的语言，起凡、大高坪、高宇为60苗，肯溪为花苗，堂华为40苗，秀洞、三门塘为北部侗语，陇城、程阳为南部侗语。以上语言均为笔者调查记录）

表一 　　　　　　草苗保留北部侗族特有的词汇举例

地名	猴	药	肚子	日子	黄牛	背	帽	桌子
秀洞	ləi^{13}	məi^{31}	tu^{33}	pən^{13}	tu^{42}	em^{33}	meu^{53}	tai^{42}
堂华	ləi^{55}	əm^{33}	tu^{33}	pən^{55}	tu^{13}	qɐm^{33}	meu^{42}	tai^{13}
起凡	ləi^{55}	əm^{33}	tu^{33}	pən^{55}	tu^{13}	kəm^{33}	meu^{453}	tai^{13}

在语法方面，草苗话也留有北部侗语的语法底层，即人称代词的语序与北侗相同而与南侗相左。例如：

表二　　　　　　　　　　**草苗、北洞、南洞语法比较**

地名/短语	我父亲	他的黄牛
秀洞	$jau^{42}\,pu^{31}$	$mau^{53}\,ti^{33}\,tu^{42}$
起凡	$jau^{13}\,pu^{31}$	$mau^{42}\,ti^{33}\,tu^{13}$
通道	$pu^{31}\,jau^{22}$	$sen^{22}\,mau^{44}$
车江	$pu^{31}\,jau^{22}$	$sen^{55}\,mau^{33}$

表三　　　　　　　　**40苗、20苗、60苗侗语声调调类调值表**

调值	秀洞	三门塘	起凡	高宇	大高坪	肯溪	堂华	陇城	程阳
1	13	13	55	55	55	55	55	55	55
1´	22	13	35	13	13	13	35	35	35
2	42	22	13	22	22	22	13	22	22
3	33	23	33	33	33	33	33	33	33
3´	13	23	33	33	33	33	33	33	33
4	31	31	31	31	31	31	31	31	31
5	35	35	53	45	53	45	53	53	53
5´	35	35	53	45	53	45	53	453	453
6	53	44	42	42	42	42	42	33	33
7	55	55	55	55	55	55	55	55	55
7´	35	55	55	55	55	55	55	35	35
9	33	33	33	33	33	33	33	33	33
9´	13	33	33	33	33	33	33	33	33
8	31	22	13	22	22	22	13	31	22
10	31	31	31	31	31	31	31	31	31

表四　　　　40苗、20苗、60苗侗语部分词汇表

汉语	秀洞	锅冲	大高坪	堂华	起凡	高宇	陇城	三门塘
太阳	ta^{53} pan^{13}	ta^{33} pan^{55}	ta^{33} mɐn^{55}	ta^{33} pən^{55}	tə^{53} pən^{55}	ta^{33} pən^{55}	ta^{53} mən^{55}	ta^{21} pən^{13}
龙	ljəŋ^{22}	ljəŋ^{22}	ljəŋ^{22}	ljəŋ^{22}	ljəŋ^{22}	ljəŋ^{22}	ljoŋ^{22}	ljoŋ^{22}
雪	nui^{13}	ni^{55}	ni^{55}	nui^{55}	ni^{55}	ni^{55}	nui^{55}	ni^{13}
花	fa^{13}	fa^{13}	wa^{13}		wa^{35}	wa^{13}	wa^{35}	fa^{13}
水	nəm^{31}	nɐm^{31}	nɐm^{31}	nɐm^{31}	nɐm^{31}	nəm^{31}	nam^{31}	nam^{42}
裙	wən^{33}	fən^{33}	wən^{33}	fən^{33}	wən^{33}	wən^{33}	wən^{33}	fən^{33}
深山	loŋ^{13}	ta^{33} jɐm^{55}	ta^{33} jəm^{55}	ləŋ^{55}	ta^{33} jəm^{55}	ta^{33} jəm^{55}	loŋ^{55}	ta^{33} lau^{42}
池塘	taŋ^{22}	taŋ^{22}	taŋ^{22}	taŋ^{22}	tɐm^{55}	taŋ^{22}	tɐm^{55}	təm^{13}
土	ən^{33}	ən^{33}	ən^{33}	ən^{33}	ən^{33}	ən^{33}	mak^{31}	ən^{23}
祖母	nai^{33}	wo^{45}	sa^{31}	sa^{31}	sa^{31}	sa^{31}	sa^{31}	nai^{33}
铜	təŋ^{22}	təŋ^{22}	təŋ^{22}	təŋ^{22}	təŋ^{22}	təŋ^{22}	toŋ^{22}	təŋ^{22}
火	pi^{13}	pi^{55}	pi^{55}	pi^{55}	pi^{55}	pi^{55}	pəi^{55}	pi^{13}
被子	jan^{53}	jan^{42}	jan^{42}	jan^{42}	jan^{42}	jan^{42}	jan^{33}	jan^{44}
烟煤	ŋit^{44}	ŋiŋ^{55}	ŋiŋ^{55}	ŋiŋ^{55}	ŋiŋ^{55}	ŋiŋ^{35}	ŋiŋ^{13}	ŋin^{13}
月	wet^{13}	wet	wet^{31}	ȵan^{55}	wet^{31}	wet^{31}	ŋwet^{31}	wet^{44}
日子	pən^{13}	pən^{44}	pən^{55}	pən^{55}	pən^{55}	pən^{45}	mɐn^{55}	pən^{13}
明天	mo^{33}	mo^{42}	mo^{31}	mo^{33}	mo^{42}	mo^{42}	mu^{33}	mo^{42}
水牛	we^{42}	we^{22}	we^{22}	we^{13}	we^{13}	we^{22}	kwəi^{22}	we^{21}
黄牛	tu^{42}	tu^{22}	tu^{22}	tu^{13}	tu^{13}	tu^{22}	sən^{22}	ljən^{23}
猪	mu^{35}	mu^{4}	mu^{53}	mu^{53}	mu^{53}	mu^{55}	u4^{53}	mu^{35}
猴	ləi^{13}	ləi^{55}	ləi^{55}	ləi^{55}	ləi^{55}	ləi^{45}	mun^{33}	ləi^{13}
泥鳅	son^{35}	son^{45}	son^{53}	son^{53}	son^{53}	son^{55}	ŋwet^{31}	tson^{35}
蝴蝶		met^{55} mit^{55}	mit^{33}	mat^{55} mit^{33}	mit^{33}	mit^{33}	mən^{22}	mit^{44}
蝉	ljaŋ^{31} lji^{33}	ljaŋ^{55} lji^{33}		ljaŋ^{31} lje^{33}		ljaŋ^{55} lji^{33}	ji^{55} jot^{33}	ljaŋ^{42} lji^{33}
螃蟹	aŋ^{13} əi^{35}	qaŋ^{31} qəi^{4}	kaŋ^{31} kəi^{53}	qaŋ^{13} qəi^{53}	qaŋ^{13} qəi^{53}	qaŋ^{31} qəi^{55}	kəi^{53}	qaŋ^{22} aəi^{31}
毛	ȶəm^{13}	pjəm^{55}	mjɐm^{55}	pjɐm^{55}	pjɐ^{55}	pjəm^{45}	pjən^{55}	pjəm^{13}
鸡胗		tap^{55}	tɐp^{55}	tap^{55}		tap^{55}	jɐm^{55}	tap^{55}
鱼	a^{13}	qa^{55}	ka^{55}	qa^{55}	ka^{55}	qa^{44}	pa^{55}	qa^{13}

续表

汉语	秀洞	锅冲	大高坪	堂华	起凡	高宇	陇城	三门塘
桃	tau⁴²	ti⁵⁵tau²²	tau²²	ti⁵⁵tau²²	tau²²	tau²²	pɐŋ⁵⁵	tau⁴²
姜	ʑaŋ¹³	ʑaŋ⁵⁵	ʑaŋ⁵⁵	ʑaŋ⁵⁵	ʑaŋ⁵⁵	ʑaŋ⁴⁴	çeŋ⁵⁵	ʑaŋ¹³
嘴巴	mu⁵⁵	mok⁵⁵	mok⁵⁵	muk⁵⁵	mok⁵⁵	mok⁵⁵	əp⁵⁵	mu⁵⁵
背	əm³³	qɐm³³	kəm³³	qɐm³³	kəm³³		lai²²	qɐm³³
乳房		me⁵⁵	me⁵⁵	me⁵⁵	me⁵⁵	me⁵⁵	məi³³	me¹³
脚后跟	ʑəu³¹	ʑəu³¹	ʑəu³¹	ʑəu³¹	ʑuɛi³¹	ʑəu³¹	çoŋ⁵⁵	ʑəu³¹
鼻涕	mu⁴²	pje²²	pje²²	pje¹³	pje¹³	pje²²	muk³¹	ŋu³¹
人	ən⁴²	qən²²	kən²²	qən¹³	qɐn²²	qən²²	ȵən²²	qən²²
男青年	je³¹	je³¹	je³¹	ke²²	je³¹	je³¹	pan⁵⁵	
情人	nəi³¹je³⁵（石洞）	nəi³¹je⁴⁵	nəi³¹je⁵³	nəi³¹je⁴⁵³	nəi³¹je⁵³	nəi³¹je⁵⁵	ʑu³³	ʑu³³
鬼师	çəi³⁵	çəi¹³	çəi³³	çəi³³	çəi³³		çaŋ³³ʑui³³	çəi¹³
布	ʑa¹³	ʑa⁵⁵	ʑa⁵⁵	ʑa⁵⁵	ʑa⁵⁵	ʑa⁴⁴	ja⁵⁵	ʑa¹³
帽子	meu⁵³	meu⁴²	meu⁴²	meu⁴²	meu⁴⁵³	meu⁴²	əm³¹	meu¹³
碗	tui³¹	po³³tui³¹	kwaŋ³³	po³³	tui³¹	tui³¹	kwaŋ³³	tui³¹
罐		thəu¹³	thəu¹³	thəu³⁵	thəu¹³	thəu¹³	piŋ²²	thəu¹³
桌子	tai⁴²	tai²²	tai²²	tai¹³	ai¹³	tai²²	çoŋ²²	tai²²
床	toi³⁵	toi⁴⁵	toi⁵³	toi⁵³	toi⁵³	toi⁵⁵	çaŋ²²	toi³⁵
篮子	khiŋ³⁵	khiŋ⁴⁵	khiŋ⁵³	khiŋ⁵³	khiŋ⁵³	khiŋ⁵⁵	muŋ⁵⁵	khiŋ³⁵
锥子	kəm¹³（侗族）	kɐm⁴⁵	kɐm⁵⁵	kɐm⁵⁵	kəm⁵⁵（侗族）	kəm⁴⁴（侗族）	toi⁵³	kəm¹³
歌	a¹³	a⁴⁵	ka⁵⁵	qa⁵⁵	ka⁵⁵	qa⁴⁴	a⁵⁵	qa¹³
芦笙	ən⁴²	qən²²	kən²²	qən¹³	qən¹³	qən²²	lən⁵⁵	
墓	mo¹³	mo⁴²	mo⁴²	mo⁴²	wan¹³	mo⁴²	wan²²	mo⁴⁴
药	məi³¹	məi³¹	məi³¹	əm³³	əm³³	əm³³	əm³³	sa²²
瘦肉	tsən¹³	ʑən⁴⁴	ʑən⁵⁵	ʑən⁴⁵	ʑən⁵⁵	ʑən⁴⁴	jəm⁵⁵	nau⁵⁵
话	soŋ²²	soŋ¹³	soŋ⁵⁵	soŋ³⁵	li³¹	soŋ¹³	ləi³¹	soŋ¹³
名字	an¹³	qan⁴⁵	kan⁵⁵	qan⁵⁵	kan⁵⁵	qan⁴⁴	kwan⁵⁵	qan¹³
漏	khoŋ¹³	qe³³	khoŋ³³	ləm³¹	qhoŋ³³	qhoŋ³³	sut³³	

汉语	秀洞	锅冲	大高坪	堂华	起凡	高宇	陇城	三门塘
来	ma^{22}	ma^{35}	ma^{13}	ma^{35}	ma^{35}	ma^{13}	ma^{35}	ma^{13}
馋		ŋa^{42}	ŋa^{42}	pie^{42}	ŋa^{42}	ŋa^{42}	jak^{33}	ŋo^{44}
怕	kho^{22}	kho^{13}	kho^{13}	kho^{35}	kho^{35}	kho^{13}	jau^{33}	kho^{13}
骂		qa^{55}	ka^{53}	qa^{53}	qa^{53}	qa^{55}		qa^{35}
解（便）	jəŋ^{55}	we^{31}	we^{31}	we^{31}	we^{31}	we^{31}	soŋ^{53}	we^{31}
找	khat^{13}	qhet^{45}	khit^{55}	qhet^{55}	qhet^{55}	qhet^{55}	jəu^{35}	qhet^{55}
背（动）	pe^{53}	pe^{42}	pe^{42}	ɐm^{53}	pe^{42}	pe^{42}	ɐm^{53}	pe^{44}
搓（绳）	sa^{22}	sa^{13}	sa^{13}	sa^{35}	sa^{35}	sa^{13}	ta^{13}	ta^{13}
剪（布）	sin^{33}	sin^{33}	sin^{33}	tɐt^{55}	sin^{33}	sin^{33}	kwən^{55}	tsen^{33}
咳嗽	ha^{22}lau^{31}	ha^{33}lau^{22}	hau^{53} həu^{35}	khəu^{53} ŋəu^{31}	khəu^{53} ŋəu^{31}	khəu^{55} həu^{13}	khəu^{53} həu^{55}	qhəu^{35}
跑	ȶeu^{35}	pjeu^{45}	pjeu^{53}	pjeu^{53}	wi^{35}	wi^{13}	nəŋ^{33}	pjəu^{35}
跪	ȶhui^{13}	ȶhui^{13}	ȶhui^{33}	ȶhui^{33}	ȶhok^{13}	ȶhui^{33}	ȶok^{33}	tsau^{33}
蒸	tsau^{33}	sau^{33}	sau^{33}	sau^{33}	sau^{33}	sau^{33}	məi^{35}	tsau^{33}
谢谢	khai^{13}	kai^{33}	khai^{33}	khai^{33}	khai^{33}	khai^{33}	lje^{53}	qhai^{33}
红	ja^{35}	ça^{45}	ja^{53}	jha^{53}	ja^{53}	ja^{55}	ja^{453}	kha^{35}
田	ja	ça^{45}	ja^{53}	ja^{53}	ja^{53}	ja^{53}	ja^{53}	ja^{53}
直	tui^{42}	tiu^{22}	tiu^{22}	tiu^{13}	tiu^{13}	tiu^{22}	sɐŋ^{22}	tiu^{22}
钝	a^{42}	qa^{22}	ka^{22}	qa^{13}	qa^{13}	qa^{22}	tap^{13}	qa^{22}
近	ȶhəi^{35}	phjəi^{45}	phjəi^{53}	phjəi^{53}	phjəi^{53}	phjəi^{55}	ȶɐn^{31}	phjəi^{53}
暖	tau^{33}	tau^{33}	tau^{33}	tau^{33}	tau^{33}	tau^{33}	sau^{33}	tau^{33}
饿	ȶe^{33}	pjek^{33}	pjek^{33}	pjek^{33}	pjek^{33}	pjek^{33}	jak^{33}	pje^{33}
腻	win^{13}	win^{55}	ȵi^{53}	mən^{53}	win^{55}	win^{44}	ȵi^{55}	wen^{13}
坏	he^{35}	he^{45}	wai^{42}	he^{53}	wai^{42}	he^{55}	ja^{31}	he^{35}
嫩	je^{31}	je^{31}	je^{31}	je^{31}	je^{31}	je^{31}	ȵi^{31}	
聪明		qhiu^{33}	khiu^{33}	qhiu^{33}	qhiu^{33}	qhiu^{33}	kwai^{55}	qhiu^{33}
个（人）	pu^{13}	pu^{55}	pəu^{55}	pu^{55}	muŋ^{31}	muŋ^{31}	muŋ^{31}	pəu^{13}
他们	ne^{22}	ne^{13}	ne^{13}	ne^{13}	ne^{13}	ne^{13}	e^{35}	ne^{13}
还	han^{22}	hai^{22}	hən^{22}	hən^{13}	hən^{22}	hən^{22}	nəŋ^{55}	han^{22}

续表

汉语	秀洞	锅冲	大高坪	堂华	起凡	高宇	陇城	三门塘
和	kun¹³	qhən³⁵	khʉn¹³	qap⁵⁵	khʉn³⁵	qhən¹³	jən³⁵	qon¹³
瘦	jəm¹³	gaŋ³¹	kaŋ³¹	jəm⁵⁵	qaŋ³¹	qaŋ³¹	wum⁵⁵	wəm¹³
别人	ne²²	pi³¹	ne¹³	ne¹³	ne¹³	ne¹³	e³⁵	ne¹³
有	mə⁴²	me²²	me²²	li³³	me¹³	me²²	me²²	me²²
没（有）		ŋe²²	kwe²²	ŋe¹³	kwe¹³	kwe²²	e²²	ŋe²²
祖父	aŋ³³	qu⁵⁵	kəŋ³³	qəŋ³³	kəŋ³³	kəŋ³³	oŋ³³	kəŋ³³
柱子	tsau¹³	sau³³	toŋ⁴²	tuŋ⁴²	tuŋ⁴²	tuŋ⁴²	tuŋ³³	tsau¹³
山谷	çəŋ²²	hau²²	ʈui³³	hau³⁵	ʈəm⁴²	kui³³	ʈəm³³	hau²²

40 苗在语言上与 60 苗和花苗的显著差别，就是对否定副词"不"的说法不同；各地 60 苗都说为 kwe³³；黎平 40 苗说为 ŋe²²，花苗为 ȵe²²；通道花苗说为 ŋe²²。由于在地域上龙额起凡和堂华更接近，大高坪和高宇更接近，所以，地理接近的二者在语言上也更为相近，特别在声调上二者完全相同。一般来说声调相同的，语言词汇也更为接近。在对 800 个词汇的比较中，发现 40 苗和 60 苗只有 16 个词汇不同，即他们之间的词汇差异只有 2%。列表如下：

表五　　　　　　　　　**40 苗与 60 苗不同的 16 个词**

序号	词汇	大高坪	堂华	起凡	高宇
1	深山	ta³³ jəm⁵⁵	ləŋ⁵⁵	ta³³ jəm⁵⁵	ta³³ jəm⁵⁵
2	月份	wet³¹	ȵan⁵⁵`	wet³¹	wet³¹
3	后生	lag³¹ je³¹	lag³¹ je³¹	je³¹	ke¹³
4	碗	kwaŋ³³	po³³	tui³¹	tui³¹
5	漏	khoŋ³³	ləm³¹	qhoŋ³³	qhoŋ³³
6	馋	ŋa⁴²	pie⁴²	ŋa⁴²	ŋa⁴²
7	背（动）	pe⁴²	ɐm⁵³	pe⁴²	pe⁴²
8	剪	sin³³	tɐt⁵⁵	sin³³	sin³³

续表

序号	词汇	大高坪	堂华	起凡	高字
9	跑	pjeu^{53}	pjeu^{53}	wi^{35}	wi^{13}
10	腻	ȵi^{53}	mən^{53}	win^{55}	win^{44}
11	坏	wai^{42}	he^{53}	wai^{42}	he^{55}
12	个（人）	pəu^{55}	pu^{55}	muŋ^{31}	muŋ^{31}
13	和	khɐn^{13}	qap^{55}	khɐn^{35}	qhən^{13}
14	瘦	kaŋ^{31}	jəm^{55}	qaŋ^{31}	qaŋ^{31}
15	有	me^{22}	li^{33}	me^{13}	me^{22}
16	没（有）	kwe^{22}	ŋe^{13}	kwe^{13}	kwe^{22}

三　其他方面的区别

在人口方面，60 苗的人口为最多，花苗次之，40 苗的人口最少仅有 3619 人，三种草苗不会居住在同一村寨内。40 苗、60 苗和花苗的分布地域也不同，60 苗分散于贵州、湖南、广西三个省区，花苗分布于贵州黎平、湖南通道和靖州相邻的乡镇，而 40 苗只分布于贵州省境内，也相当集中。

40 苗男女青年也有行歌坐夜的恋爱习俗，坐夜时需要以歌来表达爱意。其民歌与当地侗族民歌大相径庭。歌唱 "嘎明（ka^{55}mjən^{22}）"、"嘎犒（ka^{55}khau^{33}）" 时是汉词，而唱 "嘎花（ka^{55}wa^{35}）" 时却是 "苗语"。40 苗所唱的 "嘎花" 和通道、三江侗族的情歌在形式上基本相同，为男女对唱的七言两句为一首的民歌体，押腰脚韵（有的叫勾韵或句中韵，即上句句末音节韵母同下句句中音节的韵母相同）。例如：

① jau^{13}　çaŋ^{453}　ȵa^{13}　çaŋ^{453}　li^{33}　ho^{33}
　　我　　想　　你　　想　　得　　很，
　　ji^{13}　kwaŋ^{33}　nəm^{31}　jəu^{55}　çaŋ^{42}　kwaŋ^{33}　taŋ^{13}
　　一　　碗　　水　　脏　　像　　碗　　糖。

② ȵa^{13}　çaŋ^{453}　ne^{35}　pau^{53}　çaŋ^{453}　jau^{22}
　　你　　想　　别人　　说　　想　　我，

muk^{55}	ȵa^{13}	lja^{13}	ljau^{55}	pau^{53}	ljaŋ^{35}	jau^{22}
口	你	舔	料	说	爱	我。

③
mei^{31}	ju^{13}	me^{13}	pa^{53}	ju^{42}	me^{13}	həu^{55}
木	油	有	叶	又	有	果，

ȵa^{13}	pi^{31}	wən^{31}	ləu^{55}	pai^{53}	qhən^{35}	nəu^{13}
你	别	乱	漏	去	跟	谁。

④
məi^{31}	soŋ^{13}	me^{13}	pa^{53}	ju^{42}	me^{13}	se^{35}
木	松	有	叶	又	有	滕，

jau^{13}	kwe^{13}	ljaŋ^{35}	ne^{35}	pən^{42}	ljaŋ^{35}	ȵa^{13}
我	不	爱	别人	只	爱	你。

另外，40苗芦笙的制作与侗族芦笙一致，但演奏却有很大的区别。同是芦笙，竞赛曲与侗族一致，而表演曲不但比侗族曲样多，而且曲调也比侗族更富于激昂性和婉转性。作为中寨的堂华，过去还有一个芦笙堂（ji^{53}taŋ^{22}kən^{22}），在不大的地方里曾经聚集着几个寨子，以前开芦笙会时，有个习俗，说"欧家为王、杨家为将"，即开芦笙会之前，必须先让欧家的人进入芦笙场地，吹过几轮芦笙后，别的姓氏才可进入芦笙堂。事实上欧家在当地只有几户人家，而杨家、陆家在整个40苗中都占有很大的人口比例。

第三节　40苗婚俗

一　族内婚制

草苗实行严格的族内婚，不同毗邻的侗族、汉族、苗族、瑶族通婚，新中国成立前尤甚。在三江草苗中有句俗语说："谷种可以混，人种不能混。"过去在三江如有草苗姑娘嫁给了外族人，父母就会在房柱上钉上耙钉，并发誓：除非耙钉能生根发芽，否则你不能回来！除了严格的族内婚外，草苗还实行严格的支系内婚，即在草苗内部，60苗、40苗和花苗之间也禁止通婚。草苗的通婚禁婚以及婚礼、休婚、姑表婚等内容都通过立碑的形式来体现，对此都极为重视，不能失信，违者将受到严处。

清康熙十八年（1679年），草苗在黎平归垒开会，准备立第五块碑，以对当时草苗的婚姻大事进行规范。但40苗的寨老不守信失约了，到碑立好了才骑着马，坐着轿子姗姗来迟，引起60苗的不满，双方发生争执，造成分裂。自那以后，60苗和40苗间禁止通婚，出现了严格的支系内婚。因此40苗在婚姻上除严格执行草苗的内婚制外，还实行严格的支系内婚。违者不仅会受到族人的严惩，而且还会受到最严厉的诅咒。在堂华，有一首民歌这么说：

pak^{33}	kwan^{55}	kau^{31}	mja^{13}	qəi^{33}	wo^{31}	çi^{13}	nu^{35}	sut^{33}
把	斧头	中	手	不	知	时	哪	脱，
qən^{13}	təi^{55}	ta^{42}	qun^{53}	khui^{53}	qən^{13}	lən^{13}		
人	死	过	前	亏	人	后。		

这首歌说的是堂华村登育寨的杨通万，早年在水口命江寨娶了一个名叫莱引（音）的60苗女子为妻，结果未能生育。人们说这是杨通万违反了40苗的婚姻规定，因而受到的报复及得到的应有报应。这首歌是杨通万为妻子莱引而编唱的。我们在40苗调查时，他们说："60苗的女人很强势，我们40苗娶了她们后真的都无后代，不敢娶啊"。

除了有严格的内婚制外，还存在着更为古老的阶层婚。所谓的阶层婚指草苗分为上、中、下三个阶层婚："上层亲"（sən^{35} pan^{13} lai^{55}意为"好亲"）、"中层亲"（sən^{35} pan^{13} ta^{53}）、"下层亲"（sən^{35} pan^{13} te^{33}）。三个阶层间禁止通婚，通婚仅限于在同一阶层内。2008年7月，我们在德格（te^{33} ke^{53}）调查时了解到，该村有兄弟俩，长兄已40岁，弟弟37岁，家境优良，但只因母亲为下层亲，至今仍单身，无人敢嫁给他们。

40苗的姑表亲制也是其另一特点，即姑妈家的姑娘要无条件优先嫁给舅家儿子。在堂华寨下面我们发现了一块石碑，这是一块关于对违反姑表婚的处罚规定。这是我们在草苗地区见到的又一较早的碑文。这是40苗和60苗在清康熙年间因立碑问题发生争执，而导致分裂互相间禁婚后，40苗便自己立碑规范其婚姻制度的很有草苗历史意义的一块碑。堂华寨的那块石碑立于清宣统二年（1910年）十一月二十八日，在草苗立下的石碑中，除了清道光十五年（1835年）八月花苗（20苗）立于黎平龙安的那块碑外，堂华碑属于年代较为久远的一块了，而归垒（kui lei）碑今已不见踪影。堂华碑虽已模糊不清，但从上面我们仍可以看到以下内容：

立碑首人杨爱金，其他还有：江边首人袁洪基，登育首人杨正辉，
吉转首人吴家祯、吴家智、吴家让，高鸟首人陆金富、陆起芳，能烧首
人陆起瑞，登杠首人向得凤（还有一些已经看不清楚了）。

碑的内容：

一议表姑表亲悔亲财礼五十二仟文

一议表姑表亲悔亲财礼叁拾叁仟文

一议表姑表亲悔亲财礼二拾肆仟文

一议表姑表亲悔亲财礼○①拾○仟文

一议表姑表亲悔亲财礼壹拾二仟文

一议表姑表亲某人配今者掉禁钱六仟文不准房族许配惩罚女出嫁
张李

一议男逢完取者为六命不令悔亲财礼壹拾二仟文

一议男起○亲礼者肉拾贰斤米四拾斤酒四拾斤

一议○○○○男女当要改移伤……钱五拾二仟文

从以上材料可看出，40 苗的通婚范围本已很狭窄，再加上严格的
表姑亲，因此，极易造成近亲通婚，这对 40 苗民族的子孙后代的健康
极为不利。随着 40 苗社会的不断发展进步以及人们教育水平的提高，
40 苗社会现已认识到了姑表亲对后代的危害，姑表亲现象已经逐渐
减少。

二 恋爱和婚礼

（一）坐夜

40 苗青年和侗族一样，也采用坐夜的方式谈恋爱，小伙子（人数
在三五人不等）一般相约在晚饭后，一起前往本寨或他寨的姑娘家行
歌坐夜。这种恋爱方式男女均可同时在几个情人间自由进行。此时男女
双方以对歌（即以唱"嘎花 $ka^{55}wa^{35}$"）这一委婉动听的歌声向对方表
达爱慕之情，如此数次交往，若某一双男女互有好感，就由集体约会变
为单独幽会，最后成为夫妻。这种恋爱方式，女方可以延续到怀孕为
止，而男方一直到做了父亲后仍可继续。

---

① 因碑文残缺，故以"○"代替所缺文字，详见附页1、附页2。

（二）提亲

1. 媒妁婚

男女青年在行歌坐夜等社交场合建立感情后，也要找个吉利的日子请媒人去女方家求婚。男方请上两个人丁、财气两旺（家庭、人品、口碑好的人，堂华有"人命不好骂财神，夫妻不好骂媒人"的说法，所以40苗都很看重对媒人的挑选）的中年女性媒人，带上一节竹桶的米酒（1斤左右）、三条鱼、糯米饭和其他礼品上女方家去提亲。一般情况下，女方都要为难一下媒人，如果女方不同意，只留媒人住一晚，第二天在门前挂上物件，用来表示不同意，这也是女方家对男方的一种考验。因此，第一次肯定是不会成功的。这样两次或三次便会有了结果，若三次都没有结果，那便是没有得到女方的同意了。

2. 自由婚

如男女青年在行歌坐夜中致女方怀孕，男方就要请媒人去向女方家求婚，待女方家同意后再补办婚礼；不管愿意与否，女方家开始都要佯装不愿意，以掩人耳目。若女方家不同意，他们就私奔到别的地方同居，直至女方家同意为止。

（三）办酒

1. 婚期

40苗规定，新娘嫁到郎家的时间无硬性规定，但在办酒（即婚礼）的日子上有着严格的规定：必须在腊月二十四、二十五、二十六三日之内举行，这是40苗规定的结婚日子。所以，那三天整个40苗地区异常热闹，寨寨都在办婚礼。如遇特殊情况，就需改到来年的三月三举行了。

2. 送礼

在确定办酒后，男方家先通知各路亲戚朋友，并安排一妇女前往女方家接新娘。这时只需带新装、腌鱼、糯米等礼品去新娘家。回来时，新娘的兄弟（一般是大哥）就会帮忙挑着新装和银饰去新郎家。此时，新郎就带上几个伙伴到半路去迎接新娘，双方在路上见面后，新娘的兄弟就会把担子转交给新郎，自己便转回了。

前来参加男方家婚礼的亲戚朋友都要送礼，礼物有大米、钱、镜屏等。40苗办酒仅限一餐，喜宴也很简单，有凉拌血红肉、炒肉、汤菜三样，外加每人一串肉。酒席上，新郎的妹妹会带着寨上的姑娘来给客人们敬酒。酒席过后，客人带着主家送的"随手礼"，即半斤生肉和一串肉离开新郎家。

3. "不落夫家"

办酒过后，新娘就留在郎家。新娘过完年后须在大年初四前赶回娘家，因初四是草苗统一规定的送新娘回娘家的日子。期间，作为新媳妇，她是整个房族乃至整个寨子的客人。因此，新娘在春节期间，都要在寨上吃"转转饭"。正月初四这天，是新娘回娘家的日子，亲戚朋友每家送上一份礼品，有三块粑粑和一坨肉。早饭过后，送亲队伍出发，队伍由两位吹芦笙的老人和18位挑着礼品的年轻人组成。新郎所送礼品均是在初四前几天，由新郎父亲前往女方家和女方家人商量后而定的，其礼品包括：40斤大米、40斤肉、20斤酒和为女方房族每户准备的3斤肉。新娘回到娘家后，三年内，在农忙和节日都由新郎母亲或姐妹去把新娘请来，小住几天后，在郎家继续吃转转饭，再回娘家常住。这样上上下下三年，"三年上，五年下"基本把整个寨子转完后，就可以正式长住郎家了。

4. 四亲客

在结婚时，60苗的送亲客为6亲客，而40苗为4亲客，有的认为这是草苗分为60苗和40苗的原因之一。40苗的4亲客（俗称走亲家），是在正月初四送新娘回娘家时，由新郎的父亲和叔叔等长辈4人组成的4亲客，前往女方家做客，时间从正月初四到初十左右。这样经过年前年后十余天，40苗的婚礼才算真正结束。

第四节　40苗的丧葬

40苗的殡葬也以木棺土葬为主，非正常死亡者则需火化之后才入棺土葬。目前40苗仍然保持着较为古朴的丧葬礼仪。40苗老人过世以后，家人通知族人和亲戚，请一地理先生根据老人的生辰八字，确定入土时间（包括追悼时间、出殡时间、入土时间等）和地点，如若没有合适的时间，可在山上先放着，待到时间合适方可入土。一旦确定时辰，族人等亲戚到齐后，便开追悼会，追悼会期一般为一至三天不等。

登山入土的那天凌晨一二时左右，进行入殓仪式，此时所有的孝子和孝女都需到场。入殓前孝子和孝女们按长次的顺序，把一副长6尺宽3尺的布匹放入棺材底，以求老人的保佑。入殓后凌晨四五时左右，将棺材抬到屋外的空旷场地，在棺材前的桌上摆上祭品，祭品有大米、腌鱼、猪肝、猪肺等。午饭过后，待法事完毕，就开始抬棺上山。抬棺材的人，除了孝子和未婚青年外，其余男人均可。

40苗举办丧事，族人和亲戚都会来祭奠和帮忙，主家也要对大家表示谢意，这些需要孝子和女婿一起来完成。老人过世后，孝子要杀猪待客，女婿也以相应的财物帮助。办丧事期间（从追悼日开始至老人入土前）孝子要吃斋，但鱼除外。在老人入土前，"棺材井"（埋棺材的土坑）中剩余的泥土要由孝子亲自清出。作为半子的女婿，丧事期间，女婿要请唢呐队，来为老人送行，此外还要出100斤肉，80斤米，60斤酒，以及钱、烟不等。

丧葬期间对娘家人和唢呐队要给予特殊招待。对娘家人，孝子要以跪拜、放铁炮的最高礼仪迎接，丧事结束后，孝子要送上猪头、腌鱼、烟、酒等并以铁炮相送。唢呐队受到的礼遇也很高，除了跪拜礼外，同样要以铁炮迎送，并赠送猪肉6斤，礼金若干，烟酒若干等，这些均由女婿支付。

第五节　40苗的风俗习惯和禁忌

一　40苗的风俗习惯

（一）居住

从18个40苗的寨子分布来看，他们喜欢聚族而居，十几家或上百家形成一个村寨，较大的寨子有堂华、高鸟、坪善、方良、德格，但没有当地侗族和60苗那样的几百户的大寨。也有个别的和侗族杂居的寨子，如德坑、外大榜、内大榜、能烧。这些村寨大多建在山上、山坳以及半山腰等较为平缓开阔的地方。因当地盛产杉木，地势又不平，所以多依山而建二三层的杆栏式吊脚楼。木楼大多盖瓦，以木板作壁，人住楼上，空气流通，凉爽。楼下则关牲畜，堆放农具杂物等。据我们观察，与当地侗族和60苗相比，40苗十分勤劳。他们的房屋修建得都比较高大，居住也不甚拥挤，房屋之间都保持一定的间隔，环境也较整洁，不像60苗和侗族寨子那样拥挤、杂乱。这与40苗男人会木工、泥瓦工有关，也与40苗男人长期在外做技术工收入较多有关系。

（二）饮食

长期居住于高坡上的40苗，山上的阴冲田较多，适于种植糯稻。虽然现在的籼稻产量增多了，逐渐都改以籼稻为主食，但40苗对糯稻的热爱不减，仍以糯稻为上等主食，用以待客。40苗喜食油茶，将其视为每日不可或缺的一种饮食，每天午前九时左右吃早茶，午后三时左右吃午茶，晚六时左右吃晚茶，它也是招待亲戚、朋友的好食品。油茶趁热吃下，既好吃又有营养，又解馋，又提神。这对长期需要上坡下地做活路的40苗来说，是一种非常好的食品。油茶的做法也很讲究，先是把糯米蒸熟晾干，然后用油炸成米花待用。这时，将茶叶在锅中用茶油炒香，加入清水，再加入糍粑块、盐，待煮沸后，再撒上炸米花、炒花生、葱花等。这样，芳香扑鼻的油茶便做成了。40苗也喜酸食，常见的有酸鱼、酸菜、酸汤等。男子喜欢饮酒，遇客上门，必以自酿的米酒待客，米酒度数不高。对40苗男人来说，一天劳作后饮酒几大碗来解乏，进入梦乡，的确是人生的一大享受。

（三）节日

40苗以端午节、吃新节、中秋节、重阳节为主要节日。从正月起依次有春节、元宵节、三月三、四月八、端午节、六月六、吃新节、中秋节、重阳节，十月到十二月没有节日。其中三月三是40苗祭祖扫墓的日子，以房族为单位，每年轮流杀猪扫墓祭祖。男女老少聚在一起，放炮烧香，喝酒吃肉划拳，整个家族其乐融融，既缅怀了先人又联络了族人的情感，是一个值得推崇的好节日。

二 40苗的禁忌

40苗尊老爱幼，长幼有别。即在40苗村寨内，同龄人之间可以随便说话，但是在老幼面前，禁说脏话、流话。另外也有"不可乱摸，不可乱坐，不可乱用，不可乱走，不可乱做"等禁忌。同姓禁婚，如有违反，整个40苗的人，都到他家吃饭，直到把他家吃穷为止。出门做事，要看日子。出门以撞见乌鸦和孕妇为不吉利之事。新娘禁落入夫家前同房，禁与别的男性交往。

第六节　40 苗的历史

一　40 苗的迁徙

（一）族源

草苗是从江西迁徙到此。先迁徙至湘西靖州和黔东的锦屏天柱一带，并与北部侗族杂居一处，开始受到侗族的影响，后又迁徙进入三省坡一带，才开始演变成说侗话唱汉歌的草苗族。人数不多的草苗星罗棋布般分布在广阔的三省坡上，后来草苗内部发生分歧遂分成 60 苗、40 苗（刁族）和花苗（20 苗）三个支系。

（二）40 苗的迁徙

在德格和堂华都有关于他们祖先迁徙的故事。堂华的老人们说，他们的祖先也是从江西吉安迁徙来的，先在黎平加所住过，后来又迁徙到了现在的堂华，又有一族迁往了黎平水口的坪善。后来潘姓的一支又迁到了黎平肇兴的"便刁"，后来又从"便刁"到了从江洛香的方良、德格等地，再后来从德格又有一族迁到了高鸟。40 苗迁徙路线如下：

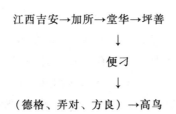

德格和方良的老人们说，他们的祖先是从江西吉安迁徙来的，待迁徙到了堂华后，家族中有三兄弟又迁徙到了"便刁"。后来三兄弟又分开，其中一个兄弟迁到了现在的德格和方良，另外一个兄弟则迁往了现在的广西融水安泰乡的 $pəi^{13} \underset{\textstyle .}{n}o^{33}$，还有一个兄弟迁到了从江高增乡的 $məi^{31} tei^{13}$ 和 $pəu^{55} sa^{53}$：

江西吉安→黄埔难洞→务七→堂华（tən³³məi³¹ɬaŋ⁵⁵松树根）

便刁（pjen⁵³ɬau¹³）三兄弟

广西融水安泰乡的　　　　从江洛香的　　　　　从江高增乡的
（pəi¹³ɳo³³）　德格、弄对、方良（两兄弟）（məi³¹tei¹³和pəu⁵⁵sa⁵³）

二　40 苗的民间传说

在 40 苗中有许多流传久远的民间传说，这里面有人物传说和风俗传说。其中如《十大力》《黑大汉》《六倍山》《青蛙吃乳》《压妖印》《美女撒尿》等都广为流传。

《十大力》是流传于堂华村的人物传说。据说十大力是当地的大力士，有一天十大力在田里耕田，来了三四个不怀好意的抢匪，想把他的耕牛抢走。面对匪徒的威胁，十大力显得十分镇定，他对匪徒说："你们想要我的牛可以，但是要等我把这一丘田耕完，等我把牛收洗好了，再拿给你们好吧？"

匪徒看他还挺老实的样子，谅他也不能耍什么花招，于是同意了。待十大力把田耕好了，牛洗好了，匪徒们便过来要牛，这时只见十大力一只手就把牛给举了起来，还说："牛我拿来了，现在拿给你们，你们谁来接一下吧？"匪徒们看到这情形，十分害怕，跑得连影子都没了。自那以后，外人都知道当地有这么一个厉害人，别有用心的人都不敢惹堂华了。

《青蛙吃乳》是坪善村的一个风物传说，所谓的青蛙其实是由两块天然巨石组成的一个类似青蛙大嘴巴的巨型实景，而其对面的山峰就如同一个巨型的"乳"，将两处结合起来就组成了一幅"青蛙吃乳"图。当年由于这两块巨石，从江的洛香曾经和坪善发生过矛盾，据说是因为这个大嘴怪正好面朝洛香，把他们洛香的庄稼吃了，让他们的收成受到了损失，因而使两个寨子产生矛盾。

《压妖印》也是一个风物传说。也在坪善村口，在丛林密布的山坳中，有一块方形的巨型石头，如同一颗巨大的"印"一般，牢牢地压在山坳中间，当地人就称其为"压妖印"。

第三章 三省坡多民族文化走廊夹缝中的花苗[*]

第一节 花苗的自称、他称、人口及分布

在湘黔桂毗邻的三省坡地区，群山巍峨，溪河横流，森林密布，阡陌纵横。这里自古以来就是一个交通闭塞、人烟罕至的荒蛮之地。三省坡以东为汉族居住的丘陵地带，以西为少数民族栖息的云贵高原。在明代以前，三省坡及以西的云贵高原，汉人尚未大规模进入。明代以后汉人才逐渐大批迁入，三省坡地区遂成为熙熙攘攘西进人流的必经地之一。有的人继续西进，有的人留了下来，三省坡因之成为多民族多文化的走廊。至今在三省坡及其南北的狭长地带，仍生活着汉族、侗族、老苗、60 苗、40 苗、花苗、瑶族、酸汤人、三撬人、本地人、客家人、那溪人、六甲人、六色人等。三省坡地区是一个待开垦的民族人类学和汉语方言学、民族语言学的处女地。

三省坡的苗族分为三个支系，即内部苗，又叫内埌（岗）苗或内亲苗（gangh gaox 或 senl gaox）；中部苗，又叫中埌（岗）苗或中亲苗

---

* 2008 年 7 月、8 月笔者带贵州民族学院民族文化学院 2005 级的同学：陈蓉、梁思娥、张江舒、石庆章、龙本洲参加了对黎平、通道、靖州三县花苗的田野调查。2009 年 3 月笔者又带陈蓉参加了通道县吴通爱、潘仕品两位先生对通道县、黎平县花苗的田野调查。在田野调查中，我们先后得到三县乡（镇）村领导潘启斌、吴仕维、吴通爱、潘仕品、龙景铎、曾垂亮、李邦益、胡大立、潘开海、梁永军、吴启林、潘启亮、杨远胜等的盛情接待和帮助；在写作中也参考了上述同学的田野调查记录。谨此一并对诸位表示由衷的谢忱！本章民族语记音为侗文拼音方案。

（gangh dav 或 senldav）；外部苗，又叫外堺（岗）苗或外亲苗（gangh bags 或 senl bags）。如此分法可能同苗族支系间的婚姻亲疏关系有关，事实上这三个支系间在以前是互不通婚的。草苗分布在贵州省黎平县的水口镇、龙额乡、肇兴乡、顺化乡、洪州镇、德顺乡和从江县的洛香乡；广西自治区三江县的同乐乡、独峒乡、林溪镇、八江乡、洋溪乡、良口乡；湖南省通道县的大高坪乡、独坡乡、牙屯堡镇。草苗又分为60 苗（miiul liogc xebc）和 40 苗（miiul siiv xebc）。40 苗分布在黎平县的水口镇、肇兴乡和从江县的洛香乡。花苗分布在贵州省黎平县的德顺乡；湖南省通道县的大高坪乡、锅冲乡、播阳乡和县溪镇，以及靖州县的新厂镇。外部苗（包括黄苗也叫白头苗和老苗）分布在靖州县的新厂、平茶、四乡、三秋等地。

花苗的自称、他称因地区的不同其叫法也略有不同。天堂花苗叫miiul geenv，肯溪花苗叫 miiul kgeenv。侗族叫花苗为 miiul geenv。草苗称其为 miiul gangh dav 或 miiul geenv。花苗又叫花衣苗。花苗的得名是因其妇女穿的上衣和头饰比内部苗（60 苗和 40 苗）和外部苗花哨鲜艳。这一看法已得到当地花苗的认可。

三省坡花苗的居住环境阡陌纵横，山高坡陡，大小不一的田地星罗棋布地散落在冲冲垴垴中。其地势正如花苗民谣所言："龙安高寨冷悠悠，三年两不收；蚊子鸡婆（母鸡）大，蚂蝗扁担长；蓑衣盖一段，斗篷盖三丘"；"黄土中央地交寨，岩上嵌名占字岩；共个地名分两寨，黄柏（大高坪）内系黄柏屯（贵州）；张团门楼分两姓，篾匠团员是簸山；口讲朝阳山背岭，长田高坡远来朝"。花苗也由起先的地交、占字岩、黄柏屯、黄柏山、张团、簸山、朝阳、长田八寨发展为如今的 28 个村寨，即黎平县德顺乡的天堂（jeenp dangc）、长田（xangc jeenc）、中滂（zongs bangx）、大塘（dangc pop）、汉棚（hanl bengc）、白岩岭（gaos guags）、三段（samp donh）、玉河溪（ul qit）、界牌（gaiv baic）、二段（nyih donh）、飞腰（fup yeeul）、普里（bic bac pus）、高寨（ul gaol）、上跃山（yaol sans）、董家冲（zenx gas congs）、黄柏山（wangc begs nyil）、水路（xiv luh）、张团（jangl gonx）、黄柏屯（wangc bas denc）、簸山（dees bos）、雷打岩（haoc daeml moiv）；湖南省通道县锅冲乡的肯溪村（kenx qis）、锅冲村（gos qongs），大高坪乡（jenc gaoc）

的黄柏屯（wangc begs）、地了村（jil siul），播阳乡的冲华村（xengp wac），县溪镇的晒口村（sail koux）；靖州县新厂镇的地交村（dih si-ul）。

三省坡花苗的人口截至 2007 年为 5931 人左右。其中贵州省黎平县 3160 人，湖南省通道县 2271 人，湖南省靖州县 500 余人。具体人口数如下：

黎平县德顺乡 3160 人左右：天堂 212 人，长田 144 人，中塝 128 人，大塘 130 人，汉棚 121 人，白岩岭 89 人，三段 156 人，玉河溪 220 人，界牌 155 人，二段 165 人，飞腰 119 人，普里 107 人，高寨 237 人，上跃山 31 人，董家冲 175 人，黄柏山 164 人，水路 58 人，张团 227 人，黄柏屯 240 人，簸山 152 人，雷打岩 130 人。

通道县大高坪乡 1195 人：黄柏屯 768 人，地了村 427 人；锅冲乡 826 人：锅冲村 516 人，肯溪村 310 人（锅冲乡占字村为黄苗 miiul mans 即外部苗，其人口所以不计入花苗人口之内）；播阳乡 150 人：冲华村 150 人左右；县溪镇 100 余人：晒口村 100 余人。

靖州县新厂镇地交村 500 人左右。

第二节　花苗的服饰及其与 60 苗、40 苗、侗族的区别

三省坡的花苗、草苗在服饰上区别较大。花苗妇女服饰的颜色鲜艳，面料多采用蓝色和绿色为主而很少采用黑色，仅一些上了年纪的老人的服饰为黑色。因此花苗的服饰与草苗的服饰有着明显的差异。服饰的开口，花苗都是右开襟无领的；而草苗有的（60 苗）是右衽开襟无领，而有的（40 苗）则是左开襟无领。例如：倘扒村、肯溪村、龙安村的花苗均是右开襟，归斗村的草苗（60 苗）是右开襟无领的，新平村的草苗（40 苗）是左开襟无领的。

花苗女子的服饰艳丽多彩。女子上身着右衽大襟衣，下身穿裤子，有时也穿自制的百褶裙。衣领、袖口、衣边均镶有约半寸宽且以五彩丝线绣上各种图案的花边，裤脚大都用约一寸宽的异色布镶边。花苗女子的衣服分为"姑定"和"姑滚"（苗语）两种。"姑定"一般在衣领、

襟边、衣摆镶有各色丝线自绣的各种图案。在婚嫁的日子里，新婚女子和伴娘通常以这种衣服作为礼服。"姑滚"分为两种：青年女子一般在衣领、襟边用三条均3厘米宽的其他颜色布条为镶边，而年长的妇女大都为两条，其中一条宽约2厘米，另一条约为4厘米。其颜色搭配是：青衣镶蓝边，蓝衣镶黑边。

花苗妇女还系绣花胸围，腰绑十分艳丽的手绣花腰带，发髻盘于脑后，插银梳、银簪、银花，包花帕或丝帕。花苗女子的头帕为用棉纱自制的黑白相间的花格布帕，脚穿绣花鞋，姑娘多把缠着红头绳的长辫盘于头上，而妇女挽髻，外包底白黑方格头帕。

花苗包头有两种形式：一种是头帕包在头发上而缠着红毛线的长辫盘在头帕的外面，花苗姑娘大都如此打扮，例如通道县锅冲乡和黎平县德顺乡龙安村、黄柏屯的花苗就如此打扮；另一种则相反，把头帕包于长辫外，如黎平县德顺乡倘扒村天堂组就如此。花苗的发式还有已婚与未婚的区别：已婚且已生育者将头发打成发髻置于后脑；已婚但未生育者和未婚者将头发打成长花辫从右往左盘于头上，不同的是已婚的妇女的毛线长辫缠在方格帕的外面，而未婚女性则是毛线长辫包在花格头帕里，如德顺乡天堂寨的花苗即如此。另外所包的头帕均留下尺许长，有的把其披于肩后，有的将其披于左胸前。

当地人一般从服饰上就能辨别出谁是侗族、草苗和花苗。在服饰的长短上，花苗的上衣较短，一般衣长只及臀部；草苗则长至膝盖；而侗族的上衣最短。在服饰的颜色上，花苗的最为鲜艳花哨；草苗的则多为黑色或咖啡色；而侗族的大多为黑褐色。在服饰的饰品上，花苗的最为繁多，有花腰带、银胸配、银链子，并且衣襟、袖中和袖口均有彩丝线绣和花带；草苗的衣服在袖口的3~5厘米处有2层或4层的飘带，腰也系花腰带；当地侗族的衣服一般没有什么装饰。

第三节　花苗的恋爱、婚姻

花苗男女恋爱一般由亲戚引荐日子，大都是白天在山坡上唱歌，以唱歌的方式来培养感情，从而达到男女双方的相互了解和增进感情，最后走上结婚的道路。花苗青年男女唱的大都是汉歌，奇怪的是在过去花苗女子并不会讲汉话但都会唱汉歌。正月花苗青年到女方家吃油茶，男的要是唱不赢，女的就不给油茶吃；而女的虽不会讲汉话，但却能连唱两三晚的汉歌。他们所唱的歌为七言四句，在唱歌中也夹杂着一些白话。

花苗的婚姻有两种：一种是自由婚姻；另一种是"说媒"婚姻。自由婚指的是男女经过在花园的自由恋爱而形成的婚姻，其实自由婚后来也要走请人去认亲的过程；说媒婚姻指的是男女双方经媒人的介绍而形成的婚姻，男女双方事前并未经过自由恋爱的阶段。

一　自由婚

自由婚包括约会、送篮子、认亲、讨酒、看日子和接亲六个过程。

（一）约会

男青年身着新装（以下均称后生）前往女青年（以下均称姑娘）所在的团寨的花园上。所谓"花园"是指团寨附近山上，大家认定的男女青年谈情说爱和约会的地方，有的也称为赶歌场或者歌会。约会一般在白天进行。后生们到花园后，就打"吆喝"和吹木叶表示已来到花园，等待姑娘们的到来。姑娘闻声后便着盛装款款来到花园附近，同样以打"吆喝"和吹木叶回应。这时后生们就以歌声试探对方，姑娘们也以歌声相对：

> 后生：吆喝声，不知吆喝喊哪人；
> 　　　要是有心拢来坐，若是无心莫作声。
> 姑娘：郎在高坡（姑）娘在冲，娘想上来路不通；
> 　　　娘想上来路又远，好似云南隔广东。

伴着歌声，姑娘们来到花园。这时后生们唱起歌向姑娘打招呼：

> 三月三火烧山，火是烧山没烧岩；
> 放心大胆拢来坐，再不穷气过姣来。
> 姑娘：想是想来不好来，身上无衣脚无鞋；
> 　　　身上无衣不好看，脚下无鞋不好来。
> ……

男唱女答，你往我来，天已晚，约会时间很快过去，虽然是初次约会但大家已达到互相了解的目的。

（二）送篮子

送篮子为花苗青年男女在情投意合时彼此交换的把凭即定情信物。时间一般在再次约会后的一两日内。令人惊讶的是花苗在送篮子之前是由男方先编细草鞋送给女方作为定情信物。而侗族（天柱、锦屏、剑河、三穗四县交界处的北侗地区）则刚好相反，是女方先送细草鞋给男方（第一次约会确立恋爱关系后）。细草鞋（再次约会时男送女）—花带—布鞋（送篮子时）—银手镯或衣服（男女双方决定共结连理时），这是花苗青年男女谈情说爱时女方送给男方爱情信物的路线图（除细草鞋外）。这与北侗青年男女恋爱时女方送给男方的定情物的路线图何其相似乃尔：手巾（初相会时）—花带（男女确定情人关系时，花带——爱情的纽带）—草鞋—布鞋—银手镯或贵重衣服（男女情定终身时）。

第一次会面时在男方的再三邀请下，女方才半推半就地同意下次约会的时间。此时后生们为了让姑娘们表示诚意，向姑娘提出了拿把凭（信物）的要求，女方同时也向男方提出要把凭的要求，这样双方交换了下次会面的把凭。

姑娘们一边用歌推辞，一边在暗地里选择自己送把凭的对象。后生们接过姑娘的把凭后，唱歌表示谢意。这时天已晚，分散的时候来到了。在男女双方依依惜别时，接着唱起了分离歌：

分离了，手拿葛麻路头栽。

劝良（良即"同良"、"情人"之意，是一种纯真的"柏拉图"式的青年男女友情，男女可同时有着干个"同良"）要学葛麻样，葛麻牵去又牵来。

后生们一边唱分离歌，一边牵着姑娘的手慢步离开花园。大家唱着难分难舍的分离歌回家，彼此期盼着下一次约会的到来。

再次约会时，男女青年唱起了相思苦之歌。当女方听明男方爱情延续下去的心意后，即唱起了十连"缠歌"，表示愿意与对方共结连理的决心：

一字连：我俩要结六十年，

　　　　我俩要结同到老，同同到老心才甜。

二字连：青藤要把古来缠，

　　　　青藤要缠老古树，我俩要缠六十年。

三字连：初三望着月半边，

　　　　初三望到半边月，要到十五才团圆。

四字连：望着嫩秧下了田，

　　　　望靠嫩秧吃白饭，望靠你郎六十年。

五字连：五月龙船下大江，

　　　　（姑）娘坐船头郎坐尾，船头只望船尾郎。

六字连：好口深塘水又深，

　　　　万丈深塘见登底，点火难见姣（指"女情人"）

　　　　的心。

七字连：河上修了一部桥，

　　　　河上修了桥一部，扯手同过洛阳桥（指"爱情桥）。

八字连：寺院修在普陀山，

　　　　同去寺中烧香纸，同挂功果结姻缘。

九字连：望靠你郎半边天，

　　　　别个连娘都没想，一心想郎六十年。

十字连：（姑）娘是真心要来连，

　　　　（姑）娘是真心要来连，只望你郎结团圆。

　　男方听到女方表示真意后，进一步向姑娘提出结连理的要求。经过数回合的约会之后，姑娘以花带、银手镯、衣服等物品送给后生作把凭，并以歌交代男方。

（三）认亲

　　当男女双方决定结成连理后，都会告诉各自父母。男方就会请媒人（女方寨子中一德高望重的女性长辈）告诉女方父母，征求其意见。待女方父母同意后，男方家里便选好认亲的日子，由男方父亲邀约一位本房族中能说会道的人，并备好酒菜，鸣炮上女方家认亲。女方家就要"开房族"，请房族的人来吃饭，行认亲礼。认亲的礼品一般为肉、酒、粉条、糖、粑粑和米花等。其中米花为男方必须要带去的认亲礼品，因为米花和粑粑是烧油茶时必需的东西，还要为每一个房族各备一份。女方房族人吃过酒后，都要先后请认亲客吃饭，认亲客则由女方的父亲陪同到每家房族去吃饭和喝油茶。要是男方赶时间的话，便由女方的众房族共同请认亲客吃一顿也可。这样，这门亲事就算定下了。此外，在过去，认亲时还需一两个大洋。

（四）讨酒，看日子

讨酒实际上指的是男方去女方家商量办喜酒要"八字"的一种仪式。阴历九月九重阳节为约定俗成的讨酒日子。这天，男方父亲也同认亲一样，备好礼物邀约本房族中一位能说会道的人为伴，带着礼物（肉、酒、粉条、糖、粑粑和米花）鸣炮来到女方家。女方同样要"开房族"请房族的人吃饭，一般是一户一人。席间，待酒过三巡后，男方父亲或者同去的族人，就会以说盘的形式（一半为客话，一半为苗话）当着整个女方房族的面，提出结婚办喜酒的请求：

说的部分：自从盘古开天地，三皇五帝制女男，制有一男配一女，制有一女配一男。一男一女通天下，一夫一马通朝廷。今天，不落张家，不进李门，落在贵府上。谢谢你们看得起，得你令爱配我＊姓之子。到这里惊动你亲爷亲娘，谢谢你金房银族开金口，露银牙，劝他老人家把这桩喜事办了我俩两边也得个落心（肠）。

女方房族的人听罢，就说"我们喝酒、喝酒了再说"，"我们喝酒、喝酒了再说"实为女方房族的推托之辞，实为这事你两亲家去商量便是了。酒后，房族都要依次轮流请两位讨酒客吃饭。吃完房族的饭后，就进行发"八字"的仪式。女方家便在堂屋里摆上桌子，放上讨酒客带来的红纸、笔墨，并在神龛上烧香点烛，请房族中一位家庭人财较旺的老者写"八字"，将女方出身的年、月、日、时以庚甲写成八个字竖写在红纸中间，两边写上"配就鸳鸯山坚海固，结成鸾凤地久天长"的吉语。然后将"八字"平端于胸前，念说吉语。而讨酒客则双手接过，谢过亲家就回家了。回家后则用男女双方的"八字"去看好新人过门的日子并通知女方，两边就开始着手准备婚事，等待着良辰吉日的到来。

（五）接亲

男女双方婚事的准备工作已经就绪，过门成亲的吉日来临了。按照花苗的习俗，新郎去接亲时的礼品为盐 12 斤，泡茶若干，茶叶 1 包，米 1 小包，黄豆 1 袋，草烟 2 把。盐为娘家办酒而用。泡茶、茶叶、米是烧油茶的必需品。黄豆和烟叶为 6 亲客到新娘家后作为散给众房族之用。同时两盏上满油的油灯和礼品一起装在一对竹篓里。接亲客为 6 人，俗称 6 亲客。其中 4 人为长者，年轻后生 2 人为伴郎。6 亲客临行前，郎家会在堂屋中摆上一桌较为简单的酒菜，请 6 亲客喝酒，此酒为"上马酒"，寓意为上马出发前的一杯送行酒。酒过三巡，6 亲客离席时边唱歌边走出堂屋门往接亲的路上走去。

来到新娘家门前，不鸣炮而以歌声表示接亲客的到来：

> 来到娘门抬头望，芙蓉满山藕满塘；
> 好的文章成了路，扬州来了花鼓郎。

歌毕，6 亲客将会受到最为尊重的礼遇。打过招呼，落座后姑娘们就打来洗脸水，接着就吃甜酒—吃茶—敬烟，房族中有专人在作陪聊天。此时，晚宴的准备工作已就绪，堂屋里数张八仙桌一字排开，摆成长桌宴席。6 亲客被请到正席座位上落座，众房族在对面和两侧作陪。晚宴开始了，由房族中的长者端杯邀众亲饮酒，众房族随声附和。酒过三巡，房族中的歌师便起头领唱一支歌，完后便互相对起歌来，吉言佳话都用歌声表达：

> 主人：多年莫把歌来唱，放在高楼莫成行，
> 　　　今日闲何唱一支，也唱一支闹娘房。
> 客人：听娘唱歌郎也唱，听风吹来木叶弹，
> 　　　凉伞半天接细雨，粗歌结成细歌玩。

对歌当中，主家会假意装着不知为何家中来了这么多客人，而 6 亲客则表示来此接亲，是新郎家多年的心愿：

主人：昨日我娘去打菜，忘记反手关了房，

　　　点火不知哪路走，何时打落一园郎。

客人：云南下来一条路，一条大路到娘房，

　　　几十年前就想起，要来投你做爷娘。

　　经无数回合的对歌，主家方表示对 6 亲客的应承，并表示怠慢，而六亲客则表示落心，拜问爷娘。

主人：千里姻缘来得远，阳雀催春路来长，

　　　张飞恒山借路过，不过是条轻慢郎。

客人：是水流来归了海，是鸟冈来归了林，

　　　两手捞衣下了马，堂前空手拜爷娘。

　　晚饭结束时，房族的人便打来洗脸水请 6 亲客洗面。待稍作休息后，众房族就请 6 亲客到各家吃油茶，一般是房族各家都要走到，6 亲客当晚是没有时间上床睡觉的。走过整个房族后，已是凌晨了。娘家也已经做好了开夜餐的准备，席间除 6 亲客中的四位长者在唱歌外，两位伴郎还要去向众房族的人和客亲散豆子和烟。散豆子和烟是一种男女青年打闹逗趣的场合，在散豆子和烟的过程中，众人往往以各种荤话来逗乐两位伴郎，引起大家哄堂大笑。就餐时若"时辰"一到，6 亲客就马上离席把新娘及陪伴接走生怕误过"时辰"，所以，花苗通常就把这顿酒称为"上马酒"。在吃上马酒时，6 亲客还要向娘家众房族讨陪花（伴娘）。按照习俗，新娘在过门时，必须有两位姑娘陪伴。这两位伴娘是娘家挑选出来的，要求是人才姣美，热情大方，口才出众，能够应对到新郎家后各种繁杂礼仪的姑娘。初次做伴娘的姑娘还要请师父进行专门的培训。所以 6 亲客向房族讨陪花，这是对众房族的一种尊重。

客人：仙马飞那云中过，打落蟠桃洞内来，

　　　拜上王公又王母，郎是要来接花台。

主人：王公放下千斤令，陪花两朵交把郎，

初出茅庐会世上，拜上六人多耐烦。

这时，主家叫来两位陪花（伴娘）姑娘，站到6亲客中的两位伴郎面前，桌上摆上两杯酒，杯上摆上一双竹筷子。然后由一位房族中的长者交代伴郎，"两位伴郎，我们这两位姑娘年轻肚嫩，不懂礼仪，去到贵府，还得你们多多担待。如两位能担起这副担子，请把这两杯酒干了"。两位伴郎立即回答，"请老人家放心，一担我们担，一头我们扛"，随即把酒饮干。就算把陪花交给6亲客了，6亲客就唱陪花歌致谢：

> 文龙求官得官做，打马游街闹忙忙，
> 五色红旗配花马，锦上添花爱如郎。
> 星星之火千斤重，烧了沉香几多行，
> 兵马过道篱笆动，一里挂动十里娘。
> 讨了陪花，六亲客还要接着讨真花（新娘）。
> 太安时辰不离远，龙脉面催鸡面谈，
> 郎身好似弓上箭，风吹红旗动忙忙。
> 马在堂前配鞍子，船在江边扯篷帆，
> 包袱雨伞交把我，真花也要交把郎。
> 养男登基管世界，养女登基跳龙塘，
> 跳过龙塘成龙好，拜上爷娘放宽肠。

这时，主家听到6亲客讨"真花"的歌后，便唱起了叹息歌。主客一唱一和，更显生动：

> 主人：养男登基管田地，养女登基丢爷娘，
> 　　　仔细心中打一想，刀割心头闷在肠。
> 客人：皇帝公主抬驸马，官家小姐要出房，
> 　　　自古女人离父母，车筒打水不单娘。
> 主人：六月艰难同受苦，十月无衣同受寒，
> 　　　是我爷娘一块肉，如何分散我爷娘。

客人：爷娘养女金样贵，排日拿来口中含，

　　　两手捧着口中宝，也是难怪我爷娘。

随着歌声，时辰正到，6 亲客结束叹息歌，唱歌起身离席：

选定好时配好日，好时好日我郎来，
是我爷娘维护我，劳心劳力因为郎。
难为爷娘心挂念，时辰到了莫留郎，
郎去云南回身转，慢来奉看我爷娘。
时到了，堂前先拜太上皇，
拜了十二单四拜，太上公公多耐烦。
时到了，时辰到了急忙忙，
先拜爷娘十二拜，拜上爷娘放宽肠。
……

在此前，主人家已请房族中人财周全的长者，把 6 亲客带去的两盏油灯点着并放在了神龛上，歌唱到这里，他就主动把油灯递给 6 亲客的头客，接着 6 亲客唱着答谢歌，提着点亮的油灯，跨出堂屋门，新娘则由其兄弟背出家门，6 亲客拥着新娘和伴娘离开娘家往新郎家的路上走去。

现在男女结婚的宴席费用都由男方承担，另外还要拿出几千上万礼金给女方家里。

（六）送担子

新娘到新郎家后，一般住二晚到三晚，因为花苗有不落夫家的习俗，不和新郎同居，吃、住都由伴娘和二位小姑陪着。新郎家于新娘进门的当晚或第二天早上办酒，还有房族酒和客亲酒都吃过后，就由包括新郎在内的 6 亲客，送新娘回家，郎家还要将新娘家办酒的酒菜和 120 斤粑粑，分为六副担子担去，所以花苗还通常把送新娘回门称为"送担子"。而新娘家嫁女的喜宴是在男家送来担子后方举行。除了房族、亲戚、朋友以外，寨中的所有姑娘都来参加，席间，新娘家会给每人分发两个粑粑，所以姑娘们称这餐酒宴为"吃粑粑"。在酒宴中，主客双方对歌，郎家的 6 亲客还要以歌将新娘与伴娘（真花及陪花）交给父母和从房。而在同伴的陪同下，向岳父、岳母、舅爷人家、姑爷、房族中的老者敬酒，表示敬意和感谢。

在 20 世纪 60 年代以前，花苗送担时送的礼品为 2 斤肉、120 斤粑粑、米酒 20～30 斤，还有一包黄豆和仅表意思的菜叶、草烟。随着时代的发展和进步，现在这种礼节已基本汉化，除要负担女方办酒的全部费用外，还要送上数千甚至上万的礼金，以作女方家购置打发女孩的陪嫁物品费用。

（七）不落夫家

婚礼过后，新娘一直住在娘家，到婚后的第二年二月二日新郎派两个年长妇女去接新娘到家里住两三晚，还是不同居。待到插秧和打谷子时才去把新娘接来住上七八天，才同居。第二年以后由新郎自己去接。新婚的前几年，新娘一年只来夫家住几次，大部分时间住在娘家，往往要等到怀孕生了小孩以后才来丈夫家长住。这种新婚"不落夫家"是花苗特有的习俗。婚后无小孩之前男女都可以去花园（男女对情歌的地方）唱歌，女的生了孩子后就不能再去花园对歌了，也不扎辫子改为盘发髻了，而男的仍然可以到花园去玩。

20 世纪 50 年代以前花苗通婚圈很小，只与花苗通婚，与 60 苗、40 苗、外部苗通婚的很少，不和侗族、汉族等以外的民族通婚。50 年代以后开始有了跟其他民族通婚的现象，但也是极少的，到了改革开放以后花苗与外族通婚就较为普遍了。60 苗、40 苗分上、中、下三个阶层婚，各阶层间是不能通婚的。而花苗不分上、中、下层婚，只有同姓不能结婚的限制。

（八）离婚

婚后，双方若因感情不和等原因要离婚时，则须请本寨的寨老来解决。寨老则根据本寨的乡规民约来进行调解，与此同时男方还要请房族的人吃饭。过去，若是男方不要女方，则要付给女方 45 两（大洋）；若是女方不要男方，那么女方就付给男方 33 两。另外在我们对德顺乡天堂寨的花苗进行调查时，还发现那里的青年男女在未婚前有"试婚"的现象。待结婚以后，若是女方不孕或是男方不要女方，可以请寨老进行调解。调解协商好以后，女方在还没有进娘家大门前，一旦走出男方的家门口，若被哪个男的相中，一经女方同意即可以马上改嫁，即使是被前夫本寨的人相中女方仍然可以再次嫁人。

二 说媒婚姻

所谓说媒姻，较之自由婚姻不同的是没有通过后生、姑娘的约会、送篮子等恋爱过程，而是通过媒人从中说合而成的婚姻。在男方父母和年轻后生相中某一姑娘后，请一媒人到姑娘家首先向其父母表示求婚之意。其父母同意后，就会征求其姑娘的意见，一旦取得姑娘的同意，其父母就会把他们的意思转告媒人，再由媒人转达男方的父母及后生本人。也有少数的是其父母同意后，不管其姑娘的意见如何，都会把婚事应允下来，这就是所谓"父母之命，媒妁之言"的包办婚姻。媒人说合以后，和自由婚姻一样，则要通过认亲讨酒、送日子、接亲、送担子等程序，方把婚事办妥。在接亲办酒时，还要行"谢媒"礼。即用一篮子盛上酒肉、糖果、糍粑、泡茶等礼品，放鞭炮送到媒人家，以表示对媒人的谢意。

第四节 花苗的丧葬

花苗的老人去世后，族人就近请一地理先生选定一良辰吉日进行开悼，俗称"开悼日"，并通知亲友前来祭奠。地理先生根据老人的"生辰八字"选定一最佳时辰，于"开悼日"的次日（一般在凌晨四五时左右）将棺材抬出家，俗称"出柩"。午饭过后，将老人抬至坡上落土安葬。途中，要作片刻休息，其间，"老外家"（指抬棺材的人，由16人组成两班，每班8人）们依次念出老人女婿们的姓名，要求他们将香烟放到棺材上，作为"老外家"和厨房帮工的辛苦烟。另外，妇女们还向送行的人散发糯米团和腌鱼、腌肉。在办丧事期间从老人去世起到送老人登山落土前，孝子要"吃斋"（只吃素，不吃荤，一般吃豆腐）；老人登山后的晚上，孝子用鱼或猪肝小肠之类进行"开斋"，之后就什么都可以吃了。老人登山后三日内不准洗衣物，七日内孝子也不准用钱，以表孝心。在办丧事中，孝子要先后两次跪地以酒孝敬"老外家"，一次是"老外家"将老人抬至山上时，另一次是送老人登山后的晚宴上，以表示对他们的谢意。同时，在早晚开席前主人家都要先在堂屋设一张专席，供"老外家"专用，只有在"老外家"用饭后其他人才能使用，以表示对其的尊重和感谢。送葬人员送葬回来的第一件事，是要在门口事先准备好的茶盆里洗手，以消除晦气。另外就是封棺的时候，逝者的家属都要避免与死者正面接触，以免逝者的阴气传给阳气低的生者。

第五节　花苗的风俗习惯和禁忌

一　花苗的风俗习惯

在饮食方面，腌鱼、腌肉是花苗同胞的四季菜，也是用来招待宾客的美味佳肴。他们把新鲜的鱼和肉切块或者整块撒上盐巴，辅以佐料和辣椒后腌渍数日，再放进坛子里，用塑料布密封坛口，在坛沿里加上清水，最后盖上坛盖，一段时日后，腌鱼、腌肉便可食用了。

花苗每天早上都有吃油茶的习惯，油茶的吃法也很讲究。先把糯米蒸熟晾干，然后用油炸成米花待用。这时，将茶叶在锅中炒香，加入清水，再加入糍粑块、盐煮沸后，再撒上炸米花、炒花生、葱花，这样，一锅香脆的油茶便做成了。此时趁热吃下，既好吃又有营养又解馋又提神。

花苗的节日从正月起依次有：春节、元宵节、二月二、三月三、四月八、五月五、六月六、七月十四、八月十五、九月初九，十月至十二月没有节日。花苗的三月三跟七月十四还保留着自己民族独有的特点，这是与其他民族不同的地方。通道县锅冲乡花苗过三月三实际上就是我们所说的清明节。他们用来祭祀的粑粑很有特点，其制作过程是把籼米面和糯米面混在一起，再添加上甜藤汁、艾菜泥，之后掺水搅拌揉合为湿面后，发酵十五分钟左右，然后捏成长方状再用粽粑叶包好，放入蒸锅里蒸熟即成，其天然的草绿色和纯正的植物甜味，令人食欲大开。此外也可将其放在油锅里煎成圆形粑粑，也特香甜软绵。花苗的七月十四（鬼节）要过三天即十五的前三天，而其他民族大都只过一天。

二　花苗的禁忌

出行方面，花苗有"七不出，八不归，九日出门空手回"的忌讳，即逢农历初七、十七、二十七不宜出门；逢农历初八、十八、二十八不宜回家；逢农历初九、十九、二十九不宜做生意求财。在婚嫁和迁居方面还有"初一出嫁主再嫁，十五移图人财伤"，意思就是初一出嫁女方一定要改嫁，十五迁居人财两伤。花苗在外出做事出门时，最忌讳看到妇女梳头和孕妇等一些不吉利的事，所以都会选择在天还未亮或天刚蒙蒙亮时出门，避免遇见此类事情。另外花苗也忌讳农历二十四到医院探望病人。

第六节　花苗的民歌

草苗和花苗被称为"说侗话唱汉歌"的民族，这种说法其实是片面的，他们对其并不是很了解。其实花苗既唱汉语歌，又唱民族语歌，但以唱汉语歌为多。其所唱的歌跟当地的汉歌和侗歌从形式到内容都有不同，就是其歌中的侗语和汉语也和当地侗语、汉语有一些明显的差别。

一　从语言方面来看花苗的民歌

在花苗民歌中既有汉语歌，也有本民族语歌。汉语歌虽然是用当地的西南官话唱的，但其某些读音却与当地不同，如把当地的 ong 韵母读为 eng 韵母：（龙）long 读为 leng、（东）dong 读为 deng 等。在花苗的民歌中也有一部分本民族语歌，其所说的侗语中也有不少来自北侗的词汇（花苗语—侗语），如桌子 daic - xongc、肝 semp - dabl、肚 dus - long、猴 leil - munh、土 ens - namh、黄牛 duc - senc、鱼 gal - bal 等。

（一）下面是花苗的汉语歌：

1. 千里姻缘来得远，阳雀催春路来长。

2. 文龙求官得官做，打马游街闹忙忙；
　　五色红旗配花马，锦上绿花爱如郎；
　　星星云火千万重，烘了沉香几多行；
　　兵马过道篱笆动，一里挂动十里娘。

3. 风棚起在当风坳，凉亭起在大路旁；

穿红挂彩来路客，借落风棚歇下凉。

4. 男：想来高坡修条路，想来（姑）娘乡架部桥；

　　　架成桥来修成路，郎做蜜蜂远来转。

　女：细笔写字又丛脚，砚池打水墨来磨；

　　　买田也要写张契，卖田也要写契约；

　　　没得契约田难收，无本无把靠不着。

5. 主人：行岸过了几十站，行水过了几十塘；

　　　　六人行把哪山过，哪人带路进娘房。

　客人：行岸过了四十站，行水过了十八塘；

　　　六人行把媒山过，媒公带路进娘房。

6. 主人：一人担水满了桶，众人打菜不满篮；

　　　　六人衣袖多遮盖，回家传好莫传阳。

　客人：郎来六人六匹马，踩烂娘家好多塘；

　　　　先拜左丞和右相，后拜祖宗老龙王。

（二）下面是花苗的民族语歌：

1. 男：samp　benl　gueec　dongs　dal　dus　yav

　　　三　天　不　见　眼　都　红，

　　　bix　gangs　yav　jengl　gueec　dongs　nyac

　　　别　讲　这样　久　不　见　你。

　女：geis　yox　benl　naih　nemx　xonv　qak

　　　不　知　天　这　水　转　上，

　　　Nemx xonv　qak　nyal　dongs　jaix　nyac

　　　水　转　上　河　见　哥　你。

2. 男：nemx　nyal　kuip　luih　yuv　maoh　jonv

　　　水　河　流　下　要　它　转，

　　　bix　weex　gueec　jonv　geis　gonh　lenc

　　　别　做　不　转　不愿　转　后。

　女：yaoc　bov　jaix　nyac　bix　jav　gangs

　　　我　告　哥　你　别　那样　讲，

　　　nyac　dus　yav　gangs　geis　lail　yaoc

　　　你　都　那样　讲　不　好　我。

3. xangv lis nangl
　想　　得　　很，

kgaox sais lios liangs benx xangv nyac
内　　肠　咕　咕　很　想　你。

ngeec lis jengv yanc lis jengv xaih
不　　得　共　家　得　共　寨，

jengv jiuc liangc kgail sais yas biingc
共　条　梁　堺　肠　也　平。

二　花苗民歌的种类

从内容上来看花苗的民歌分为情歌、酒歌、迎客歌、婚礼歌等。

情歌：女：跟郎断，手拿花带断两头；

　　　　　（姑）娘拿一头拿到老，郎拿一头拿登头。

　　　男：跟（姑）娘断，手拿铜钱破两边，

　　　　　手拿铜钱两边破，哪人反悔死他先。

酒歌：主人：三月不听阳雀叫，文书不通娘内法哪个；

　　　　　　金鸡行到金路，螃海不钻无缝涯。

　　　客人：三见堂屋空了桑，木下江河成了行；

　　　　　　千种百样交父母，吃也落心坐落盼。

约会歌：跟盆花园正好连，日头洋洋落西山；

　　　　郎是路远要回去，断个日子下回玩。

叹息歌：主人：养男登基管天地，养女登基丢爷娘；

　　　　　　　仔细心中打一想，刀割心头闷在肠；

　　　　客人：养男登基管天地，养女沧桑我爷娘；

　　　　　　　山中一藤缠一木，龙女也要跳龙塘。

接客歌：酉时天间天夜黑，银灯点火过街凉；

　　　　打开轻门打一望，拨开乌云是太阳。

离歌：得（姑）娘意，得娘情义转回乡；

　　　等去家中打开看，放在高楼锁在箱。

　　　分离了，手拿葛麻路头栽。

三　花苗民歌的韵律

从每首歌的行数（句数）和每行的字数（音节）来看，花苗的民歌大体上有七言（字）两句体、七言四句体和七言八句体，但也有七言三句体的。

从押韵上看，花苗民歌基本上是押脚韵，并且大都是2、4句相押韵。例如，在上文引用的酒歌中，脚韵就是2、4句中的"塘"和"房"，押的是"ang"韵；在上文引用的陪花歌中，脚韵就是2、4句中的"忙"和"郎"，押的也是"ang"韵；在上文引用的答谢歌中，脚韵就是2、4句的"边"和"先"，押的是"ian"韵；在上文引用的离歌中，脚韵就是2、4句的"乡"和"箱"，押的是"iang"韵。

从平仄方面来看，花苗民歌几乎都是押的平声韵，其中尤以阳平韵为多，阴平韵要少一些，上声韵、去声韵及入声韵似乎未看到。

因此，虽然其所唱的歌要么用汉语，要么用侗语，但从形式方面来看，花苗民歌和汉族民歌及侗族民歌都不完全相同，它也有自己民族的形式特色。

四　花苗的语言

花苗和草苗都被外人称为"说侗话唱汉歌"的民族，但花苗和草苗却说他们说的是"苗话"而不是"侗话"。应该说花苗和草苗说的的确是侗话，和当地通道侗话、三江侗话、黎平侗话大同小异。他们和当地侗族各用自己的民族语进行交流毫无问题，但互相也能从对方说的话中判断出谁是侗族、花苗、草苗。这说明他们说的话是有一些差别的，但细微的差别并不能说明它们是两种不同的语言。民族的归属感和对自己民族的感情，对民族成分的认定是最为重要的。从花苗和草苗对苗族的认同感来看，他们的苗族成分是毫无疑问的。

从语言系统来看，花苗话跟当地侗语也是大同小异的，首先在语音方面（这里以通道陇城 longl xenc 侗语跟通道肯溪 kenx qik 花苗话进行对比）：

（一）二者的声母几乎完全相同，肯溪仅比陇城多两个小舌声母 kg－、gk－而已：

	雹子	里	前	歌	人	响	找	和
肯溪	kgux	kgaox	kgunv	kgal	kgenc	gkongs	gkedl	gkenk
陇城	ux	aox	unv	al	nyenc	ongs	youp	yenk

（二）韵母方面二者完全相同。

（三）声调方面，二者都有 8 个声调，仅调值及声调的分化略有不同。具体情形如下：

调类	1	1'	2	3	3'	4	5	5'	6
侗文声调	l	p	c	s	t	x	v	k	h
肯溪调值	55	24	22	33	13	31	45	45	42
陇城调值	55	55/35	22	33	33	31	53	453	33

肯溪花苗话和通道侗语在词汇方面也是大同小异。据我们调查，在 800 个左右的基本词汇中，二者不用同源的词只为 70 个左右，相同率在 90% 以上。在侗语内部，侗语南北两大方言间词汇的相同率只有 60% 左右；在侗语南部方言内各土语间的相同率为 90% 左右；在北部方言的各土语间的相同率为 80% 左右。所以说，花苗和陇城侗话的相同率是很高的。

花苗话和陇城侗语不同源的词如下：

	肯溪	陇城	三门塘		肯溪	陇城	三门塘
山冲：	haoc	jemh	haoc	鬼师：	xeip	xangh	xeip
山坳：	gkiuk	kwengv	gkiuk	柱子：	saol	dungh	tsaol
泥土：	ens	magx	ens	帽子：	meuh	emx	meuh
日子：	benl	maenl	benl	碗：	duix	guangs	duix
黄牛：	duc	senc	duc(秀洞)	陶罐：	toup	bingc	toup
猴：	leil	munh	leil	桌子：	daic	xongc	daic
毛：	bieml	bienl	bieml	床：	doiv	xangc	doiv
口：	mokl	ebl	muv	篮子：	kingk	mungl	kingk
背：	kgems	laic	kgems	弓：	jeenv	nas	zeenv
肚：	dus	longc	dus	碓：	gaeml	doiv	geml
脚后跟：	joux	xongl	joux	坟墓：	moh	wenc	moh
鼻涕：	biec	mukx	ngux	脓：	nagx	xogx	nax(秀洞)
屁：	sengk kgex	dedl	sengk ex(秀洞)	药：	meix	ems	meix
祖母：	wol(锅冲)	sax	wol(高坝)	瘦肉：	jenl	naol	zenl

姐：	baos	jaix	baos（秀洞）	盐：	baoc	yimc	baoc
后生：	yex	nyix	yex	话：	songp	leix	songp
情人：	neix yek	juh	neix yek（高坝）	断：	dengx	duv	dengx
是：	xix	jingv	xih	脆：	saos	yimp	zaot
怕：	kop	yaos	kop	清：	liup	tingp	liu
咳：	has laoc	kouv houc	hac laox（秀洞）	钝：	kgac	debt	kgac
骂：	kgav	jods	kgav	近：	pieik	jaenx	pieik
坐：	nyaoh	suiv	nyaoh	暖：	daos	saos	daos
躲：	jaemc	lebl	jemc	饿：	biegs	jags	bies
找：	gkedl	youp	gkedl	腻：	winl	nyil	weenp
揩：	beh	aemv	beh	坏：	hek	yax	hek
丢：	kgiuh	lieux	kgiuh	嫩：	yex	nyix	yex（秀洞）
搓（绳）：	sap	tat	sap	瘦：	kgangx	wuml	wemp
剪：	sins	guenl	sins	聪明：	gkius	guaip	gkius
跪：	quit	jogs	quis	个（人）：	bul	mungx	boul
蒸：	saos	meip	zaos	咱们：	jaol	daol	jaol
谢：	kais	liev	gkais	别人：	neep	eep	neep
直：	diuc	saengc	diuc	不：	ngeec	eec	ngeec
扁：	biangs	bies	bies	和：	gkenk	yenk	kgonp
窄：	jegs	togl	zes	祖公：	kguv	ongs	uv（高坝）
吃：	jil	janl	jel				

从上面花苗话和南部侗语不同源的近 70 个词中，我们可看出，除了个别的词外，绝大部分都是同北侗天柱三门塘或锦屏秀洞同源的。三门塘和秀洞均与湖南靖州的三秋一带接壤，现居住在这一带的苗族大都能操苗语、侗语两种语言。而现居住在三省坡地区的草苗、花苗大都是于明末清初从靖州三秋一带先后迁来的。在三省坡一带，侗族是原住民族，为强势民族，花苗和草苗是后来民族，四百余年来在侗族和侗语的强势影响下，草苗和花苗的民族语言渐渐消失了，转而借用了侗语，但现在其语言中仍留下了北侗的一部分词汇。所以，现在花苗的语言基本同当地的通道侗话、三江侗话和黎平侗话相同，然而在其语言中仍然留有北侗的一些词汇底层，这是草苗和花苗认为自己的语言是"苗话"的原因。从草苗话和花苗话的北侗词汇底层中，也可以证明他们的确是从靖州三秋（samp siup）一带迁徙来的。

另外，根据笔者对通道大高坪、三江高宇、黎平起凡三地草苗话和肯溪花苗话的调查，发现草苗话和花苗话的语音相当一致，只是花苗多一个 f - 声母和大高坪无小舌声母 kg - 、gk - 而已：

	大高坪	起凡	高宇	肯溪
右、花：	wap	wap	wap	fap
血：	kads	gkads	gkads	gkads
人：	genc	kgenc	kgenc	kgenc

在词汇方面，各地草苗和花苗都说二者只有一个词"不（没）"不同，但据笔者调查二者不同的，除"不（没）"外，还有：

	大高坪	起凡	高宇	肯溪
山冲：	jemh	jemh	guis	haoc
柱子：	dongh	dungh	dungh	saol
花、右：	wap	wap	wap	fap
祖公：	gengs	gengs	gengs	kguv
坐：	suiv	suiv	suiv	nyaoh
丢：	liuv	liuv	liuv	kgiuh
坏：	waih	waih	hek	hek
脆：	yimp	yimp	yimp	saos
扁：	biees	biees	biees	biangs

第四章　三省坡草苗的通婚圈和阶层婚

第一节　草苗概述

草苗是苗族的一个支系。草苗自称为 mjiu^{55} niaŋ^{33}（直译苗草），与侗族对其的称呼相同。草苗的一个显著特点就是"说侗话唱汉歌"，但其所说的侗语与当地侗族所说的侗语略有差异，从语感中就能判断出谁是草苗谁是侗族。草苗虽居住在南部侗族区内，但却保留了不少北部侗族特有的词汇底层。

现在所称的草苗包含 60 苗（mjiu^{55} ljok^{22} çep^{22}）、40 苗（mjiu^{55} si^{53} çep^{22}）和中部苗（mjiu^{55} ken^{53}，又叫花苗）。草苗的这三个支系在妇女所穿的服饰上略有区别。60 苗和 40 苗妇女的上衣为大襟长衣，穿上后比百褶裙短 10 厘米左右，二者不同的地方是 60 苗的大襟为右开（çet^{33} wa^{35}），40 苗的大襟为左开（çet^{33} çe^{33}）。① 而花苗的衣服较短，同时在其衣领上，衣服的下摆及裤脚的中间均镶有一道花边，这是 60 苗和 40 苗所没有的，也是花苗得名的原因。三种草苗在语言上的唯一差别，就是对否定副词"不"的说法略有不同，各地 60 苗都说为 kwe^{22}；黎平 40 苗说为 ŋe^{22}，花苗为 nie^{22}；通道花苗说为 ŋe^{22}。在三种草苗中，60 苗的人口为最多，花苗次之，40 苗的人口最少。三种草苗大都不住在同

---

① 吴维尚（黎平起凡村人，67 岁）和吴金辉（黎平县党校副校长，归垒村人）都说 60 苗的大襟右开，40 苗为左开，而杨盛中主编的《黎平县民族志》写的却同上述相左。笔者在黎平和三江实地看到 60 苗妇女所穿的衣服也是右开的。所以，被访者的所言是正确的。

③ 参见吴安帮、龙万帅《草苗民歌附记》，载吴洗主编《三江各族民歌》，1989 年 12 月。

一寨内。40 苗主要分布在黎平县的坪善、登育、己转、塘华、下忍转、风云、高鸟、上高贡等村寨，从江县的草苗都是 40 苗，三江县和通道县无 40 苗。花苗大都分布在通道县的锅冲乡和大高坪乡的黄柏、地了等地。外部苗现分布在黎平县德顺乡的 $\textphi i^{31} \textphi a\eta^{22}$，和湖南靖州，通道两县交界的四乡、播阳等地。外部苗的衣服与花苗相同，但其语言与草苗不能相通。

关于草苗的由来：（1）关于草苗迁到现居住地的时间：黎平草苗迁到洪州的时间已有十六代，大约在明万历年间，即公元 1605 年左右；三江草苗迁到高宇、其马的时间大约在"17 世纪 40 年代"（1640—1649），即明末清初之间；通道草苗迁入大高坪的时间在清顺治年间（1644—1661）。这就是说三省草苗迁到现居住地的时间是在 1605—1649 年间，即在明末清初陆续迁入的。（2）三省草苗都是从湖南靖州迁去的，各地草苗家谱和民间口传都如此认为。草苗的一大特点就是"说侗话唱汉歌"，也可从其语言方面能证实其是从靖州迁来的。草苗的一部分词汇与北侗的锦屏秀洞（与靖州三秋相邻）相同，而与南侗的通道、三江侗语不同。我们认为，这一部分词汇是北部侗语留在草苗中的语言底层。例如：

	猴	药	肚子	土	日子	黄牛	背	兄	帽	桌子
秀洞	lei^1	mei^4	tu^3	en^3	pen^1	tu^2	em^3	pau^3	meu^6	tai^2
草苗	lei^1	mei^4	tu^3	en^3	pen^1	tu^2	kem^3	pau^3	meu^6	tai^2
通道	mun^6	em^3	loη^2	mak^8	man^1	sen^2	lai^2	chai^4	em^4	shoη^2

在语法方面，草苗话也留有北部侗语的语法底层，即人称代词的语序与北侗相同而与南侗相左。例如：

	我	父亲	他	的	黄牛
秀洞	jau^2	pu^4	mau^6	ti^3	tu^2
草苗	jau^2	pu^4	mau^6	ti^3	tu^2
通道	pu^4	jau^2	s$\ni$n^2	mau^6	

以上的语言事实也证明草苗确系从靖州迁去的。

第二节　草苗的婚姻圈

　　婚姻圈指人们从宗教、民族、文化、经济等不同角度出发而选择的通婚范围。我们这里主要从民族的角度出发来讨论草苗的通婚范围。

　　过去草苗实行严格的族内婚，不同毗邻的侗族、汉族、苗族、瑶族通婚，解放前尤甚。吴家彦介绍，过去通道草苗都在族内通婚，个别草苗女子嫁给外族的现象有，但男人娶外族女人为妻的没有。三江草苗俗话说："谷种可以混，人种不能混。"过去在三江如有草苗姑娘嫁了外族人，父母就会在房柱上钉上耙钉，并发誓：除非耙钉能生根发芽，否则你不能回来！在黎平访谈时被访者也告诉笔者，前些年有一在京工作的草苗男青年，想同外族女子结婚，其父母和房族一致反对，理由是如这样做他们家将被本族人孤立，以后父母和本房族老人一旦去世，将无人帮助抬棺材。后来该草苗青年只好放弃了此打算。过去由于草苗实行严格的族内婚，加上那时草苗人口稀少，很难在本地找到合适的配偶。这样草苗只能远走异乡去行歌坐月，寻找中意的配偶，通婚圈有的远在七八十里外。男青年们清晨从家里出发，步行在崎岖的山路上，晚上才走到姑娘家，与姑娘们在其家中谈情说爱，吟歌唱曲一直到天亮，第二天一早又急匆匆往家赶，非常辛苦。吴家彦说，过去大高坪的草苗很多人同广西三江高宇、其马、高难、归内、定干、汾水、牙己等地的草苗结亲，两地的距离在 80 里以上。那时草苗的通婚圈正如其婚礼颂词所言：

sam^{55}	çi^{53}	li^{31}	khən^{35}	səm^{42}	si^{55}	hu^{31}
三	十	里	路	寻	妻	夫，
ȵu^{33}	çi^{53}	li^{31}	lu^{55}	səm^{42}	qən^{22}	jan^{22}
九	十	里	路	寻	人	屋。
tap^{33}	khau^{33}	khau^{33}	jai^{33}			
担	酒	酒	久，			
tap^{33}	nan^{31}	nan^{31}	waŋ^{22}			
担	肉	肉	臭。			

三十里外去找妻（夫），

九十里外去找夫（妻）。

挑的酒变味，

担的肉变臭。

除了严格的族内婚外，草苗还实行严格的支系内婚，即在草苗内部，60苗、40苗和花苗之间也禁止通婚。草苗的通婚、禁婚以及婚礼、休婚、姑表婚等内容都通过立碑的形式来体现，对此都极重视不能失信，违者将受到严处。吴维尚介绍，大约在350多年前，草苗在归垒开会，准备立第五块碑，以对草苗的婚姻大事进行规范。但40苗的寨老不守信失约了，到碑立好了才骑着马，坐着轿子姗姗来迟，引起60苗的不满，双方发生争执，造成分裂。自那以后，60苗和40苗间禁止通婚。60苗内部尚规定谁若同40苗通婚，就要被从60苗中开除。黎平亚罕村龙登玉老人介绍，1960年当地草苗在三江归宝商议婚姻立碑之事，那时正遇饥荒，亚罕村饿死了900多人，为了减轻大家的婚礼负担，商量对以前的婚姻条约进行修改。当时，三江有一寨子叫 kui^{33} lo^{55}，比较富裕，对此不以为然，大家开会时该寨寨老还在山上骑马游玩，到会议将结束时才赶来，激起公愤，当即被从通婚圈中开除，禁止各寨同其通婚。三江布代村吴启航也介绍，随着草苗生活水平的提高，当地草苗婚礼有铺张浪费的趋向。为了不使草苗有人因婚礼铺张而结不起婚的现象出现，该村老人协会根据大家的承受能力，对婚礼进行了约定，不得违反。但后来有一家宰牛杀猪，大操大办婚事，违反了村规民约，大家决定不去参加其婚礼。自那以后，村上无人敢违反此婚约。

草苗严格的族内婚和支系内婚在新中国成立后特别是在改革开放后逐渐得到了改变。不少在外工作的男子有的娶了外族女子为妻。如吴家彦和吴启航在外出工作后都娶侗族女子为妻。也有的草苗女子到外地打工后，嫁给了外族的男子。由于文化方面的差异，加上草苗所处的地理环境较差，以及在经济方面较为贫穷落后，过去当地侗族女子嫁到草苗村寨去的几乎没有。如今由于观念的变化，以及草苗地区经济文化的发展进步，侗族女子嫁到草苗村寨的现象已开始出现。笔者在布代村就听说，一个家在都柳江边，为本县富禄乡浪泡村的侗族姑娘就远嫁到了该村。

草苗为何要实行严格的族内婚？正如其俗语所说的那样："谷种可

以混，人种不可以混。"由于草苗是外来民族，又是一个人口稀少的弱势民族，为了保持民族的纯洁性和延续性，避免草苗被外族同化、异化，因此，不同外族通婚不能不说是其唯一的选择。另外，草苗过去是一个受欺压受歧视的民族，使其产生了对外族的不信任和防范的心理，这也是其不同外族通婚的另一原因。支系内婚也是草苗维护民族团结和民族习惯法权威性的艰难选择。40 苗和 kui^{33} lo^{55} 寨被从通婚圈中排除，正是草苗维护其民族习惯法的权威性的具体体现。

如今族内婚和支系内婚的观念在草苗的一部分地区和一部分人中，已逐渐得到改变。如通道的草苗和花苗间现已普遍通婚，对草苗女子同外族男子通婚的现象也已逐渐认同，但对整个草苗社会来说，要想达到族内外、支系内外通婚的完全自由化，目前还未能实现。如果从另一个角度来看，草苗的族内婚对草苗独特文化的保护是有益的。

第三节　草苗的阶层婚

草苗不仅存在上述严格的族内婚和支系内婚，更存在着严厉的阶层婚。草苗的婚姻可用下表来表示：

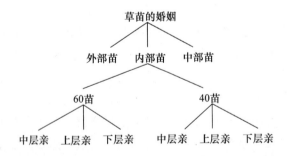

从上图可看出，草苗的婚姻经历了三个不同的阶段。在第一阶段时，内部苗、中部苗和外部苗还在一个通婚圈内，三者之间可自由通婚。据吴金辉介绍，在距今 16 代约 400 年前，草苗立第四块碑的时候，草苗中、内、外三个支系互相间还通婚，还在一个通婚圈内。在第二个

阶段时，通婚圈缩小了，通婚仅限于在内部苗内，当时 60 苗和 40 苗还未分裂，二者还在一个通婚圈内，但中部苗和外部苗已被排除在通婚圈之外。在第三阶段时，草苗的通婚圈进一步缩小，60 苗和 40 苗已然分裂，二者已分裂成两个不同的通婚圈，互相间已禁止通婚，时间在草苗立第五块碑时，距今有十四五代，约在 350 年前。三江境内的草苗都是 60 苗；通道境内大部分为 60 苗，还有一部分花苗；从江境内都是 40 苗；黎平境内的 60 苗为多数，其次为 60 苗，40 苗的人数最少。草苗为何分为 60 苗和 40 苗，多数人说原因不明。

　　也有人说因为在结婚时，60 苗的送亲客为 6 亲客，而 40 苗为 4 亲客[①]。

　　所谓的阶层婚指草苗分为上、中、下三个阶层婚：　"上层亲"（sən³⁵lai⁵⁵ 意为 "好亲"）、"中层亲"（sən³⁵pan²²ta⁵³）、"下层亲"（sən³⁵pan²²te³³）。三个阶层间禁止通婚，通婚仅限于在同一阶层内。草苗的阶层婚形成于何时现已无法稽考，时间恐怕较为久远。婚姻分为上、中、下三个不同的阶层，这是草苗婚姻价值取向的体现。在草苗内 "上层亲" 的人数为最多，人们认为只有其是 "好亲"，根正苗好。"上层亲" 只有同 "上层亲" 通婚才能保证其优越的婚姻地位，才不会被人歧视。如果同 "中层亲" 和 "下层亲" 通婚，就意味着自己及子孙后代将永远变成社会地位低下的 "中层亲"、"下层亲"。"中层亲" 虽不至于像 "下层亲" 那样被社会冷眼相待，但由于其在寨子里是外来户，人口少，势单力薄，也是易受人欺压的，所以，"上层亲" 也不愿

----

① 据龙登玉（黎平亚罕村人）、吴家彦（通道大高坪村人）、吴启航（三江布代村人）、吴通腾（三江高宇村人）等介绍，草苗的婚礼与众不同，分迎亲和送亲两个不同的时段进行。草苗男女青年大都经行歌坐月定终身。迎亲的时间都定在农历的十二月，男方派本家族能说会道、能歌善唱的妇女在天黑前到新娘家接新娘，并须在第二天清早寅时赶到新郎家。稍事体息，待天亮后又派两到三个本族妇女陪新娘回娘家吃早茶（若娘家在本寨），意为难舍父母之情回娘家吃最后一餐早茶。若娘家非本寨人，则在本寨找一与新郎不同姓的人家代为 "转脚"。回到郎家后，郎家请同房族的妇女吃油茶，由新娘亲自打油茶招待。第三天，才是新郎家办喜酒招待亲戚朋友的日子。等快过年时，又由房族中的两名懂礼的中年妇女送新娘回家过年。新娘过完年后须在大年初四前赶回郎家，因初四是草苗统一规定的送新娘回娘家的日子，也是新娘家办喜酒的日子。送亲客 60 苗由 6 个人组成，有的是新郎父亲、两伴郎、两伴女和新娘，有的是新郎父亲、两名 "伴公"、两名放炮手和新娘。40 苗一般是 4 亲客。由送亲客把礼物送给娘家。这样经过年前年后十余天，婚礼才算结束。

同其通婚。而对"下层亲",人们认为其属于身上"有鬼"一族,常常会兴妖作祟害人,是寨子里人畜患病的祸根。为了防止被"下层亲"的妖风邪气传染到自己身上,人们不愿同其密切交往。路上见到"下层亲",人们像躲瘟疫一样,能躲则躲,不能躲时就用手摸自己的头部或在其走后吐口水,以防其作祟害人。常人不能同其共睡,共穿衣服,共洗一张脸帕。若同其同睡超过七天以上就会被其传染,变成"下层亲"。若被"下层亲"作祟致病,晚上将石头、牛粪投向其住房,并默默诅咒他们,或惹其发怒骂人,患者的病就会消失。人们认为"下层亲"的身份具有不可改变性、遗传性和传染性,即使其娶了非"下层亲"的人,或嫁给了非"下层亲"的人,其身份也不会因此而改变,相反还会连累对方使其也永远变成"下层亲"。因此"下层亲"在草苗社会中的地位十分低下,他们孤立无援,他们被草苗社会边缘化、妖魔化,他们心灵上的痛苦、创伤是常人难以理喻和治愈的。这种身份和境况,给其生活、劳动、教育、婚姻等带来极大的困难和痛苦。人们不愿同其一起吃饭,一起劳动,共坐一张课桌,更不敢同其行歌坐月,谈情说爱,谈婚论嫁。男青年在行歌坐月时,一旦发现姑娘长得美貌迷人,摸其手圆溜溜的,他们认为十有八九是"下层亲",应该放弃同其来往。由于只能同属"下层亲"的人结婚,"下层亲"的通婚圈更为狭小,使"下层亲"男女青年的婚姻问题更难解决。他们有的因此不得不降低条件,同年龄大的或残疾的或长相丑陋的非"下层亲"人结婚,或远嫁他乡以改变自己不幸的人生。在草苗社会中,凡敢于同"下层亲"结婚的,在强大的社会压力下,往往会造成父子不认和家庭破裂。据说一位在南宁工作的草苗处级干部,为了改变其家在寨子里被人歧视的"下层亲"地位,有一年,在清明节回乡扫墓和看望父母时,特意请全寨的人吃饭,请求大家改变对自己家人的歧视,当时大家都说好的,但过了不久大家对他家的看法仍然未改变。大家这样做是不得已而为之,因为千百年来形成的观念想在一时间改变那是很难的。一个在大都市工作,有身份有地位的干部尚且如此,何况普通的"下层亲"人呢?在寨子里凡兄弟中一旦有一人娶了"下层亲"妻子,另一人必定把共住的木楼的房柱破开,把房子一分为二,兄弟间从此井水不犯河水,陌若路人,彼此不再来往。

　　"下层亲"形成于何时，原因是什么，草苗人也说不清。他们说"下层亲"根子不好，"下层亲"会兴妖作祟害人，使人得病等说法，都是老班一代代传下来的，他们不能不信。那么"下层亲"与家庭的经济条件、身体好坏和姓氏的不同是否有关系呢？大家的回答都是否定的。有人聪明能干没什么病也很富裕但是"下层亲"，有人呆傻贫穷身体也不好但不是"下层亲"。"下层亲"同姓氏也没什么关系，同姓的人有的是"下层亲"有的不是。在我国古代社会有"良民"和"贱民"两个不同的阶层，这两大阶层是"良贱禁婚"的。"良民"指的是士、农、工、商，"贱民"指的是奴婢、童仆、官户、杂户、工乐百户、倡优、隶卒、伴当、世仆、部典等。① 可见我国古代的"良贱禁婚"完全是以职业的贵贱来划分的，但草苗社会的阶层禁婚我们看不到这方面的痕迹。我们认为，古代某种可怕的传染病可能是草苗"下层亲"形成的真正原因。在古时候，因自然环境恶劣，卫生条件差，人们由于对疾病的无知，一旦得了天花、肺痨、霍乱、肝炎、鼠疫等传染病，往往造成大批人员死亡，人们对此感到束手无策和十分恐惧，进而误认为这一部分人身上一定有某种邪魔的东西，能使人患病。于是就把这一部分人视为极端异类，禁止同其交往接触，并把其打入另册叫其为"下层亲"，同时禁止同其结婚。在贵州锦屏九寨侗族地区，也存在着同草苗"下层亲"类似的"生鬼"（chui^{33}shen^{11}）、"猫鬼"（chui^{33}meu^{31}）和"兽鬼"（chui^{33}sou^{44}）的社会现象②。其中据说属"猫鬼"的人在呼吸时同猫呼吸时所发出的"呼嘿呼嘿"的声音类似。在古代，可能有人得了哮喘病，因该病不易治愈，得病后又大多丧失劳力，其呼吸之声又极吓人。那时人们因惧怕而拒绝同此类病人来往，并以其呼吸之声类猫而以"猫鬼"命名之。同样的道理，在古代草苗社会亦因有人得了传染病，人们因惧怕而断绝与其来往，禁止同其结婚，并称其为"下层亲"。

---

　　① 曹定军：《中国婚姻陋俗源流·良与贱的禁婚》，新世界出版社 1994 年版。
　　② 傅安辉、余达忠：《寻找九寨"鬼族"》，《民间文化》2000 年第 4 期；傅安辉、余达忠：《九寨民俗》，贵州人民出版社 1997 年版。

余 论

由于草苗社会存在着严格的族内婚（通婚圈仅限于草苗内）和支系内婚（通婚圈仅限于同一支系内）及严厉的阶层婚（通婚圈仅限于同一阶层内），我们可以一个路线图来展现草苗婚姻走过的历程：

苗族内——草苗内——同支系内——同阶层内。

从上面的路线图可看出，草苗的通婚圈越演变越缩小，通婚圈的狭小势必降低草苗人口的素质和影响草苗社会的团结安定。

草苗的婚姻分为"上层亲"、"中层亲"和"下层亲"的历史由来已久，阶层间禁婚的观念在人们心目中已根深蒂固，草苗社会对"下层亲"的孤立、歧视、妖魔化并未随着时代的前进，科学文化的进步昌明，物质生活和精神生活的丰富提升而有明显的改善。在湘黔桂三省交界地区的侗、苗、瑶等民族的部分地区，也存在着类似于草苗"下层亲"这样的社会问题，只不过草苗更具典型性而已。在黔东南有一侗族干部，冲破世俗偏见和家人的强大压力，坚决同"生鬼"女子结为夫妻，想以其一县之长的行动来示范家乡大众，感化社会，但在巨大的社会压力和可怕的后果下，其家人也不得不断绝与他的父子关系，痛苦地将其拒之于家门之外。

我们希望草苗社会存在的通婚范围狭小的现状和阶层间禁婚问题，草苗"下层亲"的被边缘化、妖魔化和被歧视问题，能够引起当地各级政府和全社会的关心重视。我们呼吁：第一，从科学的角度教育广大草苗群众，让大家认识到，前人加在"下层亲"身上的"妖魔"之名是毫无科学根据的，是无中生有的，也是违反民族平等、公民平等的国家大法的。第二，社会的文明进步是消除群众愚昧无知和迷信陋俗的良剂。政府各部门要加强对经济文化社会发展相对滞后的草苗社会的帮扶力度。只有草苗的各种落后现状得到提高改善后，草苗社会存在的上述问题才能得到解决。第三，各级政府和政府各部门在政策和经济上，要对草苗的"下层亲"、侗族的"生鬼"等弱势群体进行倾斜和帮扶。要做好草苗社会各阶层的工作，经过民主协商，废除对"下层亲"不公的民间婚姻习惯法，制定新的民间婚姻习惯法，让"下层亲"重新回到草苗社会的通婚圈中来。我们深信，只要各级政府采取适当的措施，广大群众发扬平等宽容的精神，草苗社会存在的这一与现代文明不和谐的问题一定能得以解决，平等团结和谐的草苗社会一定能实现。

第五章 三省坡草苗的语言及其系属调查研究

第一节 三省坡草苗概述

黔湘桂毗邻的三省坡地区，至今仍生活着汉族、侗族、老苗、60苗、40苗、花苗、瑶族、酸汤人、三撬人、本地人、客家人、船民、那溪人、六甲人、六色人等族群。草苗为苗族的一个支系，分布于黎平、三江、通道、从江四个侗族县交界的三省坡的周边，即贵州省黎平县的水口镇、龙额乡、地坪乡、肇兴乡、永从乡、顺化乡、洪州镇、德顺乡和从江县的洛香乡；广西壮族自治区三江县的同乐乡、独峒乡、林溪镇、八江乡、洋溪乡、良口乡；湖南省通道县的大高坪乡、独坡乡、牙屯堡镇。草苗又分为60苗（mjiu⁵⁵ ljok²² çəp²²）和40苗（mjiu⁵⁵ si⁵³ çəp²²），其中40苗分布在黎平县的水口镇、肇兴乡、永从乡和从江县的洛香镇。也有草苗人认为花苗（mjiu⁵⁵ qen⁵³）也属于草苗，叫20苗（mjiu⁵⁵ n̩I⁴² çəp²²）。但大部分草苗人认为花苗不属于草苗，花苗人也说花苗不是草苗。花苗主要分布在黎平县的德顺乡，通道县的锅冲乡、大高坪乡、播阳乡、县溪镇，以及靖州县的新厂镇。

草苗（含60苗、40苗和花苗）大约有58900人，其中黎平县约有19000人，三江县约有31600人，通道县约有6800人，从江县约有1020人，靖州约有500人。在"三苗"中，60苗约有49300人，花苗约有5930人，40苗约有3620人。黎平县有60苗、40苗和花苗；通道县有60苗和花苗，无40苗；三江县只有60苗，无花苗和40苗；从江县只有40苗，无60苗和花苗；靖州县只有花苗和外部苗，无60苗和40苗。五县中以三江的草苗人口为最多，其次为黎平，通道再次，从江更少，靖州最少；在"三苗"中，60 苗人口最多，花苗其次，40 苗最少。草苗大都于四百余年前的明末清初，从靖州县的三秋（三锹）一带陆续迁到现今住地。

三省坡苗族分为三个支系，即内部苗，又叫内苗或内亲苗（kaŋ⁴² kau³¹或 sən⁵⁵ kau³¹）；中部苗，又叫中苗或中亲苗（kaŋ⁴² ta⁵³或 sən¹ ta⁵³）；外部苗，又叫外苗或外亲苗（kaŋ⁴² ŋ pak³³或 sən³³ pak³³）。如此分法，可能与草苗之间的婚姻亲疏关系有关。三省坡苗族的内、中、外三个支系间在黎平岩寨立第四块碑时还是互相通婚的，而在黎平归垒立第五块碑时三个分支已然分开，此碑是由草苗立的，花苗和外部苗已不再参与，这以后三个支系间已不再通婚。从 2005 年秋至 2009 年秋，笔者先后对三省坡的草苗进行过八次田野调查，初次揭开了三省坡草苗语言文化的神秘面纱。

花苗和草苗都被外人称为"说侗话唱汉歌"的民族，但花苗和草苗却说他们说的是"苗话"而不是"侗话"。下面我们将对 60 苗话与侗语、40 苗话、花苗话的语音、词汇的异同进行比较研究。

第二节　草苗话侗语声调词汇比较

一　60 苗、40 苗、花苗侗语声调调类调值表（表中起凡、大高坪、高宇为 60 苗，肯溪为花苗，堂华为 40 苗，秀洞、三门塘、陇城、程阳为侗语；陇城、程阳为南侗方言，秀洞、三门塘为北侗方言。这些语言均为笔者调查记录）

表一

调值	秀洞	三门塘	起凡	高宇	大高坪	肯溪	堂华	陇城	程阳
1	13	13	55	55	55	55	55	55	55
1´	22	13	35	13	13	13	35	35	35
2	42	22	13	22	22	22	13	22	22
3	33	23	33	33	33	33	33	33	33
3´	13	23	33	33	33	33	33	33	33

续表

调值	秀洞	三门塘	起凡	高宇	大高坪	肯溪	堂华	陇城	程阳
4	31	31	31	31	31	31	31	31	31
5	35	35	53	45	53	45	53	53	53
5′	35	35	53	45	53	45	53	453	453
6	53	44	42	42	42	42	42	33	33
7	55	55	55	55	55	55	55	55	55
7′	35	55	55	55	55	55	55	35	35
9	33	33	33	33	33	33	33	33	33
9′	13	33	33	33	33	33	33	33	33
8	31	22	13	22	22	22	13	31	22
10	31	31	31	31	31	31	31	31	31

二　60苗、40苗、20苗侗语词汇表

表二

汉语	秀洞	肯溪	大高坪	堂华	起凡	高宇	陇城	三门塘
深山	$loŋ^{13}$	$ta^{33}jɐm^{55}$	$ta^{33}jəm^{55}$	$ləŋ^{55}$	$ta^{33}jɐm^{55}$	$ta^{33}jəm^{55}$	$loŋ^{55}$	$ta^{33}lau^{42}$
池塘	$taŋ^{22}$	$taŋ^{22}$	$taŋ^{22}$	$taŋ^{22}$	$tɐm^{55}$	$taŋ^{22}$	$tɐm^{55}$	$təm^{13}$
土	$ən^{33}$	$ən^{33}$	$ən^{33}$	$ən^{33}$	$ən^{33}$	$ən^{33}$	mak^{31}	$ən^{23}$
被子	$jaŋ^{53}$	$jaŋ^{42}$	$jaŋ^{42}$	$jaŋ^{42}$	$jaŋ^{42}$	$jaŋ^{42}$	tan^{33}	$jaŋ^{44}$
黄牛	tu^{42}	tu^{22}	tu^{22}	tu^{13}	tu^{13}	tu^{22}	$sən^{22}$	$ljəu^{23}$
猴	$ləi^{13}$	$ləi^{55}$	$ləi^{55}$	$ləi^{55}$	$ləi^{55}$	$ləi^{45}$	mun^{33}	$ləi^{13}$
泥鳅	son^{35}	son^{45}	son^{53}	son^{53}	son^{53}	son^{55}	$ŋwet^{31}$	$tson^{35}$
鸡胗		tap^{55}	$tɐp^{55}$	tap^{55}		tap^{55}	$jɐm^{55}$	tap^{55}
桃	tau^{42}	$ti^{55}tau^{2}$	tau^{22}	$ti^{55}tau^{22}$	tau^{22}	tau^{22}	$pɐŋ^{55}$	tau^{42}
嘴巴	mu^{55}	mok^{55}	mok^{55}	muk^{55}	mok^{55}	mok^{55}	$əp^{55}$	mu^{55}
背	$əm^{33}$	$qɐm^{33}$	$kəm^{33}$	$qɐm^{33}$	$kəm^{33}$		lai^{22}	$qəm^{33}$

续表

汉语	秀洞	肯溪	大高坪	堂华	起凡	高宇	陇城	三门塘
脚后跟	ʈəu^{31}	ʈəu^{31}	ʈəu^{31}	ʈəu^{31}	ʈəu^{31}	ʈəu^{31}	çoŋ^{55}	ʈəu^{31}
鼻涕	mu^{42}	pje^{22}	pje^{22}	pje^{13}	pje^{13}	pje^{22}	muk^{31}	ŋu^{31}
男青年	je^{31}	je^{31}	je^{31}	ke^{22}	je^{31}	je^{31}	pan^{55}	
情人	nəi^{31}je^{35}（石洞）	nəi^{31}je^{45}	nəi^{31}je^{53}	nəi^{31}je^{453}	nəi^{31}je^{53}	nəi^{31}je^{55}	ʈu^{33}	ʈu^{33}
鬼师		çəi^{35}	çəi^{13}	çəi^{33}	çəi^{33}	çəi^{33}	çaŋ^{33}ʈui^{33}	çəi^{13}
帽子	meu^{53}	meu^{42}	meu^{42}	meu^{42}	meu^{453}	meu^{42}	əm^{31}	meu^{13}
碗	tui^{31}	po^{33}tui^{31}	kwaŋ^{33}	po^{33}	tui^{31}	tui^{31}	kwaŋ^{33}	tui^{31}
罐		thəu^{13}	thəu^{13}	thəu^{35}	thəu^{13}	thəu^{13}	piŋ^{22}	thəu^{13}
桌子	tai^{42}	tai^{22}	tai^{22}	tai^{13}	tai^{13}	tai^{22}	çoŋ^{22}	tai^{22}
床	toi^{35}	toi^{45}	toi^{53}	toi^{53}	toi^{53}	toi^{55}	çaŋ^{22}	toi^{35}
篮子	khiŋ^{35}	khiŋ^{45}	khiŋ^{53}	khiŋ^{53}	khiŋ^{53}	khiŋ^{55}	muŋ^{55}	khiŋ^{35}
碓子	kɐm^{13}（侗族）	kɐm^{45}	kɐm^{55}	kɐm^{55}	kəm^{55}（侗族）	·kəm^{44}（侗族）	toi^{53}	kəm^{13}
瘦肉	tsən^{13}	ʈən^{44}	ʈən^{55}	ʈən^{45}	ʈən^{55}	ʈən^{44}	jəm^{55}	nau^{55}
话	soŋ^{22}	soŋ^{13}	soŋ^{13}	soŋ^{35}	li^{31}	soŋ^{13}	ləi^{31}	soŋ^{13}
漏	khoŋ^{13}	qe^{33}	khoŋ^{33}	ləm^{31}	qhoŋ^{33}	qhoŋ^{33}	sut^{33}	
馋		ŋa^{42}	ŋa^{42}	pje^{42}	ŋa^{42}	ŋa^{42}	jak^{33}	ŋo^{44}
怕	kho^{22}	kho^{13}	kho^{13}	kho^{35}	kho^{35}	kho^{13}	jau^{33}	kho^{13}
解（便）	jəŋ^{55}	we^{31}	we^{31}	we^{31}	we^{31}	we^{31}	soŋ^{53}	we^{31}
找	khat^{13}	qhet^{45}	khit^{55}	qhet^{55}	qhet^{55}	qhet^{55}	jəu^{35}	qhet^{55}
背（动）	pe^{53}	pe^{42}	pe^{42}	ɐm^{53}	pe^{42}	pe^{42}	ɐm^{53}	pe^{44}
剪（布）	sin^{33}	sin^{33}	sin^{33}	tɐt^{55}	sin^{33}	sin^{33}	kwən^{55}	tsen^{33}
跑	ʈeu^{35}	pjeu^{45}	pjeu^{53}	pjeu^{53}	wi^{35}	wi^{13}	noŋ^{33}	pjəu^{35}
跪	ʈhui^{13}	ʈhui^{13}	ʈhui^{33}	ʈhui^{33}	ʈhok^{13}	ʈhui^{33}	ʈok^{33}	tsau^{33}
蒸	tsau^{33}	sau^{33}	sau^{33}	sau^{33}	sau^{33}	sau^{33}	məi^{35}	tsau^{33}
直	tiu^{42}	tiu^{22}	tiu^{22}	tiu^{13}	tiu^{13}	tiu^{22}	sɐŋ^{22}	tiu^{22}
钝	a^{42}	qa^{22}	ka^{22}	qa^{13}	qa^{13}	qa^{22}	tap^{13}	qa^{22}
近	ʈhəi^{35}	phjəi^{45}	phjəi^{53}	phjəi^{53}	phjəi^{53}	phjəi^{55}	ʈɐn^{31}	phjəi^{53}

汉语	秀洞	肯溪	大高坪	堂华	起凡	高宇	陇城	三门塘
饿	ɬe^{33}	pjek^{33}	pjek^{33}	pjek^{33}	pjek^{33}	pjek^{33}	jak^{33}	pje^{33}
腻	win^{13}	win^{55}	ȵi^{53}	mən^{53}	win^{55}	win^{44}	ȵi^{55}	wen^{13}
坏	he^{35}	he^{45}	wai^{42}	he^{53}	wai^{42}	he^{55}	ja^{31}	he^{35}
嫩	je^{31}	je^{31}	je^{31}	je^{31}	je^{31}	je^{31}	ȵi^{31}	
聪明		qhiu^{33}	khiu^{33}	qhiu^{33}	qhiu^{33}	qhiu^{33}	kwai^{55}	qhiu^{33}
个（人）	pu^{13}	pu^{55}	pəu^{55}	pu^{55}	muŋ^{31}	muŋ^{31}	muŋ^{31}	pəu^{13}
还	han^{22}	hai^{22}	hən^{22}	hən^{13}	hən^{22}	hən^{22}	nɐŋ^{55}	han^{22}
柱子	tsau^{13}	sau^{33}	toŋ^{42}	tuŋ^{42}	tuŋ^{42}	tuŋ^{42}	tuŋ^{33}	tsau^{13}
山谷	ɕən^{22}	hau^{22}	ɬui^{33}	hau^{35}	ɬəm^{42}	kui^{33}	ɬəm^{33}	hau^{22}

第三节 60 苗、40 苗、花苗之间的语言差异

从表一可以看出，黎平起凡、三江高宇、通道大高坪三地的声调基本一致，都有 7 个调位，在单数调中除了 1 调分化为 1 调、1′调外，其余均未发生分化。在调值方面，后三者都相同，起凡也只有 1′、2 调与另三者不同，其余的四者都相同。

从表二也可看出，四地在语音上的不同主要在以下几方面。

大高坪有清擦辅音 s 与清边擦音 ɬ 混读现象，但以后者为多，同时大高坪也无小舌辅音 q，以 k 对应 q，高宇无后低元音 ɐ，以 ə 或 a 对应。例如：

	大高坪	起凡	高宇
根	ɬaŋ^1	saŋ^1	saŋ^1
肩	ɬa^1	sa^1	sa^1
肠	ɬai^3	sai^3	sai^3
螃蟹	kaŋ^{4}kəi^5	qaŋ^{2}qəi^5	qaŋ^{2}qəi^5
人	kən^2	qən^2	qən^2

瘦	kaŋ⁴	qaŋ⁴	qaŋ⁴
和	khɐn¹	khɐn¹	qhɘn¹
毛	mjɐm¹	pjɐm¹	pjɘm¹
水	nɐm⁴	nɐm⁴	nɘm⁴

在我们所调查的 800 余个词中，草苗三地的词汇差异仅有 1.25%的不同：

	大高坪	起凡	高宇
池塘	taŋ¹³	tɐm⁵⁵	taŋ¹³
碗	kwaŋ³³	tui³¹	tui³¹
墓	mo⁴²	wən¹³	mo⁴²
药	məi³¹	əm³³	əm³³
话	soŋ³⁵	li³¹	soŋ¹³
跑	pjeu⁵³	wi³⁵	wi¹³
跪	ʈhui³³	ʈhok¹³	ʈhui³³
腻	ȵi⁵⁵	win⁵⁵	win⁵⁵
坏	wai⁴²	wai⁴²	he⁴⁵
个（人）	pəu⁵⁵	muŋ³¹	muŋ³¹

一　60 苗与 40 苗的语言差异

由于在地域上起凡和堂华较接近，大高坪和高宇又较接近，所以地域接近的两者在语音上更为接近，特别在声调上地域接近的两地完全相同。在 800 个词中，60 苗和 40 苗不同的词仅有 16 个，即二者词汇的差异仅有 2%：

	大高坪	高宇	起凡	堂华
深山	ta³³ jəm⁵⁵	ta³³ jəm⁵⁵	ta³³ jəm⁵⁵	ləŋ⁵⁵
月份	wet³¹	wet³¹	wet³¹	ȵan⁵⁵
后生	je³¹	je³¹	je³¹	ke¹³
碗	kwaŋ³³	tui³¹	tui³¹	po³³
漏	khoŋ³³	qhoŋ³³	qhoŋ³³	ləm³¹
馋	ŋa⁴²	ŋa⁴²	ŋa⁴²	pje⁴²
背（着）	pe⁴²	pe⁴²	pe⁴²	ɐm⁵³

剪	sin³³	sin³³	sin³³	tɐt⁵⁵
跑	pjeu⁴⁵	wiˑ¹³	wiˑ³⁵	pjeu⁵³
腻	ȵiˑ⁵⁵	win⁵⁵	win⁵⁵	mən⁴²
坏	waiˑ⁴²	he⁴⁵	waiˑ⁴²	he⁵³
个（人）	pəu⁵⁵	muŋ³¹	muŋ³¹	pu⁵⁵
和	khɐn¹³	qhən¹³	khɐn³⁵	qap⁵⁵
瘦	kaŋ³¹	qaŋ³¹	qaŋ³¹	jəm⁵⁵
有	me²²	me²²	me¹³	li³³
没	kwe²²	kwe²²	kwe¹³	ŋe¹³

二　60 苗与 20 苗（花苗）语言的异同

由于大高坪、高宇和起凡的距离较近，所以三者的调类、调值完全相同，而肯溪与起凡的距离较远，二者的调类虽相同，但调值有的并不相同（请看表一）。四地的韵母完全相同，而声母方面，肯溪的轻唇辅音 f 对三地的重唇声母 w，大高坪以舌根清辅音 k 对三地的小舌音辅音 q：

	堂华	起凡	大高坪	高宇	肯溪
花	fa³⁵	wa³⁵	wa`¹³	wa¹³	wa¹³
裙	fən³³	sa³¹	sa³¹	sa³¹	wo⁵⁵
药	əm³³	əm³³	məi³¹	əm³³	məi³¹
漏	ləm³¹	qhoŋ³³	khoŋ³³	qhoŋ³³	qe³³
解（便）	we³¹	we³¹	we³¹	we³¹	əŋ⁵⁵
咳	khəu⁵³ŋəu³¹	khəu⁵³ŋəu³¹	khəu⁵³həu³¹	khəu⁵³həu³¹	ha³³lau¹³
田	jha⁵³	ja⁵³	ja⁵³	ja⁴⁵	ça⁵³
山冲	hau¹³	ʈəmˑ⁴²	ʈəmˑ⁴²	kui³³	hau²²
祖父	qɐŋ³³	kəŋ³³	kəŋ³³	kəŋ³³	qu⁵³
坐	sui⁵³	suiˑ⁵³	sui⁵³	sui³⁵	ȵau⁴²
柱	jim⁵³	jim³⁵	jim¹³	jim¹³	sau³³
扁	pje³³	pje³³	pje³³	pje³³	pjaŋ³³
没	qəi³³	kwe¹³	kwe²²	kwe²²	ŋe²²

第四节　草苗与侗语的关系

一　60 苗、40 苗、20 苗和当地侗族的语言交流

60 苗、40 苗、花苗和当地侗族用各自的"民族语"进行交流时，虽然从所说的话的细微差别中能分辨出谁是哪个族群，但这并未影响大家的自由交谈。这在社会语言学看来是必需的，因这些语言差异正是各社会集团的区别特征之一。南北侗之间也不能用侗语进行交流，就是在南北侗语方言内有的土语也不能同其他土语进行交流。如南侗第三土语的融水大荣跟南侗任何土语的人都不能用侗语进行交谈。北侗第四土语的镇远报京也不能用侗话和其他地方的侗族人进行会话。这就说明草苗人和当地侗族各用草苗话和侗语交流没有什么障碍，也说明他们的语言差异是很细微的，比侗语土语间的差异还小。

二　草苗与侗语的词汇差异

在我们所调查的 800 多个词汇中，三种草苗话同当地侗语有近 90 个词不相同，也就是说草苗话与南侗侗语词汇的相同率高达近 90%，这是很高的相同率。而南北侗语之间词汇的相同率不到 70%，南侗各土语词汇的相同率也只有 90%，北侗各土语词汇的相同率更低，只有 80%。

三　草苗话中有北侗的词汇底层

其实草苗与南侗不相同的这 10% 的词汇也大都是侗语词汇，只不过是北侗的词汇罢了。我们以前已论证过，三省坡的草苗大都是于明末清初从湖南靖州的三秋先后迁移去的。三秋与贵州锦屏县的秀洞、天柱的三门塘一带的侗族相邻，三秋一带的苗族是多语民族，他们大都能讲苗、侗、汉三种语言。草苗这 10% 与南侗不同的词汇正是北侗词汇留下的底层，从下面的词例即可一目了然：

	秀洞	锅冲	大高坪	堂华	起凡	高宇	陇城	三门塘
土	$ən^{33}$	$ən^{33}$	$ən^{33}$	$ən^{33}$	$ən^{33}$	$ən^{33}$	mak^{31}	$ən^{23}$

被子		jaŋ^{53}	jaŋ^{42}	jaŋ^{42}	jaŋ^{42}	jaŋ^{42}	jaŋ^{42}	tan^{33}	jaŋ^{44}
日子	pən^{13}	pən^{44}	pən^{55}	pən^{55}	pən^{55}	pən^{45}	mɐn^{55}	pən^{13}	
黄牛	tu^{42}	tu^{22}	tu^{22}	tu^{13}	tu^{13}	tu^{22}	sən^{22}	ljəu^{23}	
猴	ləi^{13}	ləi^{55}	ləi^{55}	ləi^{55}	ləi^{55}	ləi^{45}	mun^{33}	ləi^{13}	
泥鳅	son^{35}	son^{45}	son^{53}	son^{53}	son^{53}	son^{55}	ŋwet^{31}	tson^{35}	
鸡胗	tap^{55}	tɐp^{55}	tap^{55}	ap^{55}	jɐm^{55}	tap^{55}			
桃	tau^{42}	ti^{55}tau^{22}	tau^{22}	ti^{55}tau^{22}	tau^{22}	tau^{22}	pɐŋ^{55}	tau^{42}	
嘴巴	mu^{55}	mok^{55}	mok^{55}	muk^{55}	mok^{55}	mok^{55}	əp^{55}	mu^{55}	
背		əm^{33}	qəm^{33}	kəm^{33}	qɐm^{33}	kəm^{33}	lai^{22}	qəm^{33}	
脚后跟	ȶəu^{31}	ȶəu^{31}	ȶəu^{31}	ȶəu^{31}	ȶəu^{31}	ȶəu^{31}	çoŋ^{55}	ȶəu^{31}	
鼻涕	mu^{42}	pje^{22}	pje^{22}	pje^{13}	pje^{13}	pje^{22}	muk^{31}	ŋu^{31}	
男青年	je^{31}	je^{31}	je^{31}	ke^{22}	je^{31}	je^{31}	ki^{31}	pan^{55}	
帽子	meu^{53}	meu^{42}	meu^{42}	meu^{42}	meu^{453}	meu^{42}	əm^{31}	meu^{13}	
碗	tui^{31}	po^{33}tui^{31}	kwaŋ^{33}	po^{33}	tui^{31}	tui^{31}	kwaŋ^{33}	tui^{31}	
罐	thəu^{13}	thəu^{13}	thəu^{35}	thəu^{13}	thəu^{13}	piŋ^{22}	thəu^{13}		
桌子	tai^{42}	tai^{22}	tai^{22}	tai^{13}	tai^{13}	tai^{22}	çoŋ^{22}	tai^{22}	
床	toi^{35}	toi^{45}	toi^{53}	toi^{53}	toi^{53}	toi^{55}	çaŋ^{22}	toi^{35}	
篮子	khiŋ^{35}	khiŋ^{45}	khiŋ^{53}	khiŋ^{53}	khiŋ^{53}	khiŋ^{55}	muŋ^{55}	khiŋ^{35}	
碓	kəm^{13}	kɐm^{45}	kɐm^{55}	kɐm^{55}	kəm^{55}	kəm^{44}	toi^{53}	kəm^{13}	
药	məi^{31}	məi^{31}	məi^{31}	əm^{33}	əm^{33}	əm^{33}	əm^{33}	sa^{22}	
话	soŋ^{22}	soŋ^{13}	soŋ^{13}	soŋ^{35}	li^{31}	soŋ^{13}	ləi^{31}	soŋ^{13}	
漏	khoŋ^{13}	qe^{33}	khoŋ^{33}	ləm^{31}	qhoŋ^{33}	qhoŋ^{33}	sut^{33}		
馋	ŋa^{42}	ŋa^{42}	pje^{42}	ŋa^{42}	ŋa^{42}	jak^{33}	ŋo^{44}		
怕	kho^{22}	kho^{13}	kho^{13}	kho^{35}	kho^{35}	kho^{13}	jau^{33}	kho^{13}	

解（便）	jəŋ^{55}	we^{31}	we^{31}	we^{31}	we^{31}	we^{31}	soŋ^{53}	we^{31}
找	khat^{13}	qhet^{45}	khit^{55}	qhet^{55}	qhet^{55}	qhet^{55}	jəu^{35}	qhet^{55}
背（动）	pe^{53}	pe^{42}	pe^{42}	ɐm^{53}	pe^{42}	pe^{42}	ɐm^{53}	pe^{44}
剪（布）	sin^{33}	sin^{33}	sin^{33}	tɐt^{55}	sin^{33}	sin^{33}	kwən^{55}	tsen^{33}
跑	ȶeu^{35}	pjeu^{45}	pjeu^{53}	pjeu^{53}	wi^{35}	wi^{13}	nəŋ^{33}	pjeu^{35}
跪	ȶhui^{13}	ȶhui^{13}	ȶhui^{33}	ȶhui^{33}	ȶhok^{13}	ȶhui^{33}	ȶok^{33}	ȶhui^{33}
蒸	tsau^{33}	sau^{33}	sau^{33}	sau^{33}	sau^{33}	sau^{33}	məi^{35}	tsau^{33}
谢谢	khai^{13}	kai^{33}	khai^{33}	khai^{33}	khai^{33}	khai^{33}	lje^{53}	qhai^{33}
直	tiu^{42}	tiu^{22}	tiu^{22}	tiu^{13}	tiu^{13}	tiu^{22}	sɐŋ^{22}	tiu^{22}
钝	a^{42}	qa^{22}	ka^{22}	qa^{13}	qa^{13}	qa^{22}	tap^{13}	qa^{22}
近	ȶhəi^{35}	phjəi^{45}	phjəi^{53}	phjəi^{53}	phjəi^{53}	phjəi^{55}	ȶɐn^{31}	phjəi^{35}
饿	ȶe^{33}	pjek^{33}	pjek^{33}	pjek^{33}	pjek^{33}	pjek^{33}	jak^{33}	pje^{33}
腻	win^{13}	win^{55}	ȵi^{53}	mən^{53}	win^{55}	win^{44}	ȵi^{55}	wen^{13}
坏	he^{35}	he^{45}	wai^{42}	he^{53}	wai^{42}	he^{55}	ja^{31}	he^{35}
嫩	je^{31}	je^{31}	je^{31}	je^{31}	je^{31}	je^{31}	ȵi^{31}	
聪明	qhiu^{33}	khiu^{33}	qhiu^{33}	qhiu^{33}	qhiu^{33}	qhiu^{33}	kwai^{55}	qhiu^{33}
个（人）	pu^{13}	pu^{55}	pəu^{55}	pu^{55}	muŋ^{31}	muŋ^{31}	muŋ^{31}	pəu^{13}
还	han^{22}	hai^{22}	hən^{22}	hən^{13}	hən^{22}	hən^{22}	nɐŋ^{55}	han^{22}
和	kun^{13}	qhən^{35}	khɐn^{13}	qap^{55}	khɐn^{35}	qhən^{13}	jən^{35}	qon^{13}
柱子	tsau^{13}	sau^{33}	toŋ^{42}	tuŋ^{42}	tuŋ^{42}	tuŋ^{42}	tuŋ^{33}	tsau^{13}
山谷	çəŋ^{22}	hau^{22}	ȶui^{33}	hau^{35}	ȶəm^{42}	kui^{33}	ȶəm^{33}	hau^{2}

四　60 苗、40 苗、花苗和侗语语法的异同

60 苗、40 苗、花苗和侗语的语法也基本相同，最主要的不同是人

称代词做名词的修饰语时，南侗是人称代词居于名词后，而草苗居于名词之前，这也同北侗相同。例如：

	我	父亲		他	的	黄牛
秀洞	jau³	pu⁴		mau⁴²	ti³	tu²
草苗	jau³	pu⁴		mau⁴²	ti³	tu²
通道	pu⁴	jau²		sen²		mau⁴²

　　从以上所论可以看出，虽然草苗认为自己说的话是草苗话而不是侗话，其实草苗话是侗语这是毋庸置疑的，只是有一小部分词汇和语法与南侗不同而已，而这些不同也是和北侗相同的。所以，当地人认为草苗是一个"说侗话唱汉歌的民族"也是不无道理的。草苗迁徙到三省坡地区来以后，因此地为侗族的世居地，侗语为当地的强势语，在周边侗语的影响下，草苗遂逐渐转用了侗语，而将自己的母语遗忘了。

　　那么，草苗话究竟属于何语言呢？从语言学的角度来分析，草苗话应无疑属侗语。但国际人类学学界、民族学学界、民族语言学界普遍遵循一个原则：名从主人。关于语言和方言的界定国内尚未有明确统一的认识。国外学者强调以通解度来区分，但也要考虑说者对民族语的认同，即"名从主人"。这有三种不同的情况：a. 两种话的说者如果不经学习对方的话，就可互相理解，通常认为是同一语言的两个方言。b. 不同话的口语通话的程度很低，但有共同的书面文献或有互相理解的中心方言，也有对民族语言的认同，这也是一种语言的不同方言。c. 不同话间即使通解度很高，但各有明确的不同语言的身份，应视为不同的语言。

　　草苗话显然属于 c 种情形，它不属于侗语，而是草苗话。草苗人对外大都坚称对苗族有认同感，但内部又坚持其与老苗（即苗族）不同。对于自己的语言，草苗也大都认为他们说的是草苗话，并不是侗话，也不是老苗话。当地侗族也认为草苗说的是草苗话，而不是侗话。作为一名语言学者我们应遵循"名从主人"这一国际学界大都认可的普世原则，草苗所说的话是草苗话，而不是侗话。

中　篇

洞口的那溪人与那溪话

第六章 那溪话概论*

湖南省洞口县那（nuo[35]）溪瑶族乡在沅水上游，雪峰山中段。那溪瑶族乡在洞口县西部，其东北与该县江口镇大马排村接壤，西北与洪江市的龙船塘、熟坪乡交界，西南与会同县的高椅乡毗连，东南与绥宁县金屋、联民、水口乡相连。那溪瑶族自称 ȵiu[1]，称自己所说的话为 kin[1]。那溪瑶族乡有近 10000 人口。瑶族人口占该乡人口一半以上，约5000 人。在那溪乡的瑶族中约有 2500 人仍在使用那溪语。

第一节 语音

一 声调

那溪话有 6 个声调，其舒声调中的平、上、去都分为两个声调，而入声调已消失并已归入舒声调中。下面为那溪话的调类、调值及声调例字。

调类	1	2	3	4	5	6
调值	22	212	55	31	35	44

* 1994 年 10 月笔者和研究生黄勇在南开大学中文系的资助下，对湖南省洞口县的那溪话进行了第一次调查。2005 年 7 月和 10 月，在吉首大学人类学与民族学研究所的资助下，笔者又两次对那溪话进行了调查。在三次调查中均得到洞口县民族宗教局的支持和帮助，特别是得到发音人离休干部阳良梅先生（时年 75 岁）的热情支持和帮助。谨此，再次向他们表示由衷的谢忱。

声调例字：

1 调	pɑ²² 腿	pu²² 火	la²² 船	ta²² 眼	tɕin²² 深
2 调	pɑ²¹² 祖母	pu²¹² 肥	la²¹² 锣	ta²¹² 春	tɕin²¹² 浅
3 调	pɑ⁵⁵ 父亲	pai⁵⁵ 八	la⁵⁵ 骨头	ta⁵⁵ 桃	tɕin⁵⁵ 紧
4 调	pɑ³¹ 白	pu³¹ 匆	la³¹ 儿子	toŋ³¹ 塘	tɕin³¹ 传染
5 调	pɑ³⁵ 叶子	pu³⁵ 揹	la³⁵ 劈（柴）	ta³⁵ 中	tɕin³⁵ 敬
6 调	pɑ⁴⁴ 糠	pu⁴⁴ 那	la⁴⁴ 买	ta⁴⁴ 过	tɕin⁴⁴ 鸡脸

二　声母

那溪话有 33 个声母（含一个零声母）。其所有的塞音、塞擦音声母（双唇、舌尖前、舌面前、舌面中、舌根等）都分送气与不送气两套，其中双唇塞音和舌尖塞音声母又分腭化与不分腭两套。下面是那溪话的声母及例词。

声母：p、p'、m、f、w、pj、p'j、mj、ts、ts'、s、t、t'、n、l、tj、t'j、lj、ȶ、ȶ'、ȵ、ɕ、c、c'、ç、j、k、k'、ŋ、h、kw、k'w。

声母例词：

p	pa¹	去	pən²	平	pai³	八	pən⁵	汗
p'	p'ai¹	甜	p'aɯ²	近	p'u³	草木灰	p'o⁵	骂
pj	pja¹	鱼	pja³	妻	pja³	额头	pja⁵	翅膀
p'j	p'ja¹	喂	p'ja³	血	p'jau¹	烤（火）	p'jan²	粪箕
m	ma¹	菜	ma²	舌	ma³	长（大）	ma⁴	摸
mj	mja²	手	mja³	小米	mjau¹	胡子	mjau²	剪刀
f	fi¹ (ça²)	蝴蝶	fu² (ȶin²)	二胡	fa¹ (pin¹)	花边		
w	wan¹	骗	wan² (ŋau²)	黄牛	wən²	人	wu³	出

ts	tso¹	关（门）	tso²	羊	tso³	母亲	tsai⁵	线
ts'	ts'o¹	疮	ts'ø	犁	ts'l¹	七	ts'a⁴	踩
s	sɑ¹	肩	sɑ	杀	sɑ⁵	晒	so⁵	四
t	tɑ⁵	中	tɑ⁵	戴	to⁵	双	tən¹	斗笠
t'	t'u²	打	t'o³	坛	t'əu³	脱	t'au⁵	吐
tj	tjɑ³	被	tje²	蚂蚱	tji¹	哥哥	tjaŋ⁵	饱
t'j	t'ji³	踢	t'jin¹	蜂刺				
n	nɑ¹	厚	nai¹	拣	nai²（ȵin²）	勤劳	na:i³	哭
l	lɑ¹	好	lɑ¹	船	lɑ⁵	（水）热	lɑ⁵	劈（柴）
lj	ljɑ²	累	ljɑ³	儿媳	lji²	六	lje⁶	辣
ȶ	ȶɑ¹	远	ȶɑ¹	布	ȶɑ²	茄子	ȶɑ³	草鞋
ȶ'	ȶ'ɑ³	轻	ȶ'ɑ⁵	上（山）	ȶ'e²	抓	ȶ'e³	走
ȵ	ȵɑ¹	河	ȵɑ¹	粘	ȵɑ²	你	ȵe⁵	蚂蚁
ç	çɑ³	写	çi³	是	çi⁵	试	çi⁶	西
c	cɑ³	硬	cən¹	汤	cəu³	头	can¹	亮
c'	c'əu³	酒	c'ɑ¹	耳朵	c'ɯ²	铁	c'au⁵	吠
ç	çɑ³	沙子	çɑ¹	筛	（ŋa²）çe²	石头	çiu¹	枫树
j	jɑ⁴	也	jɑ⁴	野	jau²	我	jəu⁵	药
k	kɑ⁵	鸡	ko⁴	咬	ko⁴	痛	ke¹	名字
k'	k'e¹	梳子	k'u¹	开	k'in¹	路	k'a:i³	客
kw	kwa²	跛子	kwai¹	斧头	kwən³	做	kwəi³	国
k'w	k'wɑ³	宽	k'wən⁵	睡				
ŋ	ŋa²ŋən⁶	鹰	ŋɑ⁵	爱	ŋa⁶ȶi¹	馋	ŋɑ⁵	弟弟
h	hu¹	要	ha²	鞋	ha:i³	吓	hau²（tsu³）	毫子
	ɑ¹	乌鸦	ɑ³	大				

三　韵母

那溪话有 26 个韵母，没有入声韵，闭口的鼻音韵亦消失，－n、

－ŋ不分。－n 在 o－后读－ŋ，其他元音后读－n。那溪话区分前元音 a 和后元音 ɑ。例如：pa¹ "去" /pɑ¹ "腿"，la¹ "好" /lɑ¹ "船"，ma¹ "涩" /mɑ¹ "菜"，ta⁶ "代" /tɑ⁶ "过"。那溪话的 a、ɑ 同侗语的 ai、a 分别对应。如侗语：lai¹ "好"、ȶai¹ "远"、sai³ "肠子"、la¹ "船"、pa⁵ "叶子"、ma¹ "菜"；那溪：la¹ "好"、ȶa¹ "远"、sa³ "肠子"、lɑ¹ "船"、pɑ⁵ "叶子"、mɑ¹ "菜"。

那溪话的 aːi、ai 对立。如：paːi¹ "卖" /pai¹ "男人"，saːi¹ "迟" /sai¹ "三"，laːi² "书" /lai² "蓝"。aːi、ai 的来源也不同，二者分别同侗语的 e 及 an、am、ak、et 等对应。例如：

侗语 pe¹ 卖　　te⁵ 砍　　me² 有　　pan¹ 男人 pak¹ 百 pet⁹ 八 sam¹ 三

那溪 paːi¹ 卖 taːi⁵ 砍 maːi² 有 pai¹ 男人 pai³ 百 pai³ 八 sai¹ 三

那溪话的韵母有：a、ɑ、aːi、ai、aːu、aɯ、au、an、o、on、oŋ、e、ø、eu、əi、əɯ、əu、ən、i、iu、in、u、un、y、ye、ɿ。

韵母例字：

a	tsa³	肠子	ta⁵ la²	背部	na⁶	这	ȵa³	草
ɑ	pɑ³	父亲	lɑ⁴	儿子	p'jɑ³	血	lɑ⁶	买
aːi	paːi¹	卖	maːi¹	霜	maːi²	有	tsaːi¹	带子
ai	pai³	八	p'ai¹	甜	wai³	碗	sai³	伞
aːu	paːu¹	（牛）角	taːu¹	咱们	paːu⁵	告诉	pjaːu⁶	沸
au	ts'au⁵	醋	tsau³	坟	tsau⁴	洗（脸）	tsau⁵	歪
aɯ	paɯ⁵	豹	tsaɯ⁵ (tsu³)	雾	taɯ³	陡	laɯ⁴	栗子
an	p'an¹	高	man¹	薄	tsan⁵	秤	tan¹	来
o	po⁶ (tsu³)	五棓子	p'o⁵	骂	mo⁵	新	wo⁶	姨母
on	lon² (tø⁵)	周围						
oŋ	poŋ⁶	鹅	moŋ¹	云	toŋ¹	东	koŋ³	爷爷
e	pe⁴	板子	mje²	月	pje²	笔	lje⁶	辣

续表

ø	m ø³	猫	ts'ø¹	犁	k ø²	圆	k ø⁵	鼎罐
eu	heu²	锄头						
əi	məi⁵ (tsu³)	麦子	s əi²	十	kw əi³	国	tsəi¹	熟
əu	tsəu⁶	筷子	səu³	乾	təu¹	门	ləu⁴	笋
əɯ	pəɯ¹	鸭子	təɯ⁴	读	təɯ²	落		
ən	pən³	飞	mən²	他	nən⁴	水	sən³	酸
i	çi⁶	西	ɲi⁶	二	tji¹	柴	ʈɿ³	纸
iu	tjiu⁵	吊	(mu⁴) çiu¹	枫树				
in	ɲin¹	野猫	min¹	虱子	pjin¹	毛	k'in¹	路
u	mu⁴	树	pu¹	火	pu²	瓜	mu⁵	猪
un	k'un⁵	睡						
y	y²	牛	ʈy³	鬼	(tɑ¹) tsy¹	眼睛		
ye	ye²	铅	ye⁴ (san¹)	鱼腥草	ye⁶ (tsu³)	寨子	(lɑ⁴) ye²	梨
ɿ	ts'ɿ⁶	七	tsɿ¹	尾巴	tsɿ² (kaɯ³)	小偷		

第二节　词法

一　单纯词

那溪话单纯词又以单音节词占绝大多数。例如：

pja³	女人	pja³	额头	pɑ⁶	糠	tsaːi²	茶
ma¹	涩	ma¹	狗	tsai²	蚕	saːi¹	迟
pa¹	黏附	pɑ²	祖母	sai¹	三	taːi¹	外婆
pɑ³	父亲	pɑ⁵	叶子	tai¹	灯	laːi²	书

111

二　合成词

那溪话的合成词分为派生词和复合词。

（一）派生词

派生词由词素加上词缀构成，有两种不同的形式。

1. 词素＋词缀。例如：

an^{3}tsu^3	影子	ye^{6}tsu^3	村寨
hau^{1}təu^6	猴子	su^{1}mu^{4}tsu^3	杨梅
la^{4}sa^{2}həɯ^2	蜥蜴		

2. 词缀＋词素。例如：

la^{4}a^1	乌鸦	la^{4}o^3	葡萄
la^{4}kin^3	脖子	la^{4}ye^2	梨
la^{4}sa^3	喜鹊	la^{4}nau^3	蝌蚪
hai^{2}ȵoŋ^1	昨天	na^{4}pja^3	脑门
la^{4}tsən^4	蚯蚓		

（二）复合词

复合词一般由两个词素构成，根据其内部词素间的不同意义关系可分为：

1. 中＋定式，在那溪词中此类复合词为最多。例如：

mu^{4}çiu^1	枫树	mu^{4}ça^1	杉树
ku^{1}mai^4	小姑母	ta^{2}pai^2	桌子
pjin^{1}cau^3	头发	pən^{1}ke^1	今天
hau^{4}mja^3	小米	hau^{4}sai^1	大米
cau^{3}tsa^2	枕头	ȵin^{2}tsa^2	明年
nai^{4}tsən^1	瘦肉	ȶu^{2}ja^5	田埂
ma^{1}cau^3	蕨菜	ma^{1}hoŋ^3	菜薹
nu^{2}koŋ^{6}ts'o^2	蜈蚣	nən^{4}tsən^3	井水

2. 定＋中式。例如：

ȶoŋ^{1}ka^2	蛙	kwəi^{3}ȶan^{1}mu^4	樟树
ha^{6}koŋ^2	虾子	ŋa^{2}ŋən^6	鹰
çy^{6}ku^2	嗓子	ŋa^{6}ȶi^1	馋

hoŋ^{2}ɕin^1　　　心　　　　kan^{6}ka^2　　　未下过蛋的母鸡

3．并联式。例如：

noŋ^{1}la^4　　　　母子　　　ʨəu^{4}ha^3　　　瞎子

ŋa^{5}noŋ^4　　　　弟弟　　　ʨi^{5}lai^2　　　忘记

4．动补式。例如：

n̠in^{6}lu^3　　　　认识　　　ye^{3}lu^3　　　　晓得

5．动宾式。例如：

toŋ^{1}la^2　　　　冰　　　　pu^{5}tsa ʑi^1　　　背带

三　词的重叠形式

（一）名词常以重叠形式出现，这是词汇学的重叠，其含义和用法与不重叠名词相同。例如：

山	泡沫	把儿
山 tɑ^3　　山 tɑ^3	泡 pau^5　　泡 pau^5	柄 pən^5　　柄 pən^5
绳子	袋子	骨头
绳 tsa ʑi^1　　绳 tsa ʑi^1	袋 to^6　　袋 to^6	骨 la　　骨 la
女人	姑娘	板子
女人 pja^3　　女人 pja^3	妹 pji^6　　妹 pji^6	板 pe^4　　板 pe^4
汉族	钉子	果子
汉族 tso^4　　汉族 tso^4	钉 tən^1　　钉 tən^1	果 la^4　　果 la^4

（二）形容词重叠后表示程度增强。例如：

mən^{2}pin^{1}cau^{3}mai^{3}mai^3，nan^{1}kau^{1}kau^1，nɑ^{3}kø^{2}kø^2。他黄黄的头发，
　他　的　头黄　黄　鼻勾　勾　脸圆　圆
勾勾的鼻子，圆圆的脸。他头发黄黄鼻勾勾脸圆圆。

（三）那溪话的形容词有 AB 和 ABB 两种生动式，生动式比原式程度强，ABB 式又比 AB 式强。例如：

mən^2　ke^6　nɑ^3　lən^3　k'an^{6}ce^1　　她的脸通红。
她　　的　脸　通　红

mən^2　ke^6　nɑ^3　lən^3　k'an^6　k'an^6　ce^1　　她的脸红通通的。
她　　的　脸　红　通　　通　的

（四）代词

1. 第一人称代词复数分包括式 tau¹ "咱们" 和排除式 ŋəu¹ "我们"。例如：

ŋəu¹ çi⁵ toŋ¹k'au⁴wən²，səu¹ çi⁵ çau⁵ ja²wən²，tau¹loŋ⁴t'oŋ⁴çi⁵fu²

我们 是 洞 口 人　你们 是 邵 阳 人　咱们 拢统 是 湖

nai²wən²

南 人

我们是洞口人，你们是邵阳人，咱们都是湖南人。

2. 指示代词分为近指 na⁶ "这"、中指 ʨa⁵ "那" 和远指 pu⁶ "那"。例如：

na⁶çi⁵kwi⁵tsau¹，ʨa⁵çi⁵kwan⁴çi¹，pu⁶çi⁵fu²nai²

这是 贵 州　那是 广 西　那是 湖 南

这是贵州那是广西那是湖南。

第三节　句法

一　那溪话的句子构成

（一）名词谓语句的构成

na⁶hɑ²tan²，pu⁶ji³ye⁵　这里是学校，那里是医院。

这里学校　那里医院

mən²kwi⁵tsau¹wən²，jəu²fu²na ɳi²wən²　他贵州人，我湖南人。

他 贵 州 人， 我 湖 南 人

mən²pin¹cəu³mai³，nan¹kau¹nɑ³kø²　他黄头发、勾鼻子、圆脸。

他 发 头 黄　鼻 勾 脸 圆

（二）形容词谓语句的构成

mu⁴cau³na⁶p'a²la⁶，mu⁴cau³pu⁶kai³ʨin⁵　这件衣服脏，那件衣服干净。

件 衣 这 脏 件 衣 那 干 净

（三）主谓谓语句的构成

caɯ¹wən²na⁶ŋa²ɳin⁶lu³？　这些人你认识？

些 人 这 你 认 得

ȵəu¹ je² wən² kʼau⁴ ȵoŋ³　　我们家人口少。

我们 家人 口 少

（四）动词谓语句的构成

jəu² ŋa⁵ ȶan⁶ pən⁴ la ȵi² na⁶　　　我喜欢这本书。

我 爱 个 本书 这

ȵəu¹ ɕaŋ⁴ təɯ⁴ la ȵi²　　　我们想读书。

我们 想 读 书

mən² paɯ⁵ ta⁶ jəu² ji² nən¹ ka¹　　　他教过我一首歌。

他 教 过 我 一个 歌

ȶi³ lən³ la⁶ taɯ⁴ ja² tsan¹　　　红纸买了两张。

红纸 买 了 两 张

ȶau¹ pən¹ fu³ tan¹ ce¹　　　太阳出来了。

太 阳 出 来 了

hau⁴ ȶi¹ tjan⁵ ce¹　　　饭吃饱了。

饭 吃 饱 了

mən² ka ȵi⁵ ta⁶ ja² ka ȵi⁵　　　她嫁过两次。

她 嫁 过 两 嫁

mən² kʼwən⁵ ɕi¹ tsan² jaɯ¹　　　他睡在床上。

他 睡 在床 上

cau³ tsau⁴ lu³ kai¹ ȶin¹　　　衣服洗得干净。

衣 洗 得 干 净

mən² to² ji² pən⁴ la ȵi² mo⁵ tan¹　　　他拿来一本新书。

他 拿一本 书 新 来

toŋ⁴ cau⁴ ha² ma ȵi² pja¹　　　塘里还有鱼。

塘 里 还 有 鱼

mən² ji² mø¹ ȶi¹ ce¹　　　他一口吃了。

他 一口 吃 了

la⁴ pji⁶ pji⁶ ɕi¹ ta³ jaw¹ puʼ⁶ tsʼ an⁵ ka¹　　　姑娘在那山上唱歌。

姑娘 在 山上 那 唱 歌

jəu² tjan³ tsa³ pʼ o⁵ ce¹ ji² pai⁵ ȵi²　　　我被母亲骂了半天。

我 被 母亲 骂 了 一 半 天

115

（五）反复问句的语序

ŋa²ʈi¹hau⁴k'oŋ¹？ ŋa²ʈi¹k'oŋ¹？   你吃饭不？   你吃不？

你 吃 饭 不   你 吃 不

ŋa²ʈi¹hau⁴k'oŋ¹ʈi¹？   你吃不吃饭？

你 吃 饭   不 吃

（六）比较句的语序

mən²ŋau⁵jəu²jɑ²ŋin²   他比我小两岁。

他 小 我 两 年

mən²pji⁴jəu²ŋau⁵   他比我小。

他 比 我 小

二 体和时

那溪话的时态助词 tau² 放在动词后表示持续体。例如：

jəu²ʈi¹tau²hau⁴   我吃着饭呢。

我 吃 着 饭

时态助词 ʈin¹ 放在动词后也表示持续体。例如：

pjɑ¹ʈi¹ʈin¹kau¹la¹   鱼吃着钩呢。

鱼 吃 着 钩 哪

mən²toŋ¹ʈin¹hau⁴la¹   他煮着饭呢。

他 煮 着 饭 哪

那溪话的时态助词 ce¹ 放在动词和形容词后表示动作结束或变化。

例如：

jəu²ʈi¹ce¹hau⁴la¹   我吃了饭了。

我 吃 了 饭 了

lau⁴mai³ce¹   橘子黄了。

橘子 黄 了

那溪话的时态助词 tɑ⁶ 放在动词后表示动作已经过去。例如：

mən²wan⁴jo²je¹tɑ⁶jəu²ji¹pən⁴la ʑi²   他往时借过我一本书。

他 往 时 借 过 我 一 本 书

那溪话词表

太阳	$(ɿau^1)$ $pən^1$	月亮	(me^2) can^1	水	$nən^4$
火	pu^1	烟熏	je^3	冰	$(toŋ^1)$ la^2
雪	cau^5	雹	$p'aɯ^5$	雷公	(lu^2) $koŋ^1$
雷	lu^2	霜	$ma\ ʑi^1$	雾	$tsaɯ^5$ (tsu^3)
虹	can^5	雨	$mən^1$	露	$laɯ^5$
汽	$tsəu^6$	晴	min^4	土	nai^6
河	$ŋa^1$	地	tji^1	田	ja^5
水坝	$pa\ ʑi^1$	泡沫	pau^5	沙子	$ça^1$ (tsu^3)
石头	$(ŋa^2)$ $çe^1$	山	$ɿin^1$	沟	min^1
煤	mu^1	渣子	$tsa\ ʑi^1$	炭	$t'ai^5$
灰	$p'u^3$	山林	ta^3	铜	$toŋ^2$
金	$ɿin^1$	铁	$c'əɯ^2$	锡	$ça^3$
银	$n̠ən^2$	钢	kan^1	铅	ye^2
硝	$çiu^1$	盐	jin^2	人	$wən^2$
女人	pja^3	男人	pai^1	女青年	pji^6pji^6
祖父	$ko\ ŋ^3$	祖母	$pɑ^2$	父亲	$pɑ^3$
母亲	tso^3	婆	po^2	二姑	(ku^6) $wən^3$
姨	wo^6	妹妹	pji^6pji^6	丈夫	$tsa\ ʑu^4$
外婆	$ta\ ʑi^1$	外公	$tɑ^1$	哥哥	tji^4
弟弟	$ŋɑ^5$ $(noŋ^4)$	姐	$ɿa^5$	弟妹	$noŋ^4$
儿子	$lɑ^4$	儿媳	lja^3	孙子	$(lɑ^4)$ $k'e^1$
舅	$ɿau^1$	叔叔	$əu^5$ (mai^4)	公公	$jɑ^1$
婆婆	nu^4	岳父	(wo^6) $kɑ^1$	小姑妈	ku^1 (mai^4)
师傅	$həɯ^2$ (fu^5)	腿	$pɑ^1$	口	$pɑ^4$
嘴	$m\ ø^1$	眼睛	$tɑ^1$	脚	$tjin^1$
手	mja^2	肩	$sɑ^1$	腋下	$(ta\ ʑi^3)$ sa^3
头发	$pjin^1$ $(cəu^3)$	皮	pji^2	骨头	(nai^4) $lɑ^3$
乳房	mai^6	肠	tsa^3	肚子	$tauɯ^3$
肝	$sən^1$	额头	$pjɑ^3$	屁股	$p'ji^5$
汗	$pən^5$	脸	$nɑ^3$	背部	(ta^5) la^2

续表

鼻子	nan¹	肉	nai⁴	口水	ni²
痰	（hɑ²）lau¹	头	cəu³	牙	ŋa ːi²
腰	c'au³	耳朵	c'ɑ¹	心	（hoŋ²）çin¹
脖子	（lɑ⁴）kin³	蛋	kwɑ³/kəɯ⁵	汗垢	（mai⁶）kɑ³
屎	ka ːi⁴	小便	əu⁶（nəu⁶）	中指	kwan⁶ kwən⁵
影子	an³（tsu³）	（牛）角	pa ːu⁵	翅膀	pja⁵
尾巴	tsɿ¹	嗓子	çy⁶（ku²）	鸡冠	kwai¹
豹	pəɯ⁵	狮子	si⁶ si³	虎	mən⁴
鸭	pəɯ¹	鹅	poŋ⁶	蛇	tsu²
猴子	（hau¹）təu⁶	蜂	p'oŋ¹	狗	mɑ¹
羊	tsɑ¹	马	ma⁴	鸡	ka⁵
未生蛋的母鸡	kan⁶（ka⁵）	牛	y²	公牛	ku³
黄牛	（wan²）ŋəu	野猪	（ja⁴）tsau¹/n̩in¹	猫	mø³
鼠	nəu¹	鸟	məɯ¹	鱼鹰	（lau⁶）su¹
喜鹊	（lɑ⁴）sa³	乌鸦	（lɑ⁴）ɑ¹	鹃	（lɑ⁴）ji⁵ ji¹
燕子	jin⁵（tsu³）	蝴蝶	（fi¹）çɑ¹	蝉	sa⁶（ləɯ²）
鱼	ˌpjɑ¹	虾	（hɑ⁶）koŋ²	螺	laɯ⁵
泥鳅	ni¹	活黄鳝	n̩əu⁶	蝌蚪	（lɑ⁴）nau³
鹰	ŋa² ŋən⁶	蚯蚓	tsən⁴	螃蟹	ɬø⁵
蚕	tsai²	蛙	（ɬoŋ¹）kɑ²	蜈蚣	（nu² koŋ⁶）ts'o²
蜻蜓	toŋ⁶（t'ai¹）	蚂蚱	tje²	蜘蛛	ŋəu²
蚂蚁	n̩e⁵	蟑螂	（sau²）kɑ³	虫	nu²
臭虫	pji¹	蚊子,苍蝇	mjoŋ⁴	虱子	min¹
跳蚤	caɯ⁴（səi³）	蛆	noŋ¹	萤火虫	（ja⁶ ja⁶）laɯ²
叶子	pɑ⁵	根	san¹	刺	tsoŋ¹
藤子	təu¹	柄	pən⁵	梧	po⁶
麦	məi⁵	小米	（hau⁴）mja³	花儿	mjau¹
穗	mjan¹	杨梅	su¹（mu⁴ tsu³）	草莓	tən⁶
梨	（lɑ⁴）ye²	葡萄	（lɑ⁴）o³	竹笋	nan²

续表

橘子	lau²	栗子	laɯ⁴	茄子	ȶa²
豆子	təu⁶	菌子	ka²	草	ŋ̩a³
稻子	kəu⁴	瓜	kwa ːiˡ	丝瓜	çən⁵ kwa ːiˡ
菜薹	（maˡ）hoŋ³	艾菜	jəu⁴	蕨菜	（maˡ）cau³
映山红	ye³（san⁶joŋ²）	樟树	kwəi³（ȶanˡmu⁴）	枫树	（mu⁴）çiu¹
竹子	pən¹	杉树	（mu⁴）ça¹	松树	（mu⁴）soŋ¹
船	la¹	枧	lən²	木排	pa²
菜地	to⁶	菜园	sai¹	坟	tsau³
田埂	ȶu²（jaŋ⁵）	鱼塘	toŋ⁴	布	ȶa¹
被	tjan³	书	la ːi²	锣	la²
草鞋	ȶa³	鼓	ȶoŋ³	柴	tji²
纸	ȶi³	枪	ȶ'a³	疟疾	（t'u²）pa³（tsu³）
疮	ts'a¹	肿	pəɯ¹	脓	tsau⁵
癫	tjin¹	病	pən⁶	药	jo⁵
漆	ts'ɿ¹	线	tsai⁵	寨子	tsu³
家	je²	房屋	je²	门	təu¹
柱子	tsa ːu⁴	瓦	ŋa ːi⁴	桌子	pai²
凳子	tan⁵	斧头	kwai¹	尺子	ȶ'i³
梳子	k'e¹	锅	kəu¹	粮仓	tsəu⁴
簸箕	loŋ³	笋	ləu⁴	筷子	tsəu⁶
秤	tsan⁵	扫帚	（sau⁵）tsɿ⁴	刨子	paɯ⁵
绳子	tsa ːi¹	梯子	ke³	板子	pe⁴pe⁴
筛子	ça¹	盖子	ka⁵ka⁵	篮子	ts'ən⁵
渔篓	p'jau¹	锤子	tso²（tsu³）	席子	min³
粪箕	p'jan²	斗笠	tən¹	灯	tai¹
桶	çoŋ⁵	犁	ts'ø¹	碗	wai³
甑	tau⁵	鼎，罐	kø⁵	碓	（to²）kin¹
锄头	heu²	背带	tsa ːi¹	剪刀	mjau¹

刀	mjɑ⁴	针	t'jin¹	鸟套	tsa ʑi¹
网	man⁴	墨	məi⁵	笔	pje²
米	hau⁴	饭	hau⁴	大米	(hau⁴) sai¹
酒	c'au³	粑粑	tso²	叶粑	ȶu⁵
汤	kən¹	糖	tan²	菜	ma¹
瘦肉	tsən¹	酒曲	pin³	茶	tsa ʑi¹
衣服	cau³	鞋	ha²	帽	maɯ
袜	wɑ²	萝卜	pəɯ²	糠	pa⁶
肥料	y¹	袋	tso⁵	枕头	(cəu³) tsa
花边	fa¹ (pin¹)	媒	mu¹	蜡烛	(lɑ⁴) tsəi²
贼	tsI² (kau⁴)	枪	ts'oŋ	伞	sai³
瞎子	hɑ³	跛子	kwa² (tsu³)	客	k'a ʑi³
鬼	(hin¹) ȶy³	井水	tsən³	路	k'in¹
汉族	tso⁴	名字	ke¹	姓	sən⁵
字	su⁶	钱	ȶin²	谜语	ku³ (jin¹)
卦	kaɯ⁵	命	mən³	话	wɑ⁵
信	sən⁵	歌	kɑ¹	面，边	man⁵
东	toŋ¹	南	nai²	北	pai³
外面	pɑ⁴/ (noŋ¹) k'u¹	上面	(pi¹) tau²/jaɯ¹	下面	ta ʑi³
里面	caɯ⁴	后	lən⁵	左	tsɑ⁵
右	jau⁶	中	tɑ⁵	年	ŋin
去年	ci²	前年	(ŋin²) koŋ	明年	(ŋin) tsɑ²
月	mje²/ (ŋin²) gəu²	下月	ha³ (me²)	昨天	hai² ŋoŋ¹
今天	ke¹	明天	hau³ (mu³)	日	ŋi²
夜	ŋən⁵	早晨	həɯ² (ȶin²)	现在	u³
一会儿	mau⁴	现在	(jəu³) wa¹	以前	an⁴ (jəu⁶)
生日	hin¹ (ŋi¹)	去	pa¹	来	tan¹/ma¹
卖	pa ʑi¹	放	soŋ⁵	告诉	pa ʑu⁵

续表

拿	to^2	含	pau^2	开	k'u^1
飞	pən^3	挑	tɑ^3	过	tɑ^6
吃	ɕi^1	抱	poŋ^3	打	poŋ
看	həɯ^6	烤（火）	p'jau^1	骂	p'o^5
煮	toŋ^1	吐	tɑ^3	踢	t'ji^3
捆	tsau^4	摔倒	p'au^5	踩	ts'a^4
洗（脸）	tsau^4	咬	ku^4	追	p'ən^6
晒	sɑ^5	射	sɑ^6	听	t'ən^5
打	t'u^2	脱	t'əu^3	问	tsa^3
涨（水）	tsa^3	有	maːi^2	嚼	ɕ'əu^5
站	ɕoŋ^1	做	wən^3	舔	lja^2
拣	nai^1	揹	pu	睡	k'wən^5
住	ȵəu^6	买	lɑ^6	栽	tso^2
躲	tso^2	扛	wən^1	抓	ɕ'e^2
走	ɕ'e^3	哭	ŋaːi^3	留	₋nai^5
要	wo^5	逃	lan^6	劈	lɑ^5
得	tje^2	牵（牛）	t'ɑ^2	怕	ɕ'əu^1
发	fai^3	哭	naːi^3	忘记	lai^2
娶	ɕau^1	偷	lji^3	给	ɕ'i^5
搓	no^2	淹	wən^5	烧（山）	c'au^3
吞	kin^1	割	cən^5	关	tsɑ^1
挖	wai^4	杀	taːi^3	着（火）	tau^2
踢	taɯ	落	təɯ^3	流	ljau^1
摘	pjau^1	闻	çoŋ^5	吹	c'au^5
倒（水）	pji^5	打鼾	(k'u^4) pji^6	变	pjin^5
锯	ɕəu^5	撅	sən^5	潜水	(tso^1) min^6
磨	mo^2	喂（人）	ma^5	喂（动物）	p'ja^1
薅	mje^2	蛰	ts'an^1	借	je^1
传染	pɑ^1（ɕin^4）	剥	pai^3	出	fu^3/wu^3

会	fu⁶	舀	tu³	休息	tsəu⁶
过（年）	ta（tsən¹）	沉	tsən²	熏	tsən²
医治	tsən³	潜水	tso¹（min³）	找	tji¹
提	ȶin¹	上（山）	lu⁶ȶ'a⁵	生锈	（ȶin¹）ts'ən⁵
穿（针）	ts'oŋ¹	熄灭	ji⁵	尝	san²
收	sau¹	杀	sa³	锁	sa³
休息	ho¹	懂	（ye³）lu³	抢	sən¹
撕	su¹	旋转	ȶø⁵	读	təɯ⁴
停	toŋ²	插（秧）	lən¹	选	tsai¹
学	laɯ⁴	穿（衣）	tən³	得	lu³
吊	tjiu⁵	钓	tjiu⁵	叫(什么名字)	hau⁶
写	ça³	吓	ha ːi³	弄	ŋa¹
盖	kən⁴	解开	ka³	搞	ŋa¹
游泳	o⁴（toŋ²）	想	çan³	在（家）	çi¹（je²）
嫁	ka ːi⁵	认识	ȵin⁶（lu³）	敢	ka¹
蹲	ku²	生长	hin¹	耍	hu²
肯	han³	爱	ŋa⁵	浮	pau²
答应	jən⁵	感谢	noŋ³	讨（饭）	jin³
吻	au⁵（tsu³）	讲	kan³	起	ȶin²
黑	tən⁵/nən¹	白	pa⁴	红	lən³
绿	sau¹	黄	mai³	蓝色	lai²
蓝靛	tjin⁶	（天）黑	ləɯ²	平	pən²
肥	pu²	淡	sa³	高	p'an¹
矮	t'ən⁵	长	ja³	远	ȶa¹
热	tsəi³	笨	poŋ¹	脏	p'a⁶（la⁶）
短	t'ən³	近	p'əɯ²	（水）满	poŋ²
冷	nəu¹/ȵi³	热	tu¹/la⁵	凉	ni³
暖和	tau³tau³	甜	p'ai³	涩	ma¹
干，旱	səu³	湿	ye¹	死	to¹

续表

大	ma³ / ts'əu¹/ɑ³/o⁴	小	ŋau⁵	早	sən¹
晚	sa ːi¹	迟	sa ːi¹	薄	man¹
厚	nɑ¹	软	min⁵	快	jau⁶
慢	me⁶	横	wən²	新	mo⁵
旧	kaɯ⁵	好	la¹	坏	fa³
宽	k'wɑ³	窄	tsai³	陡	taɯ²
扁	pji³	圆	c ø²	香	ça¹
臭	ȵin¹	馊	heu¹	霉	mu¹
先	ts'əu⁵	沸	pja ːu⁶	断	tau⁵
滑	mja⁴	脆	tsa ːu¹	歪	tsa ːu⁵
空的	cəu⁵	酸	sən³	苦	cən¹
轻	ȶ'ɑ³	懒	lai⁴	重	ȶin¹
脏	(p'a⁶) la	醒	ljəu¹	多	tsoŋ¹
少	ȵoŋ³	辣	lje⁶	深	ȶin¹
久	tjan¹	饱	tjan⁵	紧	ȶin³
浅	ȶ'oŋ³	嫩	ȶi¹	缺	ȶ'y³
咸	hai²	穷	ȶoŋ²	瘦	joŋ¹
累	lja²	弯	ȶoŋ⁵	瞎	ȶəu⁴
锋利	ja⁶	漂亮	kwan² (hin¹)	聪明	ljau⁶
凋谢	mjau⁵	害羞	(ȶ'ə⁶) ai¹	鲁莽	tsan⁵
烂	lai⁶	贵	ȶy⁵	醉	ma ːi²
最小的	mai⁴	麻	kai¹	亮	can¹
蛮	poŋ⁴	颠，颠簸	p'a ːu¹	痛	ko³
馋	ŋɑ⁶ (ȶi¹)	这	na⁶	那	pu⁶
那溪人自称	ȵiu¹	我们	ŋəu¹	咱们	ta ːu¹
他	mən²	你	ŋa²	你们	səi²/səu²
她	mən²	她们	ȶəu¹	大家	(tau¹) fai⁴
别人	k'a ːi¹	什么	man¹	怎么	mji⁴
哪	naɯ¹	谁	nəu²	一	ji²

续表

二	jɑ² / ȵi⁶	三	sai¹	四	so⁵
五	ŋəu⁴	六	lji²	七	tsʼI¹
八	pai³	九	ȶəu³ / ȶau³	百	pai³
千	ȶʼin¹	万	wai⁶	半	pai⁵
双	to⁵	只	təu²	件	mo⁴
个	ȶan⁶ / ȶi³ / nən¹	条	tjiu²	块	kwɑ⁴
把（刀）	tsan¹	别	pu⁴	不	ka⁶ / kʼoŋ¹
最	tso⁵	些	ni³ / caɯ¹ / ȶan⁶		

第七章　那溪话是侗语的一个方言岛 *

那溪乡（lo²ʈhi¹）原属湖南武冈县，1952年由武冈分出洞口县，那溪乡以后即属洞口县。

那溪乡在洞口县的西南角，其西北、西南、东南分别与洪江、会同、绥宁等市县邻接。1956年10月10日那溪瑶族乡成立。那溪瑶族自称 mu²n̠iu¹，称其母语为 kin¹。那溪瑶族现有5000余人，仍以母语为交际语的约有2500人。那溪瑶族新中国成立前备受大汉族主义的欺压和歧视，被贬称为"那溪佬"。那时，那溪人一旦进城就被人欺侮："见那溪佬不欺三分罪。"

那溪瑶族居住在那溪乡依山傍水的平地，即那溪、大麻溪、小麻溪、龙关头、翁江井、安顺、铁山、崇山江、大坪、田坳等自然村。那溪瑶族以杨、阳、李、石、龙等姓为主。当地的汉族都是后迁去的，大都住在山边，瑶族称其为 tsa⁴tsa⁴。（这与侗族对汉族的称呼 ka⁴或ȶa⁴相近。）

经过比较研究，我们认为那溪话同侗语有同源关系，是一个远离现代侗语中心区的侗语方言岛。下面我们将对此进行论证。

第一节　那溪人同侗族的文化联系

虽然那溪人的自称 mu²n̠iu¹同新晃侗族对苗族的称呼 mu²n̠iu¹完全相同，但那溪人却称其母语为 kin¹，这与侗族的自称及其对侗语的称呼

---

* 笔者在洞口县的数次调查中均得到县民宗局和离休干部阳良梅主任（原为县供销社主任）的支持和帮助。谨此，再一次向他们表示由衷的谢意！

kɐm¹或 kən¹极为相近。那溪人和侗族对母语称呼的相同可以说明两者之间的密切关系。

那溪人是在 1403 年从会同县高椅乡等地迁来的。会同是一个侗族聚居县，高椅也是一个侗族聚居乡。虽然高椅乡侗族现在把母语丢失了（会同的团结村等地现在仍保留着侗语），但那溪人却在远走他乡 600 余年后把母语保留了下来。留下来的人对自己民族的语言文化慢慢淡忘了，而远走他乡的人却倍加珍爱自己的民族语言文化，并把它当作自己民族的根保留了下来。这样的事例在国内外都并不罕见。令人遗憾的是那溪话如今也已濒临灭亡。

姓氏是家族的符号，同一地方同姓的人一般都有共同的来源。那溪人大都姓杨、阳、石、龙、李等，这些姓氏在侗族中也是显见的姓氏。

那溪人每年农历十月初，即在秋收后冬季降临之前，要过一个十分隆重的"保冬节"，这是一个仅次于过年的大节。我们知道水语同侗语有十分近的同源关系，而在农历十月，贵州的水族也同样要过隆重的"端节"。同样，同期不少地区的侗族也要过隆重的"侗年"或"冬节"。民族节日的相同，也说明那溪人同侗族在文化上有十分密切的关系。

第二节　那溪话同侗语有较多的同源词

要确认两种语言间有同源关系，其拥有一定数量的同源词至为关键。那溪话同侗语间不仅有同源词，而且在 600 多个基本词汇中二者的同源率高达 62% 左右。如此高的同源率，二者若无同源关系很难有别的解释。在那溪话和侗语的同源词中，下面这些词一般人都能看出它们的同源关系，因为它们的声母、韵母和声调几乎全相同。例如：

	水	河	风	田	日子	沟	雨	山林	山
侗语	nəm⁴	ȵa¹	ləm²	ja⁵	pən¹	mjen¹	pjən¹	ta³	ȶin²
那溪	nən²	ȵa¹	lən²	ja⁵	pən¹	min¹	mən¹	ta³	ȶin²

	人	丈夫	外公	外婆	弟妹	儿媳	腿	脚	手
侗语	kən²	sau⁴	ta¹	te¹	non⁴	lja³	pa¹	tin¹	mja²
那溪	wən²	tsaːu⁴	tɑ¹	taːi¹	noŋ⁴	lja³	pɑ¹	tjin¹	mjɑ²

	眼	肩	汗	脸	耳	（牛）角	虎	狗	项鸡
侗语	ta¹	sa¹	pən⁵	na³	k'a¹	pau¹	məm⁴	ma¹	aŋ⁶
那溪	tɑ¹	sɑ¹	pən⁵	nɑ³	c'ɑ¹	paːu¹	mən⁴	mɑ¹	kan⁶

	鼠	鸟	猪	鱼	蛇	螺	虱子	鳝鱼	蚯蚓
侗语	no³	a¹	mu⁵	pa¹	sui²	ləu⁵	tau¹	ȵo⁶	sən⁴
那溪	nəu³	ɑ¹	mu⁵	pjɑ¹	tsu²	ləu⁵	tau¹	ȵəu⁶	tsən⁴

	蛆	蚊蝇	翅	叶子	根	刺	菜	藤	树
侗语	nun¹	mjoŋ⁴	pa⁵	pa⁵	saŋ¹	sun¹	ma¹	ȶau¹	məi⁴
那溪	noŋ¹	mjoŋ⁴	pja⁵	pɑ⁵	san¹	soŋ¹	mɑ¹	ȶau¹	mu⁴

	穗	草莓	笋	菌子	草	猕猴桃	稻子	竹	船
侗语	mjaŋ²	təm⁶	naŋ²	ka²	ȵaŋ³	toŋ¹	vkəu⁴	pən¹	la¹
那溪	mjan²	tən⁶	nan²	kɑ²	ȵɑ³	toŋ¹	kəu⁴	pən¹	lɑ¹

	水枧	布	鼓	柱子	梳子	粮仓	簸箕	筷子	梯
侗语	lən²	ȶa¹	toŋ¹	sau¹	k'e¹	so⁴	loŋ³	ço⁶	kwe³
那溪	lən²	ȶɑ¹	toŋ¹	tsaːu⁴	k'e¹	tsəu⁴	loŋ³	tsəu⁶	ke³

	门	席子	斗笠	甑子	刀	针	酒	汤	酒曲
侗语	to¹	min³	təm¹	təu⁵	mja⁴	ȶ'əm¹	k'au³	keŋ¹	pin³
那溪	təu¹	min³	tən¹	təu⁵	mjɑ⁴	t'jin¹	c'au³	kən¹	pin³

	糠	路	歌	面	后	中	明年	夜	明天
侗语	pa⁶	k'wən¹	ka¹	maŋ¹	lən²	ta⁵	tsa²	ȵəm⁵	mu³
那溪	pa⁶	k'in¹	kɑ¹	man⁵	lən²	tɑ⁵	tsɑ²	ȵən⁵	mu³

127

	来	放	告诉	飞	过	吃	烤火	煮	晒
侗语	taŋ¹	soŋ⁵	pau⁵	pən³	ta⁶	ʨi¹	p'jau¹	toŋ¹	ça⁵
那溪	tan¹	soŋ⁵	paːu⁵	pən³	tɑ⁶	ʨi¹	p'jau¹	toŋ¹	sɑ⁵

	舔	住	逃	破	娶	搓	关	吠	喂
侗语	lja²	ȵau⁶	ləŋ⁶	la⁵	au¹	no²	ça¹	k'əu⁵	p'ja¹
那溪	lja²	ȵau⁶	lan⁶	lɑ⁵	ʨau¹	no²	tsa¹	c'əu⁵	p'jɑ¹

	上	熄	插秧	穿衣	写	起	黑	肯	蓝靛
侗语	ʈha⁵	ji⁵	ləm¹	tən³	ça³	ʈən²	nəm¹	haŋ³	ʨin⁶
那溪	ʈhɑ⁵	ji⁵	lən¹	tən³	çɑ³	ʈin²	nən¹	han³	tjin⁶

	高	矮	暖	早	薄	厚	臭	沸	脆
侗语	p'aŋ¹	t'əm⁵	tau³	səm¹	maŋ¹	na¹	ȵən¹	pjau⁶	ʈau¹
那溪	p'an¹	t'ən⁵	tau³	sən¹	man¹	nɑ¹	ȵin¹	pjaːu⁶	tsaːu¹

	酸	苦	轻	重	醒	多	久	饱	弯
侗语	səm³	kəm²	ʈ'a³	ʈ'ən¹	ljo¹	toŋ²	ʈaŋ¹	ʈaŋ⁵	ʈoŋ⁵
那溪	sən³	cən²	ʈ'a³	ʈ'in¹	lieu¹	tsoŋ²	tjan¹	tjan⁵	ʈoŋ⁵

	短	馋	咱们	他	你	我	你们	什么	谁
侗语	thən³	ŋa⁶	tau¹	mən²	ȵa²	jau²	çau¹	maŋ²	nəu²
那溪	thən³	ŋɑ⁶	taːu¹	mən²	ȵa²	jau²	səu¹	man²	nəu²

	瞎	二	五	只	件	个	条	把（刀）	别
侗语	ʈo⁴	ja²	ŋo⁴	to²	məi⁴	nən¹	ʈiu²	çaŋ¹		pi⁴
那溪	ʈəu⁴	jɑ²	ŋəu⁴	təu²	mo⁴	nən¹	tjiu²	tsan⁷		pu⁴

第三节　那溪话和侗语的同源词有整齐的语音对应规律

一　二者声调的对应很整齐

调类是历时的，凡调类相同的语言表明它们在历史上有十分密切的关系。调值是调类的共时表现。有同源关系的语言的调类应该是相同的，而调值各显区域性特征。那溪话和侗语的调类几乎完全相同，而调值有的相同有的相异。下面以与那溪话较近的、同湖南会同相邻的贵州天柱三门塘侗语为例，跟那溪话的调值进行比较，从中即可看出它们的异同：

调类		腿	船	火	眼	菜	去	厚
1	侗语	pa^{13}	la^{13}	wi^{13}	ta^{13}	ma^{13}	pai^{13}	na^{13}
	那溪	$pɑ^{22}$	$lɑ^{22}$	pu^{22}	$tɑ^{22}$	$mɑ^{22}$	pa^{22}	$nɑ^{22}$

调类		肥	锣	舌	手	你	谁	茄子
2	侗语	pi^{21}	la^{21}	ma^{21}	mja^{21}	$ȵa^{21}$	$nəu^{21}$	$ʨa^{21}$
	那溪	pu^{212}	$lɑ^{212}$	$mɑ^{212}$	$mjɑ^{212}$	$ȵɑ^{212}$	$nəu^{212}$	$ʨɑ^{212}$

调类		酒曲	席子	杀	干	簸箕	鬼	走
3	侗语	pin^{23}	min^{23}	sa^{23}	so^{23}	$loŋ^{23}$	$ʨui^{23}$	$tʼam^{23}$
	那溪	pin^{55}	min^{55}	$sɑ^{55}$	$səu^{55}$	$loŋ^{55}$	$ʨy^{55}$	$tʼe^{55}$

调类		虎	刀	水	瞎	稻子	五	
4	侗语	$məm^{31}$	mja^{31}	$nəm^{31}$	$ʨo^{31}$	$əu^{31}$	$ŋo^{31}$	
	那溪	$mən^{31}$	$mjɑ^{31}$	$nən^{31}$	$ʨəu^{31}$	$kəu^{31}$	$ŋəu^{31}$	

调类		叶子	汗	新	猪	破	锯	上
5	侗语	pa^{45}	$pən^{45}$	$məi^{45}$	mu^{45}	la^{45}	$ʨo^{45}$	$tʼa^{45}$
	那溪	$pɑ^{35}$	$pən^{35}$	mo^{35}	mu^{35}	$lɑ^{35}$	$ʨəu^{35}$	$tʼa^{35}$

	糠	过	袋	下	住	馋
侗语	pa⁴⁴	ta⁴⁴	təi⁴⁴	lui⁴⁴	ȵau⁴⁴	ŋa⁴⁴
那溪	pɑ⁴⁴	tɑ⁴⁴	to⁴⁴	lu⁴⁴	ȵau⁴⁴	ŋɑ⁴⁴

(left margin: 6)

二　那溪话和侗语韵母的对应

那溪话和侗语有一部分同源词的韵母看似不同，但通过比较就不难看出它们整齐的对应关系。在离开侗语中心区 600 余年后，那溪话由于与侗语失去联系，加上受到四周汉语的强烈影响，那溪话的语音肯定发生了很大的变化，但这种变化肯定也是有规律的。下面是那溪话韵母和侗语韵母的对应情形：

	肠	鸡	排	去	远	好	长	问
侗语	tsai³	kai⁵	pai²	pai¹	ȶai¹	lai¹	jai³	tsai³
那溪	tsa³	ka⁵	pa²	pa¹	ȶa¹	la¹	ja³	tsa³

	米	甜	肉	线	男	斧	黄	麻
侗语	san¹	phan¹	nan⁴	tsan⁵	pan¹	kwan¹	man³	kan¹
那溪	sai¹	phai¹	nai⁴	tsai⁵	pai¹	kwai¹	mai³	kai¹

	南	土	胆	忘	三
侗语	nam²	nam⁶	tam³	lam²	sam¹
那溪	nai²	nai⁶	tai³	lai²	sai¹

	鼻	薄	项鸡	根	来	久	什么	穗	笋
侗语	naŋ¹	maŋ¹	kaŋ⁶	saŋ¹	taŋ¹	ȶaŋ¹	maŋ²	mjaŋ²	naŋ²
那溪	nan¹	man¹	kan⁶	san¹	tan¹	ȶan¹	man¹	mjan²	nan²

	八	百
侗语	pet⁹	pek⁹
那溪	pai³	pai³

	外婆	水坝	霜	瓦	书	砍	下面	带子	哭
侗语	te^1	pe^1	me^4	ŋe^4	le^2	te^5	te^3	tse^1	ŋe^3
那溪	tai^1	pai^1	mai^1	ŋai^4	lai^2	tai^5	tai^3	tsai^1	ŋai^3

	挑	白	大	儿子	口	骨头	额头	草鞋	喜鹊
侗语	tap^9	pak^{10}	mak^9	lak^{10}	pak^{10}	lak^9	pjak^9	ȶak^9	çak^9
那溪	tɑ^2	pɑ^4	mɑ^3	lɑ^4	pɑ^4	lɑ^3	pjɑ^3	ȶɑ^3	sɑ^3

	拿	死	新	袋	姨
侗语	təi^2	təi^1	məi^5	təi^6	wəi^6
那溪	to^2	to^1	mo^5	to^6	wo^6

	蛆	刺	站
侗语	nun^1	sun^1	jun^1
那溪	noŋ^1	soŋ^1	ȶoŋ^1

	家	辣
侗语	jan^2	ljan^6
那溪	je^2	lje^6

	鳝鱼	蜘蛛	豆	门	筷子	瞎	只	干
侗语	ȵo^6	ŋo^2	to^6	to^1	ço^6	ȶo^4	to^2	so^3
那溪	ȵəu^6	ŋəu^2	təu^6	təu^1	tsəu^6	ȶəu^4	təu^2	səu^3

	虎	斗笠	风	水	夜	黑	旱	矮
侗语	məm^4	təm^1	ləm^2	nəm^4	ȵəm^5	nəm^1	səm^1	thəm^5
那溪	mən^4	tən^1	lən^2	nən^4	ȵən^5	nən^1	sən^1	thən^5

	碓
侗语	kəm^1
那溪	kin^1

	开	得	树	母	虫	打	臽	蛇	肥
侗语	$khəi^1$	$ləi^3$	$məi^4$	$nəi^4$	nui^2	tui^2	tui^3	sui^2	pui^2
那溪	khu^1	lu^3	mu^4	nu^4	nu^2	tu^2	tu^3	tsu^2	pu^2

结　语

文化是一个民族创造的物质文明和精神文明的总和。文化具有民族性、地域性和时代性。民族语言既是民族文化的重要组成部分，又是民族文化的载体。如前所述，那溪人在族源、族称、姓氏、节日等文化方面保持着与侗族的一致性，说明那溪话在文化方面同侗语具有渊源关系。那溪话离开侗语中心区已有600余年，但至今同侗语仍有众多同源词，二者的同源率仍高达62%，并且它们之间的语音对应十分整齐。因此，那溪话属于侗语这应是没有问题的了。那么，那溪话应该属于侗语的哪个方言土语呢？从来源上来说，那溪人源自会同高椅等地，理应同靖州新街、锦屏大同、天柱三门塘及会同团结等地一样，都属于侗语北部方言的第三土语。从与会同团结的比较中可看出二者在声调和词汇方面的确较相似。下面这些词那溪话跟团结相同而跟南部方言的车江话完全不同：

	那溪	团结	车江
蒸	$tsau^3$	$tsau^3$	$məi^5$
他	$mən^2$	$mən^2$	mau^6
日子	$pən^1$	$pən^1$	$mɐn^1$
猪	mu^5	mu^5	$ŋu^5$
沸	$pjau̯^6$	$pjau̯^6$	lak^9
烤火	$p'jau^1$	$p'jau^1$	$phjeŋ^1$
肝	$sən^1$	$sən^1$	tap^7
胆	tai^3	tan^3	po^5
民族语/碓	kin^1	$kən^1$	$kɐm^1$

在声调方面那溪话和天柱三门塘侗语也很相近，它们的舒声调都是六个调，而跟车江侗语差距较大，后者是九个调：

	1	1'	2	3	3'	4	5	5'	6
那溪	22	22	212	55	55	31	35	35	44
三门塘	13	13	21	23	23	31	45	45	44
车江	55	35	22	323	13	31	53	453	33

但因那溪话离开侗语区时间太久，它的词汇、语音跟侗语差别已较大，甭说跟南部方言无法用侗语交流，就是同其最接近的北部方言第三土语的会同团结等地也无法用侗语交流。因此，我们认为应将那溪话划为侗语北部方言一个新的土语较为合适。理由如下：

1. 一般而言，在同一语言内，方言间用本族语进行交流较困难；在同一方言内，土语间用本族语进行交流有的可能有困难；在同一土语内用本族语进行交流肯定无问题。在侗语内，方言间即北部方言同南部方言间用侗语进行交流较为困难，二者间只能用汉语西南官话进行交流，但在同一土语内，用侗语交流肯定没问题；在同一方言内，土语间用侗语交流大都可以，但有的也不行。在南部方言，第一土语即榕江的车江、乐里，三江的林溪、八江，通道的坪坦、陇城及龙胜的平等等地同第二土语即黎平的尚重、孟彦、茅贡、岩洞、洪州、水口、龙额、中朝，从江的贯洞、下江，三江的和里、良口、富禄、梅林、斗江，融水的寨怀、泗溪、大年，榕江的"天府侗"及罗城的那冷等地，互相间用侗语通话大都无问题，但这两个土语同第三土语即融水的大云、汪洞、杆洞、聘洞等地就不能用侗语进行通话。在北部方言，第一土语即天柱的高酿、石洞，锦屏的九寨、小江，剑河的磻溪、小广，三穗的款场，同第二土语即锦屏的秀洞、大同、稳江，天柱的"河边侗"即三门塘、白市，靖州的新街（烂泥冲），会同的团结等地，以及第四土语即锦屏的启蒙，这三个土语间用侗语进行通话也基本无大的问题，但三者同第三土语即新晃的中寨、李树、贡溪，芷江的罗岩，天柱的注溪、岳寨等地，以及第五土语即镇远的报京之间很难用侗语进行交流；后两者间也不能用侗语进行通话。由于那溪话离开侗语区过于久远，毫无疑问，现在其已不能用侗语同侗语的任何一个土语进行交流，所以，应将其划为侗语北部方言的一个新土语。

2. 在侗语中，同一方言各土语间的同源词一般在80%以上，同一土语间的同源词一般在90%以上。而那溪话同侗语的同源词只有60%多一点。我们以斯瓦迪士（W. Swades）"世界共同的、非文化方面的、容易辨认的广阔的概念，在多数语言中有一个单词可以对应的"百词表进行比较后得出，那溪话的百词表保留率为最低，只有78%：

1. 车江　2. 岩洞　3. 大荣（百分比）

南侗　　94　　　　94　　　　　80

1. 石洞　2. 秀洞　3. 李树　4. 启蒙　5. 报京　6. 那溪

南侗　　89　　　　89　　　　88　　　　88　　　　88　　　　78

另外，那溪还有一部分特有的与侗语不同的词。例如：

	女人	母亲	妹妹	哥	羊	蜂	鹅	臭虫	肥料	香	软
那溪	pja^3	tso^3	pji^6	tji^4	tsa^1	$p'oŋ^1$	$poŋ$	pji^1	y^1	$ça^1$	min^5
侗语	$miek^3$	$nəi^4$	$noŋ^4$	$ȶai^4$	lie^3	lau^1	$ŋaŋ$	$iŋ^1$	mau^2	$taŋ^1$	ma^3

	红	深	做	买	那
那溪	$lən^3$	$ȶin^1$	$wən^3$	$lɑ^6$	pu^6
侗语	ja^5	$jɐm^1$	we^4	$ȶie^3$	$ȶa^5$

下　篇
通道的本地人和本地话

第八章 本地话调查研究

第一节 湖南通道本地话概况

通道侗族自治县位于湖南省西南部，处在湘、黔、桂三省（区）六县的交界之地，东毗绥宁县、城步苗族自治县，北邻靖州苗族侗族自治县，南连广西三江侗族自治县、龙胜各族自治县，西接黔东南苗族侗族自治州的黎平县，素有"南楚极地"、"百越襟喉"之称。地理位置在北纬25°52′—26°29′和东经109°25′—110°之间，总面积约为2240平方公里。通道是一个多民族聚居的自治县，世居民族有侗、汉、苗、瑶等。据1990年统计，全县总人口为204232人，其中侗族146936人，占71.95%，汉族40221人，占19.7%，苗族15135人，占7.4%。

通道县秦为黔中郡地，汉为镡成县，三国至南朝为舞阳县、龙标县，唐为罗蒙县，五代分属诚州、徽州，宋始称通道县至今。

通道县是个多语多言的县份，侗、汉、苗、瑶都有自己的民族语。通道县汉族的一部分操属西南官话的靖州话，靖州话现在是通道县各民族的族间交际语。侗语为侗族聚居区族间的第二交际语。在该县的锭塘、临口、太平岩、邓口等地还居住着约2.5万的"本地人"。"本地人"自称 wən²² ȵən²²（我们人），他们有自己的语言、习俗和服饰，通婚仅限在"本地人"内部。他们称自己的语言为"平话"。侗族称"本地人"为 ka³¹ pən³³ ti³³ 或 ka³¹ ti³³（本地客、地客），称其语言为 li³¹ ka³¹ ti⁴²（本地话），称操靖州话的汉族为 ka³¹（客），称其语言为 li³¹ ka³¹（客话）。瑶族称本地话为 lo³³ ŋai³³。锭塘、临口、太平岩和邓口这四地的平话略有区别，但以锭塘平话的威信最高，四地人之间交流均用锭塘平话，在唱歌和红白喜事的颂词中也均用锭塘平话。当地侗语的款词、歌词中也夹杂有不少的銮塘平话，当然，在銮塘平话中也有不少的侗语词汇。本文记录的也是銮塘平话。

第二节　声、韵、调

一　声母：22 个，包括零声母在内

P　保袍般盘邦旁　　　　　ph　怕坡判喷谱

M　麻蛮忙民目　　　　　　fh　发反方肥费

W　花禾灰回坏围火　　　　t　答单谈当堂灯腾

th　塔滩铁通添土　　　　　n　挪脑能年奴南

ŋ　粘央入元人鱼　　　　　l　腊兰狼笼里卢

ts　杂茶斩蚕尖钱　　　　　tsh　岔切村亲初秋

S　杀生星西事先苏　　　　tɕ　车祝传吉直针精求

tɕh　昌出尺春溪轻丘　　　　ɕ　香常十掀输

k　家江奸街军官茎　　　　kh　概看康确客怪快

x　虾河懈咸复学祸　　　　ŋ　我硬牛牙咬卧

j　爷秧梨医影誉　　　　　0　鸦安屋扼爱吴雨云

音韵特点：

（一）并、定、从、澄、床、禅、群等全浊声母阳平今读不送气清音：皮 pi^{22}、培 poi^{22}、袍 pau^{22}、题 tI^{22}、桃 tau^{22}、谭 tan^{22}、齐 tse^{22}、曹 $tsau^{22}$、钱 $tsin^{22}$、池 $tɕi^{22}$、潮 $tɕiu^{22}$、沉 $tɕən^{22}$、愁 $tsəu^{22}$、锄 su^{22}、柴 $ɕai^{22}$、仇 $ɕu^{22}$、辰 $ɕən^{22}$、常 $ɕan^{22}$、其 $tɕi^{22}$、求 $tɕu^{22}$、琴 $tɕən^{22}$；

（二）照系除庄组外，大都读 tɕ、tɕh、ɕ：朱 $tɕy^{55}$、柴 $ɕai^{22}$、是 $ɕi^{53}$、少 $ɕiu^{33}$、周 $tɕu^{22}$、闪 $ɕin^{22}$、针 $tən^{55}$、舌 $ɕe^{22}$、船 $ɕon^{22}$、陈 $tɕən^{22}$；庄组大都读 ts、tsh、s：沙 sa^{55}、楚 $tshu^{42}$、斋 $tsai^{55}$、抄 $tshau^{35}$、斩 $tsan^{33}$、篸 $tsan^{55}$、山 san^{55}、虱 se^{53}、窗 $tshan^{35}$、色 se^{53}、生 sen^{55}、争 $tsen^{55}$；

（三）精组大都读 ts、tsh、s：挤 tsi^{42}、小 siu^{33}、秋 $tshu^{35}$、尖 $tsin^{55}$、心 $sən^{55}$、浅 $tshin^{33}$、先 sin^{55}、全 $tson^{22}$、信 $sən^{42}$、村 $tshən^{35}$、笋 $sən^{33}$、星 sen^{55}、族 tsu^{22}、从 $tsoŋ^{22}$；

（四）非组读音较乱：妇 fu^{42}、富 xu^{53}、翻 $wien^{35}$、反 $fien^{33}$、分

wən³⁵、文 wən²²、份 pən⁴²、问 mən⁴²、佛 xo³¹、物 we³¹、方 wan³⁵、房 fan²²、网 man³¹、望 man⁴²、风 xoŋ³⁵。

二　韵母：46 个

a 阿婆禾火歌多罗	ai 外大乃赖寨猜
au 保报袍毛刀脑	an 安盘帮蛮亡单唐
aŋ 础	o 恶竹木出脱月入
oi 倍培梅灰对退	on 朋团软双全砖
oŋ 五棚蓬蒙中东通	e 扼百麦回域洗十
en 彭眼横坑生冷	əi 爱派美台来最菜
əu 欧偷秀后口某	ən 恩门灯能人分经
i 碑皮眉米飞围二儿	ia 巴甲马花家架八
iai 揩拜坏街界乖	iau 教咬巧缴交
ian 良两秧养羊	io 岳六绿厥缺
ion 拳倦绢犬劝	ioŋ 荣容勇用戎
ie 扁别笔败买越力	ieu 秒
ien 班板办骗反欢县	iəi 蛋梨
iəu 溜	iən 兵贫明民林军春
iu 桥包票小苗条刘	in 边千变病棉远念
I 批肥司西子梯体	Ie 碟笛踢
Iu 调跳虑椒蕉	Iən 亭顶
In 钉点田定天连垫	ɿ 磁瓷事
u 无布堡州都鱼路	ua 锅过刮窠阔卧
uai 怀槐淮	uan 官关光广贯宽款
ue 国	uəi 规
uən 捆棍昆困	uŋ 猛懵
y 芋费泪朱输水贵	yən 匀云韵运孕

音值说明：

通道平话区分 i：I，i 的发音较高，I 的发音较低：

Phi³⁵痣：phI³⁵批，tiu⁴²吊：tIu⁴²调～动。

音韵特点：

后鼻音尾不能与其他单元音结合，只能与单元音 o 结合组合成后鼻音韵（aŋ 仅有一例 saŋ^{33}础，为侗语借词，uŋ 也仅有一例，muŋ^{31}懵懂，为例外）：mon^{22}瞒：moŋ^{22}蒙，ton^{55}端：toŋ^{55}东，tson^{22}全：tsoŋ^{22}从，son^{55}酸：soŋ^{55}松。

三　声调：8 个

阴平	55	多 歌 沙 家 猪 堆 担 三 帮
次阴平	35	坡 花 蛆 夫 猜 贪 添 滩 方
阳平	22	罗 茄 禾 茶 扯 南 论 皇 各 鹤
阴上	33	锁 假 姐 府 稳 扁 反 广
阳上	31	我 马 眼 柱 武 答 合 蜡 十 八
阴去	53	过 左 价 代 富 奋 放 急 黑 北 祝
次阴去	453	破 他 祸 怕 派 欠 喷 空
阳去	42	贺 大 坐 社 袋 淡 旺 獭

音韵特点：

1. 入声已消亡，大多归入阳平，一部分归入阴去，个别归入阴平、次阴平、次阴去和阳去。

2. 平、上、去因声母的阴阳而一分为二：阴平、阳平、阴上、阳上、阴去、阳去；阴平和阴去又因声母的送气而分出次阴平和次阴去；阴上没有再分化。

附　录

附录一

表一 草苗话词汇表（842 个）

		大高坪	起凡	高宇	肯溪	堂华
1	天	mən^{55}	mən^{55}	mən^{55}	mən^{55}	mən^{55}
2	地	ti^{31}	ti^{42}	ti^{42}	ti^{42}	ti^{42}
3	太阳	ta^{33} mən^{55}	ta^{53} pən^{55}	ta^{33} pən^{55}	ta^{33} pən^{55}	ta^{33} pən^{55}
4	月亮	mjan^{55}	mjan^{55}	mjan^{55}	mjan^{55}	mjan^{55}
5	星星	ɬət^{55} mən^{55}	ɬət^{55}	ɬet^{55}	ɬət^{55} mən^{44}	çət^{55}
6	彩虹	ljəŋ^{22} ɬi^{55} ȵɐm^{31}	ljəŋ^{22} ɬi^{55} ȵɐm^{31}	ljəŋ^{22} ɬi^{55} ȵɐm^{31}	ljəŋ^{22} ɬi^{55} ȵɐm^{31}	ɬi^{55} ȵɐm^{31} ljəŋ^{22}
7	云	ma^{33} mən^{55}	ma^{33}	ma^{33}	ma^{33} mən^{55}	ma^{33} mən^{55}
8	雷	pja^{33}	pja^{33}	pja^{33}	pja^{33}	pja^{33}
9	风	ləm^{22}	ləm^{22}	ləm^{22}	ləm^{22}	ləm^{13}
10	雪	ni^{55}	ni^{55}	ni^{55}	ni^{55}	nui^{55}
11	冰	kaŋ^{53}	kaŋ^{53}	qaŋ^{35}	qaŋ^{35}	qaŋ^{53}
12	雹	ku^{53}	qu^{31}	qu^{31}	qu^{22} çoŋ^{31}	qu^{31}
13	水	nɐm^{31}	nɐm^{31}	nəm^{31}	nɐm^{31}	nɐm^{31}
14	露水	nɐm^{31} sən^{33}	nɐm^{31} sən^{33}	nəm^{31} sən^{33}	nɐm^{31} sən^{33}	nɐm^{31} sən^{33}
15	雨	mjən^{55}	mjən^{55}	mjən^{55}	mjən^{55}	mjən^{55}
16	霜	me^{55}	me^{55}	me^{55}	me^{55}	me^{55}
17	雾	mun^{22}	mun^{22}	mun^{22}	mun^{22}	mun^{13}
18	水蒸气	phjuŋ^{35}	phjuŋ^{35}	phjuŋ^{35}	phjuŋ^{35}	phjuŋ^{35}
19	山坡	ɬən^{22}	ɬən^{22}	ɬən^{22}	ɬən^{22}	ɬən^{13}
20	山谷	kui^{33} ɬən^{22}	ɬəm^{42}	kui^{33}	hau^{22}	hau^{35}

续表

		大高坪	起凡	高宇	肯溪	堂华
21	山林	ta³³ məi³¹	ta³³ məi³¹	ta³³ məi³¹	ta³³	ta³³
22	深山	ta³³ jəm⁵⁵	pja¹³ jəm⁵⁵	ta³³ jəm⁵⁵	ta³³ jəm⁵⁵	ləŋ⁵⁵ lau³¹
23	山坳	kweŋ⁵³	kweŋ⁵³/qhiu⁵³	qhiu³⁵ tən²²	qhiu³⁵	qhiu³⁵
24	山洞	ȶɐm²² ȶən²²	ȶɐm²²/ŋam²²	ȶəm²²	ȶɐm²²	ȶɐm²²
25	针眼	ȶɐm²² ȶhəm³⁵	ta⁵⁵ ȶhəm³⁵	ta⁵⁵ ȶhəm³⁵	ta⁵⁵ ȶhɐm³⁵	ta⁵⁵ ȶhɐm³⁵
26	悬崖	ȶən²² pia⁵⁵ sa⁵⁵	pan⁵³	sak⁵⁵	khɐm³⁵	kɑn⁴²
27	河	ȵa⁵⁵	ȵa⁵⁵	ȵa⁵⁵	ȵa⁵⁵	ȵa⁵⁵
28	溪	kui³³	kui³³	kui³³	ȵa⁵⁵	kui³³
29	瀑布		nəm³¹	nəm³¹ təŋ⁴²		nɐn³¹ kan⁴²
30	池塘	taŋ²² ka⁵⁵	tɐm⁵⁵	taŋ²² qa⁵⁵	taŋ²²	tɑŋ²²
31	沟	miŋ⁵⁵	miŋ⁵⁵	miŋ⁵⁵	miŋ⁵⁵	miŋ⁵⁵
32	水坝	pe⁵⁵	pe⁵⁵	pe⁴⁵	pe⁵⁵	pe⁵⁵
33	泡沫	puk³¹	puk³¹	puk³¹	puk³¹	puk³¹
34	井、泉水	mən⁵³	mən⁵³	mən⁵³	mən⁵³	mən⁵³
35	泥（稀泥巴）	ən³³	ən³³	ən³³	ən³³	ən³³
36	土	ən³³	ən³³	ən³³	ən³³	ən³³
37	尘土、灰尘	puŋ⁵³	puŋ⁵³	puŋ⁵³	phən¹³	phən¹³
38	田	ja⁵³	ja⁵³	ja⁵⁵	xa⁵³	ja⁵³
39	田埂	ȶɐn⁵⁵	ȶən⁵⁵	ȶən⁵⁵	ȶən⁵⁵	ȶən⁵⁵
40	坝子	pjan⁵⁵	pjan⁵⁵	pjan⁵⁵	pjan⁵³	pjan⁵³
41	岩石	pja⁵⁵	pja⁵⁵/kan⁵³	pja⁵⁵	pja⁵⁵	pja⁵⁵
42	石头	pja⁵⁵ ȵek⁵⁵	pja⁵⁵	pja³⁵	pja⁵⁵	pja⁵⁵
43	水滩	san⁵³	san⁵³	san⁴²	san³³	sɑn⁴²
44	金	ȶəm⁵⁵	ȶəm⁵⁵	ȶəm⁵⁵	ȶəm⁵⁵	ȶəm⁵⁵
45	银	ŋɐn²²	ŋɐn¹³	ŋɐn²²	ŋɐn²²	ŋɐn²²
46	铜	təŋ²²	təŋ¹³	təŋ²²	təŋ²²	təŋ²²
47	铁	khət⁵⁵	khɐt⁵⁵	qhet⁵⁵	qhet⁵⁵	qhet⁵⁵
48	钢	kaŋ⁵⁵	saŋ³⁵	qaŋ⁴⁵	qaŋ⁴⁵	sɑŋ³⁵

续表

		大高坪	起凡	高宇	肯溪	堂华
49	碱	ŋat³¹	ŋat³¹	ŋat³¹	ŋat³¹	ŋat³¹
50	锈	jak³¹	jak³¹	jak³¹	jak³¹	jak³¹
51	火	pi⁵⁵	pi⁵⁵	pi⁵⁵	pi⁵⁵	pi⁵⁵
52	烟雾	kwɐn²²	kwɐn¹³	kwɐn²²	kwɐn²²	kwɐn¹³
53	锅烟煤	ŋiŋ⁵⁵	ŋiŋ⁵⁵	ŋiŋ³⁵	ŋiŋ⁵⁵	ŋiŋ⁵⁵
54	东	toŋ⁵⁵	təŋ⁵⁵	təŋ³⁵	təŋ⁵⁵	təŋ⁵⁵
55	南	nam²²	nam¹³	nam²²	nam²²	nɑm¹³
56	西	çi³³	si³⁵	si³⁵	si³⁵	si³⁵
57	北	pɐk⁵⁵	pɐk⁵⁵	pak⁵⁵	pe⁵⁵	pɑk³¹
58	上	u⁵⁵	u⁵⁵	u⁵⁵	u⁵⁵	u⁵⁵
59	下	te³³	te³³	te³³	te³³	te³³
60	左	ɬe³³	ɬe³³	ɬe³³	ɬe³³	çe³³
61	右	wa¹³	wa³⁵	wa³⁵	fa³⁵	wɑ³⁵
62	外面	pak³³	pak³³	pak³³	pak³³	wan⁴²
63	里面	kau³¹	qau³¹	qau³¹	qau³¹	qau³¹
64	对面	təi⁵⁵ na³³	lan⁵⁵	toi⁵⁵ na³³	ti⁴⁴ na³³	ti⁴⁴ na³³
65	边（路）	maŋ⁵³	ke⁵⁵	jen²² / qhe³⁵	xen²²	maŋ⁵³
66	（两）端	ɬot³¹	ɬot³¹ / kau³³	ɬot³¹	ɬot³¹	ɬot³¹
67	中间	təŋ³³ ta⁵³	ta⁵³	ta⁵⁵	ta³⁵	ta⁵³
68	从前	ta³³ kun⁵³	ta³³ kun⁵³	ta³³ qun⁵⁵	ta³³ qun⁴⁴	ta⁴² qun⁵³
69	现在	çən³¹ nai³¹	çon³³ nai⁴²	çən³³ nai⁴²	çən³³ nai⁴²	ha³³ nai⁴²
70	今后	ta³³ lən²²	pən⁵⁵ lən²²	ta⁴² lən²²	pən⁴⁴ lən²²	si³⁵ pən⁵⁵
71	世代	sɐm³¹	sɐm⁴²	sɐm⁴²	sɐm⁴²	sɐm⁴²
72	冬	təŋ⁵⁵ çi²²	təŋ⁵⁵	təŋ⁴⁵ çi²²	təŋ⁴⁴	təŋ⁵⁵
73	年	ȵin²²	ȵin¹³	ȵin²²	ȵin²²	ȵin¹³
74	今年	ȵin²² nai³¹	ȵin¹³ nai⁴²	ȵin²² nai⁴²	ȵin²² nai⁴²	ȵin¹³ nai⁴²
75	明年	ȵin²² sa²²	ȵin²² sa¹³	ȵin²² sa²²	ȵin²² sa²²	ȵin¹³ sa²²
76	去年	ȵin²² pe⁵⁵	ȵin²² pe⁵⁵	ȵin²² pe⁴⁵	ȵin²² pe⁵⁵	ȵin¹³ pe⁵⁵

续表

		大高坪	起凡	高宇	肯溪	堂华
77	前年	ȵin²² kun⁵³	ȵin²² kun⁵³	ȵin²² qun⁵⁵	ȵin²² qun⁵³	ȵin¹³ qun⁵³
78	后年	ȵin²² lən²²	ȵin²² lən¹³	ȵin²² lən²²	ȵin²² lən²²	ȵin¹³ lən²²
79	月份	ȵan⁵⁵/wet³¹	mjan⁵⁵/wet³¹	mjan⁴⁵/wet³¹	mjan⁵⁵/wet³¹	ȵam⁵⁵
80	天（日子）	pən⁵⁵	pən⁵⁵	pən⁴⁵	pən⁵⁵	pən⁵⁵
81	今天	pən⁵⁵ nai³¹	pən⁵⁵ nai⁴²	pən⁴⁵ nai⁴²	pən⁵⁵ nai⁴²	pən⁵⁵ nai⁴²
82	昨天	pən⁵⁵ ȵuŋ²²	pən⁵⁵ ȵuŋ¹²	pən⁵⁵ ȵuŋ²²	pən⁵⁵ ȵoŋ²²	pən⁵⁵ ȵoŋ¹³
83	前天	pən⁵⁵ kun⁵³	pən⁵⁵ qun⁵³	pən⁵⁵ on⁵⁵	pən⁵⁵ quŋ⁵⁵	pən⁵⁵ qun⁵³
84	明天	pən⁵⁵ mo³¹	pən⁵⁵ mo⁴²	pən⁵⁵ mo⁴²	pən⁵⁵ mo⁴²	pən⁵⁵ mo³³
85	后天	pən²² lən²²	pən²² na³³	pən²² na³³	pən²² na³³	pən⁵⁵ nɑ³³
86	白天	kau³³ pən⁵⁵	kau³³ pən⁵⁵	kau³³ pən⁴⁵	kau³³ pən⁴⁴	tɑ⁵³ kɑn³³ pən⁵⁵
87	夜里	kau³³ ʈan⁵⁵	kau³³ ʈan⁵⁵	kau³³ ʈan⁵⁵	kau³³ ʈan⁵⁵	kau³³ ʈan⁵⁵
88	晚上	kau³³ ʈɐm⁵⁵	kau³³ ʈɐm⁵⁵	kau³³ ʈɐm⁵⁵	kau³³ ȵɐm³⁵	kau³³ ȵɐm⁴⁵³
89	早晨	kau³³ jət⁵⁵	kau³³ jet⁵⁵	kau³³ jet⁵⁵	kau³³ xet⁵⁵	kau³³ jet⁵⁵
90	竹鼠	nau⁵³	nau⁵³	nau⁴⁵	nau³⁵	nau⁵³
91	竹鸡	pai⁴²	pai⁴²	pai⁴²	pai⁴²	kɑi⁵³ ta³³
92	野鸡	kai⁵³ ta³³	meu¹³	meu²²	kai⁴⁵ ta³³	çi⁴²
93	花腰鱼	ka⁵⁵ ʈo⁵⁵	ka⁵⁵ ʈo⁵⁵	qa⁴⁵ ʈo⁵⁵	jaŋ²² kəu³³ y²²	qa⁵⁵ ʈo⁵³
94	鲍鱼	kam³³	kam³³	kam³³	phau²² y²²	kam³³
95	娃娃鱼					
96	蛋	kəi⁵³	kəi⁵³	kəi⁴⁵	kəi⁴⁵	kəi⁵³
97	"寡蛋"	kəi⁵⁵ kau²²	kəi⁵³ qau¹³	kəi⁵⁵ qau²²	kəi⁴⁴ qau²²	kəi⁵³ qau¹³
98	甲虫	kɐm⁵⁵	kɐm⁴²	qɐm⁴² pa²²	qɐm⁴²	
99	水牛	we²²	we¹³	we²²	we²²	we¹³
100	黄牛	tu²² man³³	tu¹³	tu²²	tu²²	tu¹³
101	马	ma³¹	ma³¹	ma³¹	ma³¹	ma³¹
102	羊	lje³³	lje³³	lje³³	lje³³	lje³³
103	猪	mu⁵³	mu⁵³	mu⁴⁵	mu³⁵	mu⁵³
104	狗	kwa³⁵	kwa³⁵	khwa³⁵	khwa³⁵	kwa³⁵

		大高坪	起凡	高宇	肯溪	堂华
105	猫	meu³¹	meu³¹	meu³¹	meu³¹	meu³¹
106	虎	məm³¹	məm³¹	məm³¹	məm³¹	məm³¹
107	豹	peu⁵³	peu⁵³	məm³¹ peu⁵⁵	peu⁵⁵	məm³¹ peu⁵³
108	熊	çoŋ²²	me⁵⁵	meu³¹ çoŋ²²	çoŋ²²	me⁵⁵
109	猴子	ləi⁵⁵	ləi⁵⁵	ləi⁴⁵	ləi⁵⁵	ləi⁵⁵
110	野猪	lai⁵³	lai⁵³	lai⁵⁵	lai⁴⁵	lai⁵³
111	箭猪	min³³	min³³	ɬhəm⁵⁵ min³³	tshi⁵⁵ tsu³³	ɬhəm⁴⁵³ min³³
112	狼	pjuŋ⁵⁵	pjuŋ⁵⁵	pjuŋ⁴⁵	pjuŋ⁵⁵	pjuŋ⁵⁵
113	水獭	mjan³³	mjan³³	mjan³³	mjan³³	tu¹³ mjan³³
114	穿山甲	ləŋ⁵³	ləŋ⁵³	ləŋ⁵³	ləŋ⁴²	ləŋ⁴²
115	鼠	no³³	no³³	no³³	no³³	no³³
116	鸡	kai⁵³	kai⁵³	kai⁵⁵	kai⁵⁵	kai⁵³
117	鸭	pət⁵⁵	put⁵⁵	pet⁵⁵	put⁵⁵	put⁵⁵
118	鸟	nok²²	nok¹³	nok²²	nok²²	nok¹³
119	鲫鱼	pik³¹	pik³¹	pik³¹	pik³¹	pik³¹
120	鲤鱼	mjəi³¹	ka⁵⁵ ja⁵³	qa⁴⁵ mjəi³¹	mjəi³¹	mjəi³¹
121	泥鳅	son⁵³	son⁵³	son⁵⁵	son⁴⁵	son⁵³
122	黄鳝	ȵo⁴²	ȵo⁴²	ȵo⁴²	ȵo⁴²	ȵo⁴²
123	老鹰	əm⁵⁵	əm⁵⁵	əm⁴⁴	əm⁵⁵	əm⁵⁵
124	鹞子	jiu⁴²	jiu⁴²	jiu⁴²	jiu⁴²	jiu⁴²
125	猫头鹰	kəu⁵⁵	qəu⁵⁵	qəu⁵⁵	qəu⁵⁵	qəu⁵⁵
126	啄木鸟		ȵa³⁵	ȵa³⁵	nok²² ȵəu⁵⁵ məi³¹	
127	喜鹊	çak³³	çak³³	çak³³	çak³³	
128	麻雀	ljai³³	ljai³³	ljai³³	ljai³³	
129	燕子	keŋ⁵³ ki³³	ken⁵³ ki³³	ken⁵⁵ qi²²	ken⁵⁵ qi³³	
130	画眉	kui⁴²	qui⁴²	kui⁴²	kui⁴²	
131	蝙蝠		ja¹³ ju¹³	ljaŋ³¹ ljiu²²	ja³¹ ju²²	
132	龙	ljəŋ²²	ljəŋ¹³	ljəŋ²²	ljəŋ²²	

附　录

		大高坪	起凡	高宇	肯溪	堂华
133	四脚蛇	sui²² lin³³	sui¹³ lin³³	sui²² lin³³	sui²² lin³³	
134	蛇	sui²²	sui¹³	sui²²	sui²²	
135	虫	ni²²	ni¹³	ni²²	ni²²	
136	蝴蝶	ma⁵³ mit³³	me⁵³ mit³³	met⁵⁵ mit³³	mat⁵⁵ mit³³	
137	蜘蛛	siŋ⁵³ ŋo²²	si³⁵ ŋo¹³	siŋ⁵⁵ ŋo²²	lak³¹ ŋo²²	
138	蟑螂	lap³³	kap³³	lap³³	lap³³	
139	蜈蚣	khɐp⁵⁵	khɐp⁵⁵	khap⁵⁵	khɐp⁵⁵	
140	萤火虫		nin³³ pau¹³	nin³³ ɕu²²	nin³³ pau²²	
141	蚂蚁	mɐe²²	mɐt¹³	met²²	met²²	
142	蝉	ləm²² leŋ³³	ləm¹³ leŋ³³	ljaŋ⁵⁵ lji³³	ljaŋ³¹ lje³³	
143	蚂蚱	ȶɐk⁵⁵	ȶɐk⁵⁵	ȶak⁵⁵	ȶak⁵⁵	
144	蜂	lau⁵⁵	lau⁵⁵	lau⁵⁵	lau⁵⁵	
145	苍蝇、蚊子	mjuŋ³¹	mjuŋ³¹	mjuŋ³¹ siu³⁵	mjuŋ³¹	
146	跳蚤	mjɐt⁵⁵	mɐt⁵⁵	mjet⁵⁵ ＝水车	mjet⁵⁵	
147	臭虫	kiŋ⁵⁵	kiŋ⁵⁵	kiŋ⁴⁴	qiŋ⁵⁵	
148	虱子	nɐn⁵⁵	nɐn⁵⁵	nɐn⁵⁵	nɐn⁵⁵	
149	头虱	tau⁵⁵	tau⁵⁵	tau⁴⁴	tau⁵⁵	
150	鸡虱	nəi²²	nəi¹³	nəi²²	nəi²²	
151	蛆	nun⁵⁵	nun⁵⁵	nun⁵⁵	nun⁵⁵	
152	蚯蚓	sən³¹	sən³¹	sən³¹	sən³¹	
153	蛙	je⁵⁵	je⁵⁵	je⁵⁵	je⁵⁵	
154	蝌蚪	nut³³	lak³¹ je⁵⁵	nut³³	lak³¹ je⁵⁵	
155	虾	ŋo²²	ŋo¹³	ŋo²²		
156	蚌	keŋ⁵³ / ləu⁵³ taŋ²²	ləu⁵³ keŋ⁵³	ləu⁴⁴ keŋ⁵⁵	leŋ⁵⁵	
157	螺蛳	ləu⁵³	ləu⁵³	ləu⁴⁵	ləu⁴⁵	
158	团鱼	pjin³³	pjin³³	pjin³³	pjin³³	
159	蚂蝗	mjin²²	mjin¹³	mjin²² ≠棉衣	mjin²²	
160	（兽）角	pau⁵⁵	qa⁵⁵	pau⁵⁵	pau⁵⁵	

续表

		大高坪	起凡	高宇	肯溪	堂华
161	（牛）皮	pji²²	pji¹³ tu¹³	pji²²	pji²²	
162	螃蟹	kaŋ³¹kəi⁵³	qaŋ¹³ qəi⁵³	qaŋ³¹ qəi⁴⁵	kaŋ²² qəi⁴⁵	
163	爪	ȵeu³³	ȵeu³³	ȵeu³³	ȵeu³³	
164	尾巴	sət⁵⁵	set⁵⁵	set⁵⁵	set⁵⁵	
165	毛	mjɐm⁵⁵	pjɐm⁵⁵	pjəm⁵⁵	pjəm⁵⁵	
166	鸡胗	tɐp⁵⁵	jɐm⁵⁵	tap⁵⁵	tap⁵⁵	
167	嗉包	se¹³	qo¹³ se³⁵	se¹³	se²²	
168	鱼鳞	kən⁵³	qən⁵³	qən⁴⁵ qa⁵⁵	qən⁴⁵ qa⁵⁵	
169	蚕	ni²² au³³	ni³³ kau³³	ni³³ qau²²	ni³³ qau²²	
170	水枧	lən²²	lən¹³	lən²²	lən²²	
171	鱼	ka⁵⁵	ka⁵⁵	qa⁵⁵	qa⁵⁵	
172	芭芒草	ȵaŋ³³ tau²²	ȵaŋ³³ tau¹³	ȵaŋ³³ tau²²	ȵaŋ³³ tau²²	
173	葛根	ȵeŋ⁵³	ȵeŋ⁵³	ȵeŋ⁴⁵	ŋeŋ⁵⁵	
174	鱼腥草	wɐt¹³	wɐt¹³	wet²²	wet²²	
175	木姜子（山苍子）	lak³¹ saŋ⁵⁵	lak³¹ saŋ⁵⁵	lak³¹ saŋ⁴⁴	lak³¹ saŋ⁴⁴	
176	构皮树	pj²² ɬa¹³	pji¹³ sa³⁵	pji²² sa¹³	pji²² sa¹³	
177	猕猴桃	təŋ⁵⁵	təŋ⁵⁵	təŋ⁴⁴	poŋ⁵⁵ loŋ⁵⁵	
178	百合	khəi³³	khən¹³ khəi³³	khəi³³	khəi³³	
179	树	məi³¹	məi³¹	məi³¹	məi³¹	
180	杉树	məi³¹ pen³³	məi³¹ pen³³	məi³¹ pen³³	məi³¹ pen³³	
181	枫树	məi³¹ jau¹³	məi³¹ jau³⁵	məi³¹ jau¹³	məi³¹ xau¹³	
182	香椿树	məi²² jɐm³¹	məi²² jɐm³¹	məi²² jəm³¹	məi²² jɐm³¹	
183	树皮	pji²² məi³¹	pji¹³ məi³¹	pji²² məi³¹	pji²² məi³¹	
184	树尖	sət⁵⁵ məi³¹	səm³⁵ məi³¹／sət⁵⁵	sət⁵⁵ məi³¹	qhe³⁵ məi³¹	
185	树蔸	kwən⁵³ məi³¹	təŋ³³ məi³¹／kwən⁵³	təŋ³³ məi³¹	kwən⁵⁵ məi³¹	
186	根	saŋ¹³／ɬəŋ¹³	saŋ³⁵	saŋ¹³	saŋ¹³	
187	叶子	pa⁵³	pa⁵³	pa⁴⁵	pa⁵⁵	

		大高坪	起凡	高宇	肯溪	堂华
188	花	wa^{13}	wa^{35}	wa^{13}	fa^{13}	
189	藤子	ȶau^{55}	ȶau^{55}	ȶau^{55}	ȶau^{55}	
190	藤蔓	taŋ^{42}	taŋ^{42}	taŋ^{42}	taŋ^{42}	
191	葡萄	it^{33}	it^{33}	it^{33}	it^{33}	
192	芭蕉	pjak^{33}	pjak^{33}	pjak^{33}	pjak^{33}	
193	栗子	lət^{13}	lət^{13}	let^{22}	let^{13}	
194	桃	ti^{55} tau^{22}	ti^{55} tau^{13}	ti^{55} tau^{22}	ti^{55} tau^{22}	
195	柿子	min^{31}	min^{31}	min^{31}	min^{31}	
196	梨	jəi^{22}	jəi^{13}	jəi^{22}	jəi^{22}	
197	青菜（芥菜)	ma^{55} kat^{33}	ma^{55} kat^{33}	mat^{55} kat^{33}	ma^{55} qat^{55}	ma^{55} qat^{55}
198	橘子	liu^{22}	liu^{13}	liu^{13}	liu^{22}	liu^{13}
199	向日葵	ta^{33} pɐn^{55}	ta^{33} pən^{55}	wa^{13} pən^{55}	ta^{33} pən^{55}	ta^{33} pən^{55}
200	五棓子	lɐk^{31} jit^{55}	lak^{31} jet^{55}	lak^{31} jet^{55}	lak^{31} jet^{55}	lak^{31} jet^{55}
201	草	ȵaŋ^{33}	ȵaŋ^{33}	ȵaŋ^{33}	ȵaŋ^{33}	ȵhaŋ^{33}
202	茅草	ȵaŋ^{33} ka^{22}	ȵaŋ^{33} ka^{13}	ȵaŋ^{33} ȶa^{44}	ȵaŋ^{33} ka^{22}	ȵaŋ^{33} ka^{13}
203	蓝靛	tən^{42}	kam^{53}/ȶin^{42}（加工后)	kam^{55}/ȶin^{42}	kam^{42}/ȶin^{42}	ȶin^{42}
204	蕨菜	kiu^{33}	qiu^{33}	qiu^{33}	qiu^{33}	qiu^{33}
205	菌子	ka^{22}	qa^{13}	qa^{22}	qa^{22}	qa^{13}
206	青苔	təu^{55}	təu^{55}	təu^{55}	təu^{55}	təu^{55}
207	麻	kan^{55}	kan^{55}	kan^{55}	kan^{55}	kan^{55}
208	竹	pɐn^{55}	pən^{55}	pən^{44}＝天	pən^{55}＝天	pən^{55}＝天
209	笋	naŋ^{22}	naŋ^{13}	naŋ^{22}	naŋ^{22}	naŋ^{13}
210	刺	sun^{55}	sun^{55}	sun^{55}	sun^{55}	sun^{55}
211	水稻	əu^{31}	əu^{31}	əu^{31}	əu^{31}	əu^{31}
212	稻秧	ka^{33}	ka^{33}	ka^{33}	ka^{33}	ka^{33}
213	穗	mjaŋ^{22} əu^{31}	mjaŋ^{13}	mjaŋ^{22}	mjaŋ^{22}	mjaŋ^{13}
214	谷芒	ȶa^{55} əu^{31}	ȶa^{55} əu^{31}	ȶa^{55} əu^{31}	ȶa^{55} əu^{31}	ȶa^{55} əu^{31}

续表

		大高坪	起凡	高宇	肯溪	堂华
215	稻草	paŋ⁵⁵	paŋ⁵⁵	paŋ⁵⁵	paŋ⁵⁵	paŋ⁵⁵
216	玉米（苞谷）	waŋ²² ȶi⁵³	waŋ²² ȶi⁵³	waŋ²² ȶi⁴⁵	waŋ²² ȶi⁴⁵	pau³³ ku¹³
217	小米	əu³¹ pjeŋ³³	pjeŋ³³	əu³¹ pjen³³	əu³¹ pjen³³	əu³¹ pjen³³
218	豆子	to⁴²	to⁴²	to⁴²	to⁴²	to⁴²
219	黄豆	to⁴² man³³	to⁴² səŋ¹³	to⁴² qa³³	to⁴² man³³	to⁴² mɐt³⁵
220	菜	ma⁵⁵	ma⁵⁵	ma⁵⁵	ma⁵⁵	ma⁵⁵
221	茄子	ȶa²²	ȶa¹³	ȶa²²	ȶa²²	ȶa¹³
222	韭菜	ma⁵⁵ ŋəm²²	ma⁵⁵ ŋəm¹³	ma⁵⁵ ŋəm²²	ma⁵⁵ ŋəm²²	ma⁵⁵ ŋəm¹³
223	菜薹	səm³⁵ ma⁵⁵	əŋ⁵⁵ ma⁵⁵	səm¹³ ma⁴⁴	iu³³ ma⁴⁵	oŋ⁵³ ma⁴⁵
224	姜	ȶaŋ⁵⁵	ȶaŋ⁵⁵	jiŋ¹³/ȶaŋ⁵⁵	ȶaŋ⁵⁵	ȶaŋ⁵⁵
225	辣椒	ljaŋ⁴²	ljan⁴²	ljan⁴²	ljaŋ⁴²	ljan⁴²
226	黄瓜	kwe⁵⁵	kwe⁵⁵	kwe⁵⁵	kwe⁵⁵	kwe⁵⁵
227	冬瓜	ȶhəp¹³	ȶhup³³	ȶhup³³	təŋ³³ kwa³³	ȶup³¹
228	萝卜	pɐk³¹	pɐk¹³	pak²² ≠白	pak²²	pak¹³
229	脑袋	kau³³	kau³³	kau³³	kau³³	kau³³
230	额头	pjak³³	pjak³³	pjak³³	ta⁵⁵ pjak³³	ta⁵⁵ pjak³³
231	头发	pjɐm⁵⁵ ȶau³³	pjɐm⁵⁵	pjəm⁴⁴ kau³³		pjəm⁵⁵ kau³³
232	脸	na³³	na³³	na³³	na³³	na³³
233	耳朵	kha¹³	pa⁵³ kha³⁵	kha¹³	kha¹³	kha¹³
234	眼睛	ta⁵⁵	ta⁵⁵	ta⁴⁴	ta⁴⁵	ta⁴⁵
235	鼻子	nəŋ⁵⁵	nəŋ⁵⁵	nəŋ⁵⁵	nəŋ⁵⁵	nəŋ⁵⁵
236	嘴	mok⁵⁵	mok⁵⁵	mok⁵⁵	mok⁵⁵	muk⁵⁵
237	胡子	mjut³¹	mjut³¹	mjut³¹	mjut³¹	mjut³¹
238	嘴唇	pji²² mok⁵⁵	pji¹³ mok⁵⁵	thən¹³ mok⁵⁵	pji²² mok⁵⁵	tən³¹ mok⁵⁵
239	牙齿	ŋe²²	ŋe¹³	ŋe²²	ŋe²²	pjən⁵⁵
240	下巴	kaŋ²²	qaŋ¹³	te³³ kaŋ²²	qaŋ²²	qaŋ¹³
241	舌条	ma²²	ma¹³	ma²²	ma²²	ma¹³
242	脖子	ko²²	qo¹³	qo²²	qo²²	qo¹³

附　录

		大高坪	起凡	高宇	肯溪	堂华
243	肩	pəu⁵⁵ sa³⁵/ɬa³⁵	sa³⁵	pəu⁴⁴ sa¹³	sa¹³	pəu⁵⁵ sa¹³
244	背	kəm³³	kəm³³	ljəm³³ lən²²	qəm³³	kɐm³³
245	胸	tɐk⁵⁵	tɐk⁵⁵	tak⁵⁵	tɐk⁵⁵	tɐk⁵⁵
246	腋下	te³³ ɬak³³	te³³ sak³³	te³³ sak³³	te³³ sak³³	te³³ sak³¹
247	乳房	me⁵⁵	me⁵⁵	me⁵⁵＝霜	me⁵⁵	me⁵⁵
248	肚子	ɬai³³/tu³³	tu³³	tu³³	tu³³	tu³³
249	肚脐	po²² lo⁵⁵	po¹³ lo⁵⁵	po²² lo⁵⁵	po²² lo⁵⁵	tu³³ peu¹³
250	手	mja²²	mja¹³	mja²²	mja²²	mja¹³
251	手指	lak³¹ təŋ⁵⁵	təŋ⁵⁵ mja¹³	lak³¹ təŋ⁴⁴	lak³¹ mja²²	
252	指甲	kəp⁵⁵ mja²²	kəp⁵⁵ mja²²	kəp⁵⁵ mja²²	ȵəp⁵⁵ mja²²	
253	脚	tin⁵⁵	tin⁵⁵	tin⁵⁵	tin⁵⁵	tin⁵⁵
254	脚后跟	ȶən³¹ tin⁵⁵	ȶəu³¹ tin⁵⁵	ȶəu³¹ tin⁵⁵	ȶən³¹ tin⁵⁵	ȶəu³¹ tin⁵⁵
255	膝盖	kaŋ⁵¹	qwau⁵³	ŋau³¹ kau⁵⁵	nau³¹ kau⁵⁵	məu¹³ qwau⁵³
256	腿	pa⁵⁵	pa⁵⁵	pa⁵⁵	pa⁵⁵/au³¹	
257	屁股	pa⁵⁵ ke³¹	pa⁵⁵ qe³¹	pa⁵⁵ qe³¹	pa⁵⁵ qe³¹	sən³¹
258	男根	ljəi³³	ni⁵⁵/liəi³³	ljəi³³	ljəi³³	ni⁵³
259	女阴	ȵai¹³/pe³¹	ȵai³⁵/pe¹³	pe¹³	ȵai³⁵/pe¹³	pe¹³
260	心	səm¹³ təu²²	səm³⁵ təu¹³	səm¹³	səm¹³ təu²²	səm³⁵ təu²²
261	肺	phap³³	pup³³	phau⁵⁵	pap³³	pup³¹
262	腰子	jeu⁵⁵	jeu⁵⁵	jeu⁵⁵ si³³	jeu⁵⁵	jeu⁵⁵ təu¹³
263	肠子	sai³³	sai³³	sai³³	sai³³	sai³³
264	筋	ən⁵⁵	ən⁵⁵	ən⁵⁵	ən⁵⁵	ən⁵⁵
265	血	khat³³	qhat³³	qhat³³	qhat³³	qhat³³
266	骨头	lak³³	lak³³	lak³³	lak³³	lak³³
267	鼻涕	nɐm³¹ pje²²	pje¹³	pje²²	pje²²	nəŋ⁵⁵ pje¹³
268	痰	ŋok¹³	həu³⁵	həu¹³	ŋo²²	ŋo¹³
269	汗	pən⁵³	pən⁵³	pən⁴⁴	pən⁴⁵	pən⁵³
270	汗垢	ȶai⁵⁵	ȶai⁵⁵	ȶai⁴⁴	ȶai⁴⁵	ȶai⁵⁵

152

		大高坪	起凡	高宇	肯溪	堂华
271	屎	ke³¹	qe³¹	qe³¹	qe³¹	qe³¹
272	尿	ȵiu⁵³	ȵeu⁵³	ȵeu⁵⁵	ȵiu⁵⁵	ȵeu⁵³
273	屁	sən⁵³ke³¹	tet⁵⁵/sən⁵³qe³¹	sən⁵⁵qe³¹	sən⁵⁵qe³¹	sən⁵⁵qe³¹
274	祖父	kəŋ³³	kəŋ³³	kəŋ³³	qu⁵⁵	qəŋ³³
275	祖母	sa³¹	sa³¹	sa³¹	sa³¹/wo⁴⁵（肯溪）	sa³¹
276	父亲	pu³¹	pu³¹	pu³¹	pa⁴²	pu³¹
277	母亲	nəi³¹	nəi³¹	nəi³¹	nəi³¹/we⁴⁵（肯溪0）	nəi³¹
278	丈夫	sau³¹	sau³¹	sau³¹	sau³¹	sau³¹
279	妻子	mai³¹	mai³¹	mai³¹	mai³¹	mai³¹
280	哥哥	pau³³	pau³³	pau³³	pau³³	pau³³兄 ʨai³¹姐
281	嫂子	mai³¹	mai³¹	mai³¹	mai³¹	mai³¹
282	弟弟	nəŋ³¹	nəŋ³¹	nəŋ³¹	ŋa⁴⁵	nəŋ³¹
283	姐姐	pəi³¹	pəi³¹	pəi³¹	ʨa³³	ʨai³¹
284	妹妹	pəi³¹nəŋ³¹	nəŋ³¹	pəi³¹nəŋ³¹	mi⁴⁵	pəi³¹/nəŋ³¹
285	儿子	lak³¹	lak³¹	lak³¹	lak³¹	lak³¹
286	儿媳	lja³³	lja³³/mai³¹	lja³³	lja³³	mai³¹
287	女儿	lak³¹mjek³³	pəi³¹	pəi³¹	pəi³¹	pəi³¹
288	孙子	lak³³kan¹³	lak³³qhan³⁵	lak³³khwan¹³	qhan¹³	qhan¹³
289	伯父	pu³¹mak³³	pu³¹mak³³/pu³¹lau³¹	pu³¹lau³¹	ja³¹	pu³¹lau¹³
290	伯母	nəi³¹mak³³	nəi³¹mak³³/pu³¹lau³¹	nəi³¹lau³¹	pa³³	nəi³¹lau¹³
291	叔父	pu³¹un³³	pu³¹un³³	pu³¹un³³	man³¹	pu³¹man³¹
292	叔母	nəi³¹un³³	nəi³¹un³³	nəi³¹un³³	wəi⁴²	nəi³¹un³³
293	侄子	lak³¹ts²²tsai³¹	lak³¹qan³⁵	lak³¹khwan¹³	lak³¹qhan¹³	
294	姑母（大）	pa³³	pa³³	pa³³	ŋaŋ³¹ljəu³³	qu⁵⁵（小）
295	姑母（小）	ku⁵⁵	qu⁵⁵	qu⁴⁴	ŋaŋ³³l ȵəi⁵⁵	pa³³（大）
296	舅父	loŋ²²（大）/ʨu²²（小）	loŋ¹³（大）/ʨu¹³（小）	loŋ²²（大）/ʨu²²（小）	ʨu²²	ʨu¹³

		大高坪	起凡	高宇	肯溪	堂华
297	舅母	pa³³（大）/ku⁵⁵（小）	pa³³（大）/ku⁵⁵（小）	pa³³（大）/qu⁴⁴（小）	qu³³	
298	姨父	pu³¹mak³³大，pu³¹un³³小	pu³¹mak³³（大），pu³¹un³³（小）	pu³¹lau³³，pu³¹un³³	man³¹ljəu³³（大），man³¹	
299	姨母	nəi³¹mak³³大，nəi³¹un³³小	nəi³¹mak³³大，nəi³¹un³³小	nəi³¹lau³³大，nəi³¹un³³小	wəi⁴²	wəi⁴²
300	公公（夫之父）	ljoŋ³³，ȶu²² 大　小	loŋ¹³，ȶu¹³ 大　小	loŋ²²，ȶu²² 大　小	ȶu²²	
301	婆婆（夫之母）	pa³³，ku⁵⁵ 大　小	pa³³，qu⁵⁵ 大　小	pa³³，qu⁵⁵ 大　小	qu⁵⁵	
302	外祖父	ta⁵⁵	ta⁵⁵	ta⁵⁵	ta⁵⁵	ta⁵⁵
303	外祖母	te⁵⁵	te⁵⁵	te⁵⁵	te⁵⁵	te⁵⁵
304	岳父	ljoŋ³³，ȶu²² 大　小	ta⁵⁵	ta⁵⁵	ȶu²²	
305	岳母	pa³³，ku⁵⁵ 大　小	te⁵⁵	te⁵⁵	qu⁵⁵	
306	咱俩	ja²²ȶau⁵⁵	ja¹³ȶau⁵⁵	ja²²ȶau⁵⁵	ȶau⁵⁵ja²²pu⁵⁵	
307	你们俩	ja²²ɕau³⁵	ja¹³ne³⁵	ja²²ɕau¹³	ɕau⁵⁵ja²²pu⁵⁵	
308	人	kən²²	qən²²	qən²²	qən²²＝芦笙	qən¹³
309	客人	khek³³	qhek³³	qhek³³	qhek³³	qhek³³
310	男	pan⁵⁵	lak³¹pan⁵⁵	lak³¹pan⁴⁴	pan⁵⁵	pan⁵⁵
311	女	mjek³³	pəi³¹，mjek³³	mjek³³	mjek³³	mjek³³
312	后生	lak³¹je³¹	lak³¹je³¹	lak³¹je³¹	lak³¹je³¹	lak³¹ke²²
313	姑娘	təu³¹pəi³¹	təu³¹pəi³¹	lak³¹mjek³³	lak³¹mjek³³	
314	新郎	sau³¹məi⁵³	lak³¹sau³¹	lak³¹sau³¹/ɬau³¹	lak³¹sau³¹məi⁵⁵	
315	新娘	mai³¹məi⁵³	mai³¹məi⁵³	mai³¹məi⁴⁵	mai³¹məi⁴⁵	
316	（女）情人	nəi³¹je⁵³	nəi³¹je⁵³	nəi³¹je⁴⁵	nəi³¹je⁴⁵	nəi³¹je⁴⁵³
317	小孩	lak³¹un³³	lak³¹un³³/lak³¹ȵau³¹	lak³¹un³³	lak³¹un³³	lak³¹un³³
318	匠人	ɕaŋ⁴²	ɕaŋ⁴²	ɕaŋ⁴²	ɕaŋ⁴²	ɕaŋ⁴²
319	朋友	ho²²ȶi³³	pjiŋ¹³pan³¹	pjiŋ²²pan³¹	pan³¹	pan³¹
320	哑巴	ŋa³¹pa³³		ŋa⁵⁵pa³³	ŋa³¹pa³³	

		大高坪	起凡	高宇	肯溪	堂华
321	瞎子	ta⁵⁵ pha¹³	pha³⁵ ta⁵⁵	ta⁵⁵ pha¹³	pha³⁵ ta⁵⁵	pha³⁵ ta⁵⁵
322	聋子	kha¹³ lɐk⁵⁵	kha³⁵ lɐk⁵⁵	kha¹³ lak⁵⁵	kha¹³ lɔŋ⁴⁵	lak⁵⁵ kha³⁵
323	麻子	na³³ ŋ̍ai³³	na³³ ljəu⁵³	na³³ ljəu⁵⁵	ma²² to⁴²	ma²² ljəu⁵³
324	鬼师	çai¹³	çaŋ⁴² çəi³³	çaŋ⁴² çəi³³	çai³⁵	çaŋ⁴² çəi³³
325	官	kon⁵⁵	kon⁵⁵	kon⁴⁴	kon³³	kon⁵⁵
326	家					
327	房子					
328	粮仓	ɬo³¹		so³¹	so³¹	so³¹
329	菜园	jen¹³ ma⁵⁵	jen³⁵ ma⁵⁵	jen¹³ ma⁴⁴	çen³⁵ ma⁴⁵	jhen³⁵ ma⁴⁵
330	篱笆	sɐk⁵⁵	kəŋ³¹	sak⁵⁵	jak³¹	jak³¹
331	鸡窝	təu³³	təu³³	jəu²²	təu³³	təu³³
332	鸟窝	təu³³	təu³³	təu³³	təu³³	təu³³
333	柱子	toŋ⁴²	tuŋ⁴²	tuŋ⁴²	tuŋ⁴²/sau³³	tuŋ⁴²
334	梯子	ke³³	qe³³	qe³³	qe³³	qe³³
335	门	to⁵⁵	to⁵⁵	to⁴⁴	to⁵⁵	to⁵⁵
336	窗子	to⁵⁵ siŋ³³	to⁵⁵ siŋ³³	to⁴⁴ siŋ³³	to⁴⁴ siŋ³³	to⁴⁴ siŋ³³
337	瓦	ŋe³¹	ŋe³¹	ŋe³¹	ŋe³¹	ŋe²²
338	板壁	khai⁵³	pan⁴² khai⁵³	pan⁴² khai⁵⁵	khai³⁵	khai⁵³
339	路	khən¹³	khən³⁵	qhən¹³ =完	qhən¹³	qhən¹³
340	桥	ʐiu²²	ʐiu¹³	ʐiu²²	ʐiu²²	ʐiu¹³
341	小桥	ʐiu²²	ʐiu¹³	ʐiu²²	ʐiu²²	ʐiu¹³
342	船	la⁵⁵	ʐiu¹³	lo⁴⁴	la⁵⁵	lo⁵⁵
343	衣服	kuk³³	quk³³	quk³³	quk³³	quk³³
344	襄衣	ɬi³⁵	si³⁵	si¹³	si¹³	si³⁵
345	口袋	təi⁴²	təi⁴²	təi⁴²	təi⁴²	təi⁴²
346	裤子	khu⁵³	qhu⁵³	qhu⁵⁵	qhu⁴⁵	qhu⁴⁵³
347	裙子	wən³³	wən³³	wən³³	fən³³	fən³³
348	裹腿布	çin²²	çin¹³	çin²²	çin²²	çin¹³

		大高坪	起凡	高宇	肯溪	堂华
349	鞋	hai²²	hai¹³	hai²²	hai²²	hai¹³
350	带子	se⁵⁵	se⁵⁵	se⁵⁵	se⁵⁵	se⁵⁵
351	草鞋	ȶak³³	ȶak³³	ȶak³³ ＝锄头	ȶak³³	ȶak³³
352	布	ȶa⁵⁵	ȶa⁵⁵	ȶa⁵⁵ ＝盖	ȶa⁵⁵	ȶa⁵⁵
353	土布	ȶa⁵⁵jan²²	ȶa⁵⁵jan¹³	ȶa⁵⁵jan²²	ȶa⁵⁵jan²²	ȶa⁵⁵jan²²
354	针线活（女红）	mɐŋ⁵³	mɐŋ⁵³	mɐn⁴⁵	mɐŋ⁴⁵	mɐŋ⁵³
355	被子	jaŋ⁴²	jaŋ⁴²	jaŋ⁴²	jaŋ⁴²	jaŋ⁴²
356	枕头	mun⁵⁵	mun⁵⁵	mun⁴⁴	mun⁵⁵	mun⁵⁵
357	蚊帐	jɐm⁵³	jɐm⁵³	jəm⁵⁵	jəm³¹	
358	帽子	meu⁴²	meu⁵³	meu⁴²	meu⁴²	meu⁴²
359	斗笠	təm⁵⁵	təm⁵⁵	təm⁵⁵	təm⁵⁵	təm⁵⁵
360	头帕	pha⁵³	pha⁵³	pha⁵⁵	pha⁴⁵	pha⁵³
361	背带	ça²²	ça¹³	ça²²	ça²²	ça¹³
362	戒指	khai⁵³ȶi⁵³	qhon³⁵mja¹³	tən³³ȶəm⁵⁵	kəi⁵⁵ȶi³³	qhon³⁵mja¹³
363	手镯	ȶok³¹	ȶok³¹	ȶok³¹	ȶoŋ³¹	ȶoŋ³¹
364	簪子	ȶhəm⁵³təu³³	ȶhəm⁵³təu³³	ȶhəm⁵⁵təu³³	ȶhəm⁴⁵qəu³³	ȶhəm⁵³qəu³³
365	锥子		son⁵³	son⁵⁵	tsəi³³ts³¹	
366	鱼篓	phjiu¹³	phjiu³⁵	phjiu¹³	phjiu³⁵	phjiu³⁵
367	竹饭盒	ȶəu³³	ȶəu³³	ȶəu³³	ȶəu³³	ko³³
368	甑子	təu⁵³	təu⁵³	təu⁵⁵	təu⁵³	təu⁵³
369	禾刀	tip³³	tip³³	tip³³	tip³³	tip³³
370	碗	kwaŋ³³	kwaŋ³³（大）/tui³¹（小）	kwaŋ³³（大）/tui³¹（小）	po³³（大）/tui³¹（小）	po³³
371	碗柜	çen⁴²	çen⁴²	çen⁴²	çen⁴²	
372	筷子	ço⁴²	ço⁴²	ço⁴²	ço⁴²	ço⁴²
373	锅	tau⁵⁵	tau⁵⁵	tau⁴⁴	tau⁴⁴	tau⁵⁵
374	鼎罐	ku²²	qu¹³	qu²²	qu²²	qu¹³
375	三脚架	ȶhak³³	ȶhak³³	ȶhak³³	kaŋ²²ȶiu⁴⁴	

		大高坪	起凡	高宇	肯溪	堂华
376	柴	ɬət⁵⁵	ɬət⁵⁵	ɬət⁵⁵	ɬet⁵⁵	ɬet⁵⁵
377	水瓢	piu⁵⁵	piu⁵⁵	piu⁵⁵	piu⁵⁵	mjai⁵³
378	坛子	əŋ⁵⁵	əŋ⁵⁵	əŋ⁵⁵	əŋ⁵⁵	əŋ⁵³
379	盖子	kəm⁵³	kəm⁵³	kəm⁵⁵	qɐm⁴⁵	qɐm⁵³
380	罐子	thəu¹³	thəu¹³	thəu¹³	thəu¹³	thəu³⁵
381	缸	kaŋ⁵⁵	qaŋ⁵⁵	qaŋ⁵⁵	qaŋ⁵⁵	phəi³³
382	水桶	joŋ⁵³	joŋ⁵³	joŋ⁵⁵	çoŋ⁵⁵	joŋ⁵³
383	簸箕	ləŋ³³	ləŋ³³	ləŋ³³	ləŋ³³	ləŋ³³
384	筛子	çai¹³	çai³⁵	çai¹³	çai³³	çai³⁵
385	木槽（喂猪）	taŋ⁵⁵ mu⁵⁵	taŋ⁵⁵ mu⁵⁵	taŋ⁵⁵ mu⁴⁴	taŋ⁵⁵	taŋ⁵⁵
386	刀	mja³¹	mja³¹	mja³¹	mja³¹	mja³¹
387	菜刀	mja³¹ ma⁵⁵	mja³¹ ma⁵⁵	mja³¹ ma⁴⁴	mja³¹ ma⁵⁵	mja³¹ ma⁵⁵
388	镰刀	ljim³¹	ljim³¹	ljim³¹	ljim³¹	ljim²²
389	桌子	tai²²	tai¹³	tai²²	tai²²	tai¹³
390	菜板		sin¹³	siŋ²²	tsən³³ pan³¹	
391	凳子	təŋ⁵³	təŋ⁵³	təŋ⁴⁵ =黑	təŋ⁴⁵	təŋ⁵³
392	床	toi⁵³	toi⁵³	toi⁴⁵	toi⁴⁵	toi⁵³
393	箩筐	lo²²	lo¹³	lo²²	lo²²	lo¹³
394	篮子	khiŋ⁵³	khiŋ⁵³	khiŋ⁴⁵	khiŋ⁴⁵	khiŋ⁵³
395	扫把	kau³³ sət⁵⁵	kau³³ set⁵⁵	ŋən⁵⁵ sau³³ te⁴² ti⁴²	kau³³ set⁵⁵	
396	梳子	khe¹³	khe³⁵	khe¹³	khe³⁵	khe³⁵
397	扇子	wai²²	wai¹³	wai²²	fai²²	wai¹³
398	针	ɬhəm³⁵	ɬhəm³⁵	ɬhəm¹³ =痒	ɬhəm³⁵	ɬhəm³⁵
399	线	san⁵³	san⁵³	san⁵⁵ =伞	san⁴⁵	san⁵³
400	剪刀	miu²²	miu¹³	miu²²	miu²²	miu¹³
401	绳	ɬau⁵⁵	ɬau⁵⁵	ɬau⁵⁵	lam⁴²（缆）/ɬau⁵⁵	ɬau⁵⁵
402	灯	pi⁵⁵ ju²²	pi⁵⁵	pi⁵⁵	pi⁵⁵	pi⁵⁵

续表

		大高坪	起凡	高宇	肯溪	堂华
403	线结	ŋut³³	ŋut³³	ŋut³³	ŋut³³	ŋut³³
404	蜡	lap³¹	lap³¹	lap³¹	lap³¹	lap³¹
405	拐杖	kon⁵³	kon⁵³	kon⁵⁵	kon⁴⁵	qon⁵³
406	秤	kiu⁵³	qiu⁵³	qiu⁵⁵	qiu⁵⁵	qiu⁵³
407	锁	so³³	so³³	so³³	so³³	pak¹³ so³³
408	枪	çəŋ⁵³	çəŋ⁵³	çəŋ⁵⁵	çəŋ⁴⁵	çəŋ⁵³
409	弓	ʈen⁵³	na³³	na³³	ʈen⁴⁵	ʈen⁵³
410	碓窝	kɐm⁵⁵	kəm⁵⁵ =侗族	kɐm⁴⁴ =侗族	ʈɐm²² kɐm⁴⁵	kɐm⁵⁵
411	犁	khəi¹³	khəi³⁵	khəi¹³	khəi⁴⁵	khəi⁴⁵
412	扁担	kan²²	qan¹³	qan²²	qan²²	qan¹³
413	纺车	ça³³	ça³³	ça³³	ça³³	ça³³
414	禾晾	ljaŋ⁵⁵	ljaŋ⁵⁵	ljaŋ⁴⁵	ljaŋ⁴⁵	lan¹³ ljaŋ⁴²
415	织布机	səŋ²²	suŋ¹³	suŋ²²	suŋ²²	suŋ¹³
416	鱼网	je¹³	je³⁵	je¹³	wan³¹	je¹³
417	斧子	kwan⁵⁵	kwan⁵⁵	kwan⁴⁴	kaŋ⁴⁵	kwan⁵⁵
418	鱼笼（"转"）	phja³³	jin⁵³（大）/ sai⁵³（小）	phja³³（大）/ sai⁵⁵（小）	tson³¹	
419	木板	phin⁵³	phin⁵³	phin⁵⁵	phin⁴⁵	phin⁵³
420	楔子（"尖"）	lim³¹	lim³¹	lim³¹	ljim³¹ =镰刀	lim³¹
421	笔	pjət⁵⁵	pjet⁵⁵	pjet⁵⁵	pjet⁵⁵	pjet⁵⁵
422	纸	ʈi³³	ʈi³³	ʈi³³	ʈi³³	çi³³
423	字	si⁴²	le¹³	si⁴²	si⁴²	le¹³
424	书	le²²	le¹³	le²²	le²²	le¹³
425	歌	ka⁵⁵	ka⁵⁵	qa⁴⁴ =鱼	qa⁵⁵	qa⁵⁵
426	故事	ku⁴²	qu³¹	qu³¹	qu³¹	qa⁵⁵
427	唢呐	seu¹³	seu³⁵	seu¹³	e³³ o²²	seu³⁵
428	芦笙	kən²²	qən¹³ =人	qən²² =人	qən²² =人	qən¹³
429	锣	la²²	la¹³	la²²	la²²	lo¹³/la¹³

158

		大高坪	起凡	高宇	肯溪	堂华
430	鼓	kuŋ⁵⁵	kuŋ⁵⁵	kuŋ⁵⁵	kuŋ⁵⁵	kuŋ⁵⁵
431	节日	sit³³ ȶhi⁵³	sit³³ ȶhi⁵³	sit³³	sit³³	sit³³
432	吃新	ȶi⁵⁵ əu³¹ məi⁵³	ȶi⁵⁵ əu³¹ məi⁵³	ȶi⁵⁵ əu³¹ məi⁵⁵	ȶi⁴⁵ əu³¹ mə⁴⁵	
433	笛子	ȶik³¹	ȶik³¹	ȶik³¹	ȶik³¹	ȶik³¹
434	村	çai⁴²	çai⁴²	çai⁴²	çai⁴²／sən⁵⁵	sən⁵⁵
435	寨子	çai⁴²	çai⁴²	çai⁴²	çai⁴²	çai⁴²
436	汉族	ka³¹	ka³¹	ka³¹	ka³¹	ka³¹
437	侗族	kɐm⁵⁵	kəm⁵⁵	kəm⁵⁵	kɐm⁵⁵	kɐm⁵⁵
438	苗族	mjiu⁵⁵	mjiu⁵⁵ lau³¹	mjiu⁴⁴	mjiu⁴⁵	mjiu⁵⁵
439	鬼	ȶui³³	ȶui³³	ȶui³³	ȶui³³	ȶui³³
440	魂	kwɐn⁵⁵	kwɐn⁵⁵	kwən⁴⁴	kwɐn⁴⁵	kwɐn⁵⁵
441	庙	mjiu⁴²	mjiu⁴²	mjiu⁴²	mjiu⁴²	mjiu⁴²
442	坟墓	mo⁴²	wən¹³	mo⁴²	mo⁴²	mo⁴²
443	棺材	hu⁵⁵ məi³¹	hu⁵⁵ məi³¹	hu⁴⁴ məi³¹	fu⁵⁵ məi³¹	fu⁵⁵ məi³¹
444	香（烛）	jaŋ³⁵	jaŋ³⁵	jaŋ¹³	çaŋ¹³	jaŋ³⁵
445	生日	sa¹³ ȵi²²	san³⁵ ji¹³	sa¹³ ȵi²²	san³⁵ ȵi²²	
446	吃牯庄					
447	病	piŋ⁴²	piŋ⁴²	piŋ⁴²	piŋ⁴²	qit³³
448	疟疾	we³¹ no¹³	we³¹ no³⁵	we³¹ no¹³	we³¹ no¹³	we³¹ no³⁵
449	瘟疫	piŋ⁴² mak³	piŋ⁴²	piŋ⁴²	wən³³	piŋ⁴²
450	麻风	mjəu²²	ni¹³ mjəu¹³	mjəu²²	mjəu²²	təu¹³ nui¹³
451	疥疮	siŋ⁵⁵ kət⁵⁵	ket⁵⁵	ket⁵⁵	ket⁵⁵	
452	脓	çok²²	nak³¹	nak³¹	nak³¹	
453	癣	təŋ²² sin²²	təŋ¹³ sin¹³	təŋ²² sin²²	təŋ²² sin²²	
454	冻疮	kit³³ ni⁵⁵	ȶhəm³⁵ tin⁵⁵ ni⁵⁵	ket³³ tin⁴⁴ ni⁴⁴	taŋ⁴⁵ naŋ²²	
455	大脖子病	ko²² se⁵⁵	qo¹³ se³⁵	qo²² se¹³	se¹³	po⁵⁵ qo¹³ se¹³
456	药	məi³¹	əm³³	əm³³	məi³¹	əm³³
457	芒粑	si²² mjaŋ²²	si¹³ mjaŋ¹³	mjaŋ²²	si²² mjaŋ²²	si¹³ mjaŋ¹³

附　录

	大高坪	起凡	高宇	肯溪	堂华
458	糯米	$əu^{31}ʈo^{33}$	$əu^{31}ʈo^{33}$	$əu^{31}ʈo^{33}$	$əu^{31}ʈo^{33}$	$əu^{31}ʈo^{33}$
459	籼米	$əu^{31}ʈim^{55}$	$əu^{31}ʈim^{55}$	$əu^{31}ʈim^{44}$	$əu^{31}ʈim^{45}$	$əu^{31}san^{35}$
460	粑粑	si^{22}	si^{13}	si^{22}	si^{22}	si^{13}
461	稀饭	$əu^{31}əm^{33}$	$qeŋ^{55}$	$əu^{31}əm^{33}$	$əu^{31}qeu^{33}$ / $əu^{31}əm^{33}$	$qeŋ^{55}$
462	汤	$nɐm^{31}kam^{55}$ / $thaŋ^{13}$	kam^{55}	$thaŋ^{13}$	$nəm^{31}ma^{45}$	kam^{55}
463	肉	nan^{31}	nan^{31}	nan^{31}	nan^{31}	nan^{31}
464	腊肉	$nan^{31}ɕaŋ^{31}$	$nan^{31}ɕaŋ^{31}$	$nan^{31}ɕaŋ^{31}$	$nan^{31}ɕaŋ^{31}$	
465	"牛别"	$pje^{31}tu^{22}$	pje^{31}	pje^{31}	pje^{31}	pje^{31}
466	瘦肉	$nan^{31}ʈən^{55}$	$nan^{31}ʈən^{55}$	$nan^{31}ʈən^{44}$	$nan^{31}ʈən^{45}$	
467	动物油（食草动物）	lau^{22}（牛油）	lau^{13}（牛油）	lau^{22}	lau^{13}	
468	盐	pau^{22}	pau^{13}	pau^{22}	pau^{22}	pau^{13}
469	酒	$khau^{33}$	$khau^{33}$	$khau^{33}$	$khau^{33}$	$khau^{33}$（酒）
470	甜酒	$lak^{31}khau^{33}$	$lak^{31}khau^{33}$	$lak^{31}khau^{33}$	$lak^{31}khau^{33}$	$khau^{33}khwan^{35}$（"甜"）
471	酒药（酒曲）	pin^{33}	pin^{33}	pin^{33}	pin^{33}	pin^{33}
472	开水	$nɐm^{31}lak^{33}$	$nəm^{31}lak^{33}$	$nəm^{31}lak^{33}$	$nəm^{31}lak^{33}$	$nɐm^{31}lak^{33}$
473	猪食	$keŋ^{55}$	$keŋ^{55}mu^{53}$	$qeŋ^{44}$	$qeŋ^{45}$	
474	糠	pa^{42}	pa^{42}	pa^{42}	pa^{42}	pa^{42}
475	肥料（粪）	mau^{22}	mau^{13}	mau^{22}	mau^{22}	mau^{13}
476	阳光	$khaŋ^{13}$	$khaŋ^{35}$	$qhaŋ^{13}$	$qhaŋ^{13}$	$qhaŋ^{35}$
477	影子	$jiŋ^{33}$	$jiŋ^{33}$	$jiŋ^{33}$	$jiŋ^{33}$	$jiŋ^{33}$
478	打记号	me^{55}	me^{55}	me^{44}	me^{45}	
479	灰（草木灰）	$phuk^{33}$	$phuk^{33}$	$phuk^{33}$	$phuk^{33}$	$phuk^{33}$
480	（发）霉	$muŋ^{22}$	$muŋ^{13}$	$muŋ^{22}$	$moŋ^{22}$	$muŋ^{13}$
481	话	$ɬoŋ^{13}$	li^{31}	$soŋ^{13}$	$soŋ^{35}$	$soŋ^{35}$
482	梦	$pjən^{55}ʈan^{55}$	$pjən^{55}ʈan^{55}$	$pjan^{44}ʈan^{44}$	$pjən^{45}ʈan^{45}$	$pjan^{55}ʈan^{55}$
483	名字	kan^{55}	kan^{55}	qan^{44}＝新	qan^{55}＝新	qan^{55}

		大高坪	起凡	高宇	肯溪	堂华
484	出（去）	uk³³	uk³³	uk³³	uk³³	
485	落（下）	tok⁵⁵	tok⁵⁵	tok⁵⁵	tok⁵⁵	tok⁵⁵
486	（天）黑	təŋ⁵⁵	təŋ⁵³	təŋ⁵⁵	təŋ⁵⁵	təŋ⁵³
487	晴	khəi¹³	khiu⁵³	lai⁴⁴	lai⁴⁵	lai⁵⁵
488	打（雷）	khoŋ³³	qhoŋ³³	qhoŋ³³	qhoŋ³³	qhən³³
489	打（闪电）	kaŋ⁵⁵ lap³³	ti¹³ lap³³	qaŋ⁴⁴ lap³³	ti²² lap³³	ȿhi¹³
490	下（雨）	tok⁵⁵ mjən⁵⁵	tok⁵⁵ mjən⁵⁵	tok⁵⁵ mjən⁴⁴	tok⁵⁵ mjən⁴⁴	tok⁵⁵ mjən⁴⁴
491	淋（雨）	ljəm²²	ljəm¹³	ljəm²²	ljəm²²	ljəm¹³
492	吹（火）	sɐp¹³	sɐp³³	sap²²	sap³³	səp¹³
493	（水）流	khui¹³	qhui³⁵	qhui¹³	khui³⁵	khui³⁵
494	淹（死）	jɐm⁵⁵	mjɐt⁵⁵	jəm⁵⁵	met⁵⁵	mɐt⁵⁵
495	缺（口子）	phit³³	miŋ⁵³	miŋ⁵⁵	miŋ⁵⁵	miŋ⁵³
496	缩水	jek¹³	jun¹³/jən¹³	jən²²	jən²²	jən¹³
497	（锅）破	la⁵³	la⁵³	la⁵⁵	la⁵⁵	la⁵³
498	（板子）裂	çek³³	çek³³	çek³³	çek³³	je³³
499	刺（眼睛）	çup³³	ljan⁴²			ljan³³
500	（坎子）垮	pəŋ⁵⁵	pəŋ⁵⁵	pəŋ⁴⁴	pəŋ⁴⁵	pəŋ⁵⁵
501	（绳子）断	təŋ³¹	təŋ³¹	təŋ³¹	təŋ³¹	təŋ³¹
502	浮	poŋ²²	pəŋ¹³	pəŋ²²＝棚	pəŋ²²	pəŋ¹³
503	沉	jɐm⁵³	ɲɐm⁵³	jəm⁵⁵	lep⁵⁵	çən³¹
504	（树）倒	wen¹³	pəŋ⁵⁵	pəŋ⁴⁴	poŋ⁴⁵	pəŋ⁵⁵
505	（火）燃、着	khut³³	khut³³	khut³³	khut³³	khut¹³
506	烧（山）	oi⁵⁵/ljo⁴²	oi⁵⁵/ljo⁴²	oi⁴⁴	wai⁴⁵	khut¹³
507	烧（火）	to³³	oi⁵⁵，khut³³	to³³	to³³	to³³
508	响	khoŋ³³	qhoŋ³³	qhoŋ³³	qhoŋ³³	khoŋ³³
509	熏（烟）	sən¹³	sɐn¹³	kwən²²	kwɐn²²	kwɐn¹³
510	（刀把）脱	thot³³	thot³³	thot³³	thot³³	thot³³/sut³³
511	脱（衣）	thot³³	thot³³	thot³³	thot³³	thot³³

		大高坪	起凡	高字	肯溪	堂华
512	脱（牙）	thot^{33}/tok^{55}	tok^{55}	tok^{55}	tok^{55}	tok^{55}
513	漏（雨）	khoŋ^{33}＝响	qhoŋ^{33}＝响	qhoŋ^{33}＝响	qe^{33}	ləm^{31}
514	剩余	ka^{55}	ka^{55}	ka^{44}	ka^{45}	ka^{55}
515	（生）锈	jak^{31}	jak^{31}	jak^{31}	jak^{31}	jak^{31}
516	硌脚	lem^{53}	lem^{53}	ŋan^{42}	ŋan^{45}	lem^{53}
517	守	ɕu^{33}	ɕu^{33}	ɕu^{33}	ɕu^{33}	ɕu^{33}
518	嚼	kit^{31}/ŋai^{42}	qit^{31}，ŋau^{53}	qit^{31}	məm^{13}	ŋai^{42}
519	咬	kit^{31}	ŋau^{53}	qit^{31}	qit^{31}	qit^{31}
520	吠	ȵhən^{53}	khəu^{53}	khəu^{55}	khəu^{55}	khəu^{53}
521	啼	kɐn^{55}	qɐn^{55}	qɐn^{44}	qɐn^{45}	qɐn^{55}
522	飞	phən^{31}	phən^{33}	phən^{31}	phən^{31}	phən^{33}
523	啄	ȵtok^{33}	ȵəu^{55}	ȵəu^{55}	ȵəu^{45}	ȵəu^{53}
524	孵	pjɐm^{55}	pjɐm^{55}	pjɐm＝毛	pjɐm^{55}	pjɐm^{55}
525	长（大）	mak^{33}	mak^{33}	mak^{33}	mak^{33}	mak^{33}
526	开（花）	khəi^{13}	qhəi^{35}	qhəi^{13}	qhəi^{13}	qhəi^{35}
527	结（果）	khən^{13}nɐn^{55}	khən^{35}	qhən^{13}＝路	ȵtit^{33}	qhən^{35}
528	干枯	so^{33}/ɬo^{33}	so^{33}	so^{33}	so^{33}	so^{33}
529	是	ɕi^{42}	ȵtIŋ^{53}	ȵtIŋ^{55}	ɕi^{31}	ɕiŋ^{53}
530	有	me^{22}	me^{13}	me^{22}	me^{22}	li^{33}/me^{13}
531	没有	kwe^{22}me^{22}	kwe^{13}li^{33}	kwe^{22}li^{33}	ŋe^{22}li^{33}	ŋe^{13}li^{33}
532	来	ma^{13}	ma^{35}	ma^{13}	ma^{35}	ma^{35}
533	去	pai^{55}	pai^{55}	pai^{55}	pai^{45}	pai^{55}
534	进	lau^{33}	lau^{33}	lau^{33}	lau^{33}	lau^{33}
535	上（山）	ȵtha^{53}	ȵtha^{53}	ȵtha^{55}	ȵtha^{55}	ȵtha^{53}
536	下（山）	lui^{42}	lui^{42}	lui^{42}	lui^{42}	lui^{42}
537	到	thəu^{53}	thəu^{53}	thəu^{55}	thəu^{45}	thəu^{53}
538	要	jiu^{53}	jiu^{53}	jiu^{55}	ju^{35}	iu^{53}
539	肯	həŋ^{33}	həŋ^{33}	həŋ^{33}	həŋ^{33}	həŋ^{33}

续表

		大高坪	起凡	高宇	肯溪	堂华
540	敢	kam³³	kam³³	hǝŋ³³	kam³³	kam³³
541	懂，知道	li³³ jo³¹	jo³¹	jo³¹	jo³¹	jo³¹
542	认识	jo³¹ me⁵⁵	jo³¹ me⁵⁵	jo³¹ me⁴⁴	jo³¹ me⁵⁵	jo³¹ me⁵⁵
543	忘	lam²²	lam²²	lam²²	lam²²	lam¹³
544	爱	əi⁵³ /ljaŋ¹³	əi⁵³ /ljaŋ³⁵	əi⁵⁵	əi⁴⁵	əi⁵³
545	高兴，欢喜	khwaŋ³⁵ ʨi³³	mǝŋ³¹	khwaŋ¹³ ʨi³³ / mǝŋ³¹	mon³¹ / khwaŋ³⁵ ʨi³³	mǝŋ²²
546	想	ɕaŋ⁵³	ɕaŋ⁵³	ɕaŋ⁵⁵	ɕaŋ³³	ɕaŋ⁵³
547	猜	me⁴²	ton⁵³	ton⁵⁵	tshai³³	ton⁵³
548	馋	ŋa⁴²	ŋa⁴²	ŋa⁴²	ŋa⁴²	pje⁴² /ŋa⁴²
549	恨	hǝn³³	əu⁵³ ʨhi⁵³	ȵam⁴⁴	hǝn³³	sǝŋ⁵⁵
550	生气	əu⁵³ ʨhi⁵³	əu⁵³ ʨhi⁵³	əu⁵⁵ ʨhi⁵⁵	əu⁴⁵ ʨhi⁴⁵	əu⁵³ ʨhi⁵³
551	吓	ha¹³	ha³⁵	ha¹³	ha¹³	ha³⁵
552	撒慌	lǝu³¹	lǝu³¹	lǝu³¹	lǝu³¹	ljap³³
553	怕	kho¹³	kho³⁵	kho¹³	kho¹³	kho³⁵
554	害羞	kəi³³ lai⁵⁵ jɐk²²	kəi³³ lai⁵⁵ jɐk¹³	kəi³³ lai⁴⁴ jak²²	kəi³³ lai⁵³ jak³¹	kəi³³ lai⁵⁵ jak³¹
555	可怜	khui¹³	khai³³	khai³³	khai³³	khai³³
556	生（病）	wet³³ piŋ⁴²	peu¹³ piŋ⁴²	li³³	li³³ /hai³¹	qit³³
557	着凉	tǝu⁴² ljak⁵⁵	tǝu⁴² ljɐk⁵⁵	tǝu⁴² ljak⁵⁵	tǝu⁴² ljak⁴⁵	
558	咳嗽	khǝu⁵³ hǝu³⁵	khǝu⁵³ ŋǝu³¹	khǝu⁵⁵ hǝu¹³	ha³³ lau²²	khǝu⁵³ ŋǝu³¹
559	呕吐	wen³³	wen³³	wen³³	ȵe⁵⁵	wen³⁵
560	（头）昏	kit³³ kau³³	kit³³ kau³³	wǝn⁴⁴ kau³³	mǝn⁴² kau³³	ŋǝŋ³¹ /nǝŋ³¹
561	哼	jaŋ⁵⁵	jaŋ⁵⁵	jaŋ⁴⁵	jaŋ⁵⁵	jaŋ⁵⁵
562	传染	ta⁴²	ta⁴²	ta⁴²	ta⁴²	ta⁴²
563	死	tǝi⁵⁵	tǝi⁵⁵	tǝi⁴⁴	tǝi⁵⁵	tǝi⁵⁵
564	活	ʨon⁵³ /jǝŋ³³	ʨon⁵³ so⁴²	ʨon⁵³ so⁴²	ho²²	ɕeŋ³⁵
565	嫁	ke⁵³	pai⁵⁵	ke⁵⁵ /pai⁴⁴	qe⁴⁵	qe⁵³
566	婆	au⁵⁵	au⁵⁵	au⁴⁴	au⁵⁵	au⁵⁵
567	生（小孩）	saŋ³¹ /ɬaŋ³¹	li³³	saŋ³¹	li³³	ʨhim³⁵

		大高坪	起凡	高宇	肯溪	堂华
568	敬（鬼）	laŋ⁴²/təu⁵³sa²²	laŋ⁴²	laŋ⁴²	laŋ⁴²	laŋ⁴²
569	笑	ko⁵⁵	ko⁵⁵	ko⁴⁴	ko⁵⁵	ko⁵⁵
570	哭	ŋe³³	ŋe³³	ne³³	ŋe³³	ŋe³³
571	说	kaŋ³³	kaŋ³³	kaŋ³³	kaŋ³³	kaŋ³³
572	问	ȶai³³	ȶai³³	ȶai³³	ȶai³³	çai³³
573	答应	çan¹³	ljiŋ³¹/çan³⁵	çan¹³	ljiŋ³¹	həŋ³³
574	告诉	pau⁵³	pau⁵³	qeu⁵⁵/pau⁵⁵	ho¹³	pau⁵³
575	喊	hem³³	hem³³/sin³³	hem³³	hem³³	sin³³/hem³³
576	哄骗	ləu³¹/ho³⁵	ləu³¹	ləu³¹	ləu³¹	ləu³¹
577	骂	ka⁵³/phit³³	qa⁵³，phjit³³	qa⁵⁵	qa⁴⁵	qa⁵³
578	读	tok²²	to³³	to³³	to³³	to³³
579	吃	ȶi⁵⁵	ȶi⁵⁵	ȶi⁴⁴	ȶi⁵⁵	ȶi⁵⁵
580	喝	ȶi⁵⁵	ȶi⁵⁵/jəm³¹	ȶi⁴⁴	ȶi⁵⁵	ȶi⁵⁵/jəm³¹
581	吞	kɐn¹³	qhɐn³⁵	qhən¹³	qhɐn¹³	qhɐn³⁵
582	含	ŋɐm⁵⁵	ŋəm⁵⁵	ŋəm⁴⁴	ŋəm⁵⁵	ŋəm⁵⁵
583	舔	lja²²	lja¹³	lja²²	lja²²	lja¹³
584	吻	çut³³	çut³³	çut³³	pu¹³	çut³¹
585	看	nu⁵³	nu⁵³，pi⁵³	nu⁵⁵	nu⁴⁵/təi³³	nu⁵³/pi⁵³
586	听	ȶhiŋ⁵³	ȶhiŋ⁵³	ȶaŋ⁴⁴kha¹³/li³³ȶhiŋ⁵⁵	ȶhiŋ⁴⁵	ȶhiŋ⁵³
587	闻	ŋən³¹	ŋən³¹	ŋən³¹	ŋən³¹	ŋən³¹
588	盖（被子）	kɐm⁵³	ȶa⁵⁵qɐm⁵³	ȶa⁴⁴	qɐm³¹	qɐm⁵³
589	坐	sui⁵³	sui⁵³	sui⁵⁵	ŋau⁴²	sui⁵³
590	休息	sa⁵³so⁴²	sa⁵³so⁴²	sa⁵⁵so⁴²	sa⁴⁵so⁴²	sa⁵³so⁴²
591	睡	nɐk⁵⁵/nun²²	nun¹³，nɐk⁵⁵	nak⁵⁵	nak⁴⁵	nak³⁵
592	睡着	nɐk⁵⁵	nɐk⁵⁵	nak⁵⁵ljau³¹	nɐk⁴⁵pai⁵⁵	nak³⁵
593	醒	ljo¹³	ljo³⁵	ljo¹³	ljo¹³	ljo³⁵
594	醉	təi⁵⁵	təi⁵⁵	təi⁴⁴	təi⁵⁵	təi⁵⁵
595	起（来）	ȶən²²	ȶən¹³	ȶən²²	ȶən²²	ȶən¹³

续表

		大高坪	起凡	高宇	肯溪	堂华
596	弯（腰）	kəu⁵⁵ kui³³	ep³³ qui³³	qəu⁴⁴ kui³³ = 溪	qəu⁵⁵	
597	住	ȵau⁴²	ȵau⁴²	ȵau⁴²	ȵau⁴²	ȵau⁴²
598	躲	ləp⁵⁵	ləp⁵⁵	ʨɛm²² /lap⁵⁵	ʨɛm²² /ləp⁴⁵	lɐp⁵⁵
599	等候	ɕu³³	ɕu³³	ɕu³³	ɕu³³	
600	爬（树）	pa²²	ʨha⁵³	ʨha⁵⁵	ʨha⁴⁵	ʨha⁵³
601	过（来）	ta⁴²	ta⁴²	ta⁴²	ta⁴²	ta⁴²
602	游泳	wi²² nɛm³¹	wai²² nɛm³¹	wai²² nɛm³¹	pa²² nəm³¹	ap³³ nəm³¹
603	潜水		mɐt⁵⁵ nɛm³¹	ȵɛm⁵⁵ nɛm³¹	met⁵⁵ nəm³¹	met⁵⁵
604	解（小便）	we³¹ ȵiu⁵³	ʨho²² ȵiu⁵³ /we³¹	jəŋ⁴⁴ /we³¹	jəŋ⁵⁵	we³¹ jeu⁵³
605	遇见，碰见	toŋ³³	sup³³	toŋ³³	li³³ toŋ³³	toŋ³³
606	迷路	ləŋ¹³	ləu⁴²		ləu³¹	tha³³
607	乞讨（饭）	la⁴² /la⁵³（破）	la⁴²	la⁴²	la⁴²	ljai⁵³
608	寻找	khit⁵⁵	qhet⁵⁵	qhet⁵⁵	qhet⁴⁵	qhet⁵⁵
609	追	lɛm⁵⁵	lɛm⁵⁵，ȵit³¹	ləm⁴⁴	ljon²²	lɛm⁵⁵
610	穿（针）	sun¹³	sun³⁵	sun¹³	sun¹³	sun³⁵
611	穿（衣）	tɛn³³	tɛn³³	tən³³ = 树桩	tɛn³³	tɛn³³
612	打扮	ta⁴⁴ pen⁵³	ta⁴² pen⁵³	ta⁴² pen⁵⁵	pen⁴⁵	ta⁴² pen⁵³
613	扛	un⁵⁵	un⁵⁵	un⁴⁴	un⁵⁵	un⁵⁵
614	抬	ʨoŋ⁵⁵	ʨuŋ⁵⁵	ʨuŋ⁴⁴	ʨuŋ⁵⁵	ʨuŋ⁵⁵
615	挑	tap³³	tap³³	tap³³	tap³³	tap³³
616	背（柴）	pe⁴²	e⁵⁵ /pe⁴²（侧面背）	pe⁴²	pe⁴²	ɐm⁵³
617	打猎	lɛm⁵⁵ ʨən²²	lɛm⁵⁵ ȵən³⁵	ləm⁴⁴ lai⁵⁵	ljon²²	peŋ⁵³
618	烤（火）	phjeŋ³⁵ pi⁵⁵	phjeŋ³⁵ pi⁵⁵	phjeŋ¹³	pheŋ³⁵	pheŋ³⁵
619	给	sai¹³ /ɬai¹³	sai³⁵	sai¹³	sai¹³	phe⁵³ /sai³⁵
620	得（到）	li³³	li³³	li³³	li³³	li³³
621	洗（脸）	ɕuk³¹	ɕuk³¹	ɕuk³¹	ɕuk³¹	ɕuk³¹
622	洗（衣）	sɐk⁵⁵	sɐk⁵⁵	sak⁵⁵	sak⁵⁵	sak⁵⁵
623	洗澡	ɕuk³¹ ɕən³⁵	ɕuk³¹ ɕən³⁵	ɕuk³¹ ɕən¹³	ɕuk³¹ ɕən¹³	ap³³

		大高坪	起凡	高宇	肯溪	堂华
624	喂（小孩）	phja¹³	phja³⁵	la¹³/phja¹³	phja³⁵	phja³⁵
625	下（饭），送（饭）	li⁵⁵ əu³¹	li⁵⁵	li⁴⁴	li⁵⁵	lui⁵⁵
626	埋	ɬaŋ⁵³	saŋ⁵³	jəm⁵⁵/saŋ⁵⁵	wuŋ⁵⁵	jəm⁵³/mok⁵⁵
627	吊	ȶiu⁵³	ȶiu⁵³	ȶiu⁵⁵	ȶiu⁴⁵	ȶiu⁵³
628	装（入袋子）	ȶoŋ⁵⁵	ȶoŋ⁵⁵	ȶoŋ⁴⁴	ȶoŋ⁵⁵	çoŋ⁵⁵
629	送（上路）	ɬun³¹	sun³¹	sun³¹	sun³¹	sun³¹
630	摘（禾）	than¹³	than³⁵	than¹³	than¹³	than³⁵
631	摘（菜）	au⁵⁵	au⁵⁵/tɐn⁵⁵（野的）	au⁵⁵	tɐn⁵⁵	au⁵⁵
632	拿	təi²²	təi¹³	təi²²	təi²²	təi¹³
633	抱	əm³³/khəp³³（拥抱）	əm³³，lu¹³	əm³³	əm³³	lu¹³
634	丢	liu⁵⁵	liu⁵⁵，pɐn⁵³	liu⁵⁵	qiu⁴²	pɐn⁵³
635	捏	pɐn³³	phjak⁵⁵	phjak⁵⁵	ȵɐm⁵⁵	ȵɐm⁵⁵/phjak³⁵
636	做	we³¹	we³¹	we³¹	we³¹	we³¹
637	搓（绳）	sa¹³	sa³⁵	sa¹³	sa¹³	sa³⁵
638	撕	jak³³	jak³³	jak³³＝芋头	jak³³	jak³¹
639	开（门）	khəi¹³	qhəi³⁵	qhəi¹³	qhəi¹³	qhəi¹³
640	关（门）	ȶa⁵⁵	ȶa⁵⁵	ȶa⁴⁴	tɐm³³/ȶa⁵⁵	jen³⁵/ça⁵⁵
641	牵（牛）	kai²²	kwak³³，kai¹³	jit³¹	kai²²	kai¹³/kwa³³
642	捉（鸡）	sɐp⁵⁵	sɐp⁵⁵	sap⁵⁵	sɐp⁵⁵	sɐp⁵⁵
643	放	səŋ⁵³	səŋ⁵³	səŋ⁵⁵	səŋ⁴⁵	səŋ⁵³
644	接（住）	sip³³	sip³³	sip³³	sip³³	sip³³
645	连接（带子）	sap³³	sap³³	sap³³	sap³³	sap³³
646	捆	suk³¹	suk³¹	suk³¹	suk³¹	suk³¹
647	解开	ljəŋ⁵³	ljəŋ⁵³	ljəŋ⁵⁵	ljəŋ⁴⁵	lhjəŋ⁴⁵³
648	剥（皮）	koi⁵⁵	koi⁵⁵，ləŋ³⁵	koi⁴⁴	kwai⁵⁵	koi⁵⁵
649	砍（树）	te⁵³	te⁵³	tet⁵⁵	te⁴⁵	tɐt⁵⁵/qɐm³³
650	破（重复）	ɬa⁵³	ɬa⁵³	ɬa⁵⁵	ɬa⁴⁵	

续表

		大高坪	起凡	高宇	肯溪	堂华
651	削（皮）	wa¹³/phji³⁵	phji³⁵	phji¹³	phji¹³	phji³⁵
652	磨（刀）	pɐn²²	pɐn¹³	pən³³ =盆	pɐn²²	pɐn¹³
653	舂（米）	sak³³	sak³³	sak³³	sak³³	sak³³
654	簸（米）	wən⁵³	wən⁵³	wən⁵⁵	fən⁴⁵	fən⁴⁵³
655	量（布）	ljaŋ²²	ljaŋ¹³	ta³¹	ljaŋ²²	ta³¹
656	量（米）	ljaŋ²²	ljaŋ¹³	ljaŋ²²	ljaŋ²²	
657	剪（布）	sin³³	sin³³	sin³³	sin³³	tɐt⁵⁵
658	杀	ɬa³³	sa³³	sa³³	sa³³	sa³³
659	射（击）	peŋ⁵³	peŋ⁵³	peŋ⁵⁵	peŋ⁴⁵	peŋ⁵³
660	写	ça³³	ça³³	ça³³	ça³³	ça³³
661	倒（水）	jəu⁵³	jəu⁵³	tau⁵⁵	jəu⁴⁵	jəu⁵³/phok⁵⁵
662	舀（水）	tui³³	tui³³	tui³³	tui³³	tui³³
663	站					
664	蹲	jəu⁵⁵	jəu⁵⁵	jəu⁴⁴	jəu⁵⁵	jəu⁵⁵
665	踢	tɕhit³³/tap³¹	tɕhit³³/tap³¹	tɕhit³³/tap³¹	tɕhit³³/tap³¹	tɕhit³¹/tap³¹
666	跳	pjiu⁵⁵	pjiu⁵⁵	pjiu⁴⁴	pjiu⁵⁵	pjiu⁵⁵
667	踩	çai³³	çai³³	çai³³	çai³³	sai³³
668	走	tɕham³³	tɕham³³	tɕham³³	tɕham³³	tɕham³³
669	逃	pjeu⁵³	pjeu⁵³	pjeu⁵⁵	pjeu⁴⁵	pjeu⁵³
670	跑	pjeu⁵³	wi³⁵	wi¹³	pjeu⁴⁵	pjeu⁵³
671	跪	tɕhui³³	tɕhok¹³	tɕhui³³	tɕhui¹³	tɕhui³³
672	建（房子）	tɕhi³³	tɕim⁵⁵	tɕim³³（立0）	tɕim³³	tɕim⁵⁵
673	修理	çau⁵³	çau⁵³	çau⁵⁵	çau⁴⁵	çau⁵³
674	钉（钉子）	tak³³	tak³³	tak³³	tak³³	tak³³
675	纺（线）	kun⁵⁵/ça³³	ça³³	ça³³	ça³³	ça³³
676	织（布）	tɐm³³	tɕak³³	təm³³	tɐm³³	tɐm³³
677	酿（酒）	əm⁵³	we³¹	oi⁴⁴	wai³³	əu⁵³
678	编（篮子）	san¹³	we³¹	we³¹	tɕet⁵⁵	pjen⁵⁵

续表

		大高坪	起凡	高宇	肯溪	堂华
679	挖（地）	ləu⁵⁵	ləu⁵⁵，te⁵³	ləu⁵⁵	ləu⁴⁵	ləu⁵³/qhəu³⁵
680	浸泡	səm⁵³	səm⁵³	səm⁵⁵	səm⁴⁵	səm⁵³
681	扯（秧）	kai²²	kai¹³	kai²²	kai²²	ne⁵⁵
682	插（秧）	lɐm¹³	lɐm³⁵	ləm¹³	lɐm³⁵	lɐm³⁵
683	栽（菜）	mja²²	mja¹³	mja²²	mja²²	mja¹³
684	薅（秧）	ne⁵⁵	kha³³，ne⁵⁵	ne⁴⁴	ne⁵⁵	ne⁵⁵
685	割（草）	kɐn⁵³	kɐn⁵³	kən⁵⁵	qɐn⁴⁵	qɐn⁵³
686	晒	ça⁵³	ça⁵³	ça⁵⁵	ça⁴⁵	ça⁵³
687	养（牛）	saŋ³¹	saŋ³¹	saŋ³¹	saŋ³¹	saŋ³¹
688	煮（饭）	toŋ⁵⁵/təŋ⁵⁵（冬天）	tuŋ⁵⁵	tuŋ⁴⁴	tuŋ⁵⁵	tuŋ⁵⁵
689	蒸（饭）	sau³³	sau³³	sau³³	sau³³	sau³³
690	切（菜）	thit³³	thit³³	thit³³	sin³³	thit³³
691	腌（鱼）	səm³³	wet⁵⁵	wet⁵⁵	wet⁵⁵	wət⁵⁵
692	买	ȶəi³³	ȶəi³³	ȶəi³³	ȶəi³³	ȶəi³³
693	卖	pe⁵⁵	pe⁵⁵	pe⁴⁴	pe⁵⁵	pe⁵⁵
694	换	wan⁴²	wan⁴²	wan⁴²	wan⁴²	wan⁴²
695	借	jam⁵⁵	jam⁵⁵	jam⁴⁴	jam⁵⁵	jam⁵⁵
696	还（钱）	pəi³³	pəi³³	pəi³³	pəi³³	pəi³³
697	完（工）	khən¹³	khən³⁵	qhən¹³/ljeu³¹	qhɐn³⁵	qhɐn³⁵
698	用	jəŋ⁴²	jəŋ⁵³	jəŋ⁴²	jəŋ⁴²	joŋ⁵⁵
699	争抢	ȶeŋ⁵⁵	ȶeŋ⁵⁵	ȶeŋ⁴⁴	ȶeŋ⁵⁵	çeŋ⁵⁵
700	谢谢	çeŋ⁵⁵çu³¹	khai³³	khai³³	khai³³	khai³³
701	偷	ljɐk²²	ljɐk¹³	ljak²²	ljak¹³	ljak¹³
702	错	ləŋ³⁵	thak³³	ləŋ¹³	ləu⁴²	thak³³
703	红	ja⁵³＝田	ja⁵³＝田	ja⁵⁵＝田	ça⁴⁵	jha⁴⁵³
704	黄	man³³	man³³	man³³	man³³	man³³
705	白	pak³¹	pak³¹	pak³¹	pak³¹	pak³¹
706	黑	nɐm⁵⁵	nɐm⁵⁵	nəm⁴⁴	nəm⁵⁵	nəm⁵⁵

续表

		大高坪	起凡	高宇	肯溪	堂华
707	绿	ɬiu¹³	siu³⁵	siu¹³	siu¹³	siu³⁵
708	灰色	pha¹³	pha³⁵	pha¹³	pha³⁵	pha³⁵
709	甜	khwan¹³	khwan³⁵	khwan¹³	kwan¹³	khwan³⁵
710	酸	səm³³	səm³³	səm³³	səm³³	səm³³
711	苦	kɐm²²	qɐm¹³	qɐm²²	qɐm²²	qɐm¹³
712	涩	pat³³	pat³³	pat³³	pat³³	pat³³/qɐm⁵³
713	淡	sik³³	sik³³	sik³³	sik³³	sik³³
714	新	məi⁵³	məi⁵³	məi⁵⁵	məi⁴⁵	mhəi⁴⁵³
715	旧	kau⁵³	kau⁵³	kau⁵⁵	qau⁴⁵	qau⁵³
716	香	taŋ⁵⁵	taŋ⁵⁵	taŋ⁴⁴	taŋ⁴⁵	taŋ⁵⁵
717	臭	ȵən⁵⁵	ȵən⁵⁵	ȵən⁴⁴	ȵən⁵⁵	ȵən⁵⁵
718	直	tiu²²	tiu¹³	tiu²²	tiu²²	tiu¹³
719	弯	kəu⁵⁵	ȶhəŋ⁵³	qəu⁵⁵，ȶhəŋ⁵⁵	wen³³	qəu⁵⁵
720	横	wen²²	wen²²	wen²²	wen²²	pan¹³/wen¹³
721	大	mak³³	mak³²/lau³¹	mak³³	mak³³	lau³¹/mak³³
722	小	ȵək⁵⁵	un³³，ȵək⁵⁵	un³³，ȵek⁵⁵	ȵe⁵⁵/çe⁵⁵	ȵa⁵³
723	长	jai³³	jai³³	jai³³	jai³³	jai³³
724	短	thən³³	thən³³	thən³³	thən³³	thən³³
725	厚	na⁵⁵	na⁵⁵	na⁴⁴	na⁵⁵	na⁵⁵
726	薄	maŋ⁵⁵	maŋ⁵⁵	maŋ⁴⁴	maŋ⁵⁵	maŋ⁵⁵
727	圆	kon²²	ton¹³	qon²²	ton²²	ton¹³
728	扁	pje³³	pje³³	pje³³	pjaŋ⁴²	pje³³
729	宽	khwaŋ³³	khwaŋ³³	khwaŋ³³	khwaŋ³³	khwaŋ³³
730	窄	ȶek³³	ȶek³³	ȶek³³	ȶek³³	çek³³
731	高	phaŋ¹³	phaŋ³⁵	phaŋ¹³	phaŋ³⁵	phaŋ¹³
732	矮	thɐm⁵³	thɐm⁵³	thəm⁵⁵	thɐm³³	thɐm⁵³
733	平	piŋ²²	piŋ¹³	piŋ²²	piŋ²²	piŋ¹³
734	陡	sɐk⁵⁵	sɐk⁵⁵，ȶɪŋ⁵³	sak⁵⁵	sɐk⁵⁵	ȶɪŋ⁵³

		大高坪	起凡	高宇	肯溪	堂华
735	滑	ljɐn⁵⁵	ljɐn⁵⁵	ljən⁴⁴	ljɐn⁵⁵	qho³⁵
736	尖	ɕo⁵³	ɕo⁵³	ɕo⁵⁵	ɕo⁴⁵	ɕo⁵³
737	歪	phjen¹³ / je¹³	je³³，phjen³⁵	je¹³	je¹³	je³⁵
738	满	tik³³	tik³³	tik³³	tik³³	tik³³
739	硬	ka³³	qa³³	qa³³	qa³³	qa³³
740	软	ma³³	ma³³	ma³³	ma³³	ma³³
741	韧	ȶo⁵³	ȶo⁵³	ȶo⁵⁵	ȶo⁴⁵	ȶo⁵³
742	脆	jim¹³	jim³⁵	jim¹³	sau³³	jim⁴⁵³
743	干净	sin⁵⁵	siŋ³¹	siŋ³¹ / sin⁴⁴	sin⁵⁵	siŋ¹³
744	脏	wa⁵³	wa⁵³	wa⁵⁵	wa⁴⁵	hwa⁵³
745	深	jɐm⁵⁵	jɐm⁵⁵	jəm⁴⁴	jɐm⁵⁵	jɐm⁵⁵
746	浅	nin⁵³	nin⁵³	nin⁵⁵	nin⁴⁵	nin⁵³
747	清	siu¹³	liu³⁵	liu¹³	liu¹³	liu³⁵
748	浑	khɐm¹³	qhɐm³⁵	qhəm¹³	qhɐm¹³	qhɐm³⁵
749	（刀）快	jai⁴²	jai⁴²	jai⁴²	jai⁴²	jai⁴²
750	（刀）钝	ka²²	qa¹³	qa²² ≠菌子	qa²²	qa¹³
751	稀	maŋ⁵⁵	maŋ⁵⁵	maŋ⁴⁴	maŋ⁵⁵	maŋ⁵⁵
752	密	na⁵⁵	na⁵⁵	na⁴⁴	na⁵⁵	na⁵⁵
753	湿	jɐk⁵⁵	jɐk⁵⁵	jak⁵⁵	jak⁵⁵	jak⁵⁵
754	旱	liŋ³¹	liŋ³¹	liŋ³¹	liŋ³¹	liŋ³¹
755	轻	ȶha³³	ȶha³³	ȶha³³	ȶha¹³	ȶha³³
756	重	ȶhɐn¹³	ȶhɐn³⁵	ȶhən¹³	ȶhɐn¹³	ȶhɐn³⁵
757	多	koŋ²²	kuŋ¹³	kuŋ²²	kuŋ²²	kuŋ¹³
758	少	ȵun³³	jun³³	ȵun³³	ȵun³³	ȵun³³
759	远	kai⁵⁵	kai⁵⁵	kai⁴⁴	kai⁵⁵	kai⁵⁵
760	近	phjəi¹³	phjəi⁵³	phjəi⁵⁵	phjəi⁴⁵	phjəi⁵³
761	快	wi⁵⁵	wi⁵³	wi⁵⁵	fəi⁴⁵	fi⁴⁵³
762	慢	kɐn⁵⁵	kɐn⁵⁵	qən⁴⁴	səi⁴²	qɐn⁵⁵

续表

		大高坪	起凡	高宇	肯溪	堂华
763	早	sɐm¹³	sɐm³⁵	səm¹³	sɐm¹³	sɐm³⁵
764	晚，迟	we¹³	we³⁵	we¹³	we¹³	we³⁵
765	热	tun⁵⁵	tun⁵⁵	tun⁴⁴	tun⁵⁵	tun⁵⁵
766	冷	ljɐk⁵⁵	ljɐk⁵⁵	ljak⁵⁵	ljak⁴⁵	ljak⁴⁵³
767	暖和	tau³³	tau³³	tau³³	tau³³	tau³³
768	饱	ʨəŋ⁵³	ʨəŋ⁵³	ʨəŋ⁵⁵	ʨəŋ⁴⁵	ʨəŋ⁵³
769	饿	pjek³³	pjek³³	pjek³³	pjek³³	pjek³³
770	腻	ȵi⁵³	win⁵⁵	win⁴⁴	win⁵⁵	mən⁵³
771	渴	so³³	so³³	so³³ qo²²	so³³ qo²²	so³³ qo¹³
772	累	li⁵³	təu⁴² so⁴²，khui³⁵	təu⁴² so⁴²	tau³¹	khui³⁵
773	烦闷	mja⁵³	mja⁵³	mja⁵⁵	ȵaŋ⁴⁵	mja⁵³
774	痛	kit³³	qit³³	qit³³	qit³³	qit³³
775	痒	ʨhəm¹³	ʨhəm³⁵	ʨhəm¹³	ʨhəm¹³	ʨhəm³⁵
776	好	lai⁵⁵	lai⁵⁵	lai⁴⁴	lai⁵⁵	lai⁵⁵
777	坏	wai⁴²	wai⁴²	he⁵⁵	he⁴⁵	he⁵³
778	生（肉）	ɕeŋ¹³	ɕeŋ³⁵	ɕeŋ¹³	ɕeŋ¹³	ɕeŋ³⁵
779	熟（人）	ɕok²²	ɕok³³，kwen⁵³	ɕok²²	ɕok²²	ɕok¹³
780	真	ʨɐn⁵⁵	ʨɪŋ⁵³	ʨən⁴⁴	ʨɐn⁵⁵	ȵəŋ¹³
781	假	ʨa³¹	ʨa³¹	ʨa³¹，he⁵⁵	ʨa³¹	ʨa³¹
782	便宜	phjen²² ȵi²²	təu³¹	phjiŋ²² ȵi²²	pjiŋ²² ȵi²²	təu³¹
783	贵	ʨui⁵³	ʨui⁵³	ʨui⁵⁵	ʨui⁴⁵	ʨui⁵³
784	久	ʨɐŋ⁵⁵	ʨɐŋ⁵⁵	ʨəŋ⁴⁴	ʨɐŋ⁵⁵	ʨəŋ⁵⁵
785	（树）空	khəŋ¹³	luŋ⁵³	loŋ⁴²	qheŋ³³	loŋ⁴²
786	穷（人）	khu³³	qhu³³	ȵat³³	qhu³³	qhu³³
787	漂亮	lai⁵⁵ nu⁵³ / lai⁵⁵ jak³¹	lai⁵⁵，təu⁴² jaŋ⁴²	lai⁴⁴ nu⁵⁵	lai⁵⁵ nu⁴⁵	lai⁵⁵ jaŋ⁴²
788	丑	he⁵³	he⁵³	he⁵⁵	səŋ²²	qɐi³³ ɕet⁵⁵
789	嫩	je³³	je³³	je³³	je³³	je³³
790	肥	pi²²	pi²²	pi²²	pi²²	pi¹³

171

		大高坪	起凡	高宇	肯溪	堂华
791	瘦	kaŋ³¹	qaŋ³¹	qaŋ³¹	qaŋ³¹	jum⁵⁵
792	聪明	khiu³³	qhiu³³	qhiu³³	qhiu³³	qhiu³³
793	笨傻	e³³	e³³	e³³	e³³	e³³
794	一	ji¹³	i⁵⁵	i⁴⁴	ji²²	i⁵⁵
795	二	ja²², ȵi⁴²	ja²², ȵi⁴²	ja²², ȵi⁴²	ja²², ȵi⁴²	ja¹³
796	三	ɬam¹³	sam³⁵	sam¹³	sam³⁵	sam³⁵
797	四	si⁵³	si⁵³	si⁵⁵	si⁴⁵	si⁵³
798	五	ŋo³¹	ŋo³¹	ŋo³¹	ŋo³¹	ŋo²²
799	六	ljok²²	ljok¹³	ljok²²	ljok¹³	ljok¹³
800	七	sət⁵⁵	set⁵⁵	set⁵⁵	set⁵⁵	set⁵⁵
801	八	pet³³	pet³³	pet³³	pet³³	pet³³
802	九	ɬu³³	ɬu³³	ɬu³³	ɬu³³	ɬu³³
803	十	ɕɐp⁵⁵	ɕɐp⁵⁵	ɕap⁵⁵	ɕap⁵⁵	ɕap⁵⁵
804	百	pek³³	pek³³	pek³³	pek³³	pek³³
805	千	sin¹³	sin³⁵	sin¹³	sin¹³	sin³⁵
806	万	wen⁴²	wen⁴²	wen⁴²	wen⁴²	wen⁴²
807	亿					
808	庹	khe⁵³	qhe⁵³	qhe⁵⁵	phai³¹/qhe⁵⁵	qhe⁵³
809	拃	ɕe¹³	ɬap³¹（拇、中）/ ɕe³⁵（拇、食）	ɬap³¹（拇、中）/ ɕe³⁵（拇、食）	ɬap³¹	ɬap³¹
810	个（人）	pəu⁵⁵	muŋ³¹	muŋ³¹	pu⁵⁵	pu⁵⁵
811	只（鸟）	tu²²	tu¹³	tu²²	tu²²	tu¹³
812	我	jau²²	jau¹³	jau²²	jau²²	jau¹³
813	你	ŋ̩a²²	ŋ̩a¹³	ŋ̩a²²	ŋ̩a²²	ŋ̩a¹³
814	他	mau⁴²	mau⁴²	mau⁴²	mau⁴²	mau⁴²
815	我们	ɬau⁵⁵	ɬau⁵⁵	ɬau⁴⁴	ɬau⁵⁵	ɬau⁵⁵
816	咱们	ɬau⁵⁵	ɬau⁵⁵	ɬau⁴⁴	ɬau⁵⁵	ɬau⁵⁵
817	你们	ɕau¹³	ɕau³⁵	ɕau¹³	ɕau³⁵	ɕau³⁵

续表

		大高坪	起凡	高宇	肯溪	堂华
818	他们	ne¹³	ne¹³	mau⁴²ne¹³	mau⁴²ne¹³	ne³⁵
819	自己	kak³³	kak³³	si³³ka⁴⁴	kak³³	
820	别人	ne¹³	ne¹³	ne¹³	ne¹³	ne¹³
821	这	nai⁴²	nai⁴²	nai⁴²	nai⁴²	nai⁴²
822	那	ȶa⁵³	ȶa⁵³	ȶa⁵⁵	ȶa⁴⁵	ȶa⁵³
823	谁	nəu²²	nəu³⁵	nəu²²	nəu²²	nəu¹³
824	什么	maŋ²²	maŋ²²	maŋ²²	maŋ²²	maŋ¹³
825	怎么样	nəu¹³haŋ²²	nəu³⁵haŋ¹³	i⁴⁴nəu¹³haŋ²²	nəu⁴⁵haŋ²²	i⁵⁵nəu³⁵ȵau⁴²
826	几（个）	mjeŋ¹³	mjeŋ³⁵	mjeŋ¹³	mjeŋ²²	mjeŋ³⁵
827	哪里	nəu¹³	nəu³⁵	nəu¹³	nəu³⁵	qa¹³nəu³⁵
828	最（好），很（好）	hən³³	kuŋ¹³，hən³³	kuŋ²²，hən³¹	tsəi⁴⁵	kuŋ¹³
829	刚才	kap³³	kap³³	khap³³	qhau³³ɕi²²	kən⁵⁵ȶəu⁵⁵
830	先	kun⁵³	kun⁵³	qun⁵⁵	qun⁴⁵	qun⁵³
831	后	lən²²	lən²²	lən²²	lən²²	lən¹³
832	就（去）	lɐŋ³¹	ɕu⁴²，lɐŋ³¹	lɐŋ⁴²	ɕu⁴²	ɕu⁴²
833	还（去）	hən²²	hən¹³	hən²²	hai²²	hən¹³/ju⁴²
834	也（去）	ȵən⁴²	pu⁴²，ȵən⁴²	ȵən⁴²	ja⁴²	kɐn¹³
835	又（来）	ju⁴²	ju⁴²	ju³³	ju⁴²	ju⁴²
836	不（来）	kwe²²	khwe¹³	khwe²²	ŋe²²	kəi³³
837	别（来）	pi³³	pi³³	pi³³	pi³³	ne¹³/pi³³
838	未（来）	mi³¹	mi³¹	mi³¹	mi³¹	mi³¹
839	和（我）	khɐn¹³	khɐn³⁵	qhən¹³＝路	qhən¹³	qap⁵⁵
840	把(他丢了)	təi²²	təi²²	təi²²	təi²²	təi¹³
841	被(他打了)	təu⁴²	təu⁴²	təu⁴²	təu⁴²	təu⁴²
842	从（这里）	ta⁴²	ta⁴²	ta⁴²	ta⁴²	ta⁴²

附录二

表二　　　　　　　　　　　　　　　　那溪话词汇表

p

pa¹ 去

pa² 粑

pai¹ 水坝、卖

pai² 丈夫、游泳

（lʌ⁴）pai¹ 男人

（ta²）pai² 桌子

pai³ 剥、八、百、北

pai³（ŋo²）八月

pai⁵（n̠in¹）中午

pai⁵ 女阴

pau¹（y²）牛角

pau² 浮、含

pau⁵ 泡沫

（so²）auɿ 粽子

（ʌ⁴）an² 桃子

（o²）an² 大木槌

pʌ¹ 鱼

（ta⁵）pʌ¹ 腿

pʌ¹（t̠in⁴）传染

（ki⁵）pʌ¹（tai¹）能

pʌ²（tha²）曾祖母

pʌ² 祖母

pʌ³ 父亲、公公

pʌ⁴ 白

pʌ⁵pʌ⁵ 叶子

pʌɿ 糠

pauɯ²（tsu³）豹子

pauɯ⁵（tsu³）刨子（木工用具）

pən¹ 竹子

（t̠au¹）pən¹ 太阳

（t̠au⁴）pən¹ 阳光

pən¹（ke¹）今天

pən² 平

pən³ 飞

pən⁵ 汗

pən⁵pən⁵ 把儿

pənɿ 病

pe³pe³ 板子

pø¹ 鸭子、肿

（mʌ¹）pø³

pøí（tsu³）五棓子

pi¹（tau²）上面

（fa¹）pin¹花边（银元）

pin³酒曲

pin³（tai²tsoŋ¹）韭菜

pu¹火

pu²瓜、肥、胖

（tsa²）pu¹灶

pu²别

pu⁴（ʨi⁵）肚脐

pu⁵那、捐

pu⁵（tsai²）背带

（mauí）puí 他

（tanísən¹）po³寡妇

poŋ³抢

poŋ⁴满（水）

poŋ⁵打

poŋí鹅

ph

phʌ⁵骂

phaí（laí）脏

phai¹甜

（chiu³）phai¹甜酒

phan¹高

phau¹颠簸

phau⁵倒

phəní（tʌ³lʌ⁴mʌ¹）猎狗

phø²近

（ço¹）phø⁵雹子

phu³灰

phuŋ¹蜂

（tan²）phuŋ¹蜂蜜

m

mʌ¹菜、狗、回来

mʌ²舌条

（suí）mʌ²（tsʌ³）杨梅

mʌ³涩、长大

（ljauí）mʌ³伯父

mʌ⁴马

mai²ma⁴怀孕

mʌ⁵喂

mai¹霜

mai²醉、有

maií（kʌ³）汗垢

mau²（ʨa²）茅草

mau⁵个（个人）

mauí（puí）他、她

mauímau²哪个

（jau⁵）man²右面

man¹薄、疏、鱼网

man²什么

mai⁶乳房

（tø¹）mən¹雨

mən²他

mən⁴老虎

（lʌ⁴）mən⁴李子

mən⁵命运

me²月

me²（ca¹）月亮

me²（tsu³）麦子

me²墨

（ku¹）me²小姑妈

（əu⁵）me⁴叔父

men³黄

mø¹嘴

（lʌ⁴）mø⁴鸟、男阴

mø⁴猫

min¹沟、虱子

（tso¹）min¹潜（水）

min³席子

min⁴晴

min⁵软

（mo²）霉、煤、媒人、磨

（kəu¹）mo²锅煤烟

（tai⁴）mo⁴等候

mo⁵新

（pja³）mo⁵新娘

（tsau⁴）mo⁵新郎

moŋ¹云、迷（路）

（woi）mu¹岳母

（hau³）mu³明天

mu⁴树、棺材、件（衣）

（kai¹）mu⁴鼻涕

mu⁵猪

f

fa¹灰色

fa¹（pin¹）花边（银元）

fai³（ŋai²）发芽

fʌ¹坏

fi¹（çʌ²）蝴蝶

fu²（ʨi⁴）二胡

（haw²）fu⁵老师

w

（çui³）wʌ²袜子

wʌ⁵话

（wai³）碗、万、控

wan¹骗

（pu²）wan²南瓜

wan²（ʨy²tsʌ³）栀子

wan²（ŋau²）黄牛

wan⁴（jəuí）以前

（jʌ⁴）wai³动物

wən¹天（日子）

（lau³）wən¹横

wən²人

（kuí）wən³二姑妈

wən⁵淹

wo⁵要

woi（hin¹）外孙、外甥

woɿ 姨母

wu³ 出

wu³（təuɿ）天花（出豆）

wun¹ 扛

pj

pja³ 妻子

pja³ pja³ 女人

（lʌ⁴ khe¹）pja³ 侄女

（lʌ⁴）pja³ 女儿

（no⁴）pja³ 额头

（no⁴ pjʌ³）额头

pjʌ⁵ 翅膀

pjau¹ 摘

（nən⁴）pjəuɿ 开水

pjəuɿ 沸

pje² 笔

pje³ 扁

pji¹ 臭虫

pji² 皮肤

（khu⁴）pji⁵ 打鼾

pji⁵ 闭、倒（倒水）

（lʌ⁴）pjiɿ pji⁵ 女青年

pjiɿ 妹妹

pjin¹（cəu³）头发

pjin⁵ 变

phj

phjʌ³ 血

phjau¹ 腰鱼篓、烤（火）

phjan² 疟疾

（tən⁴）phji⁵ 屁股

mj

mjʌ² 手

mjʌ⁴ 刀、滑

mjau¹ 剪子

mjau² 胡子

mjau³ 花儿

mjau⁵（ce）掉

（hau⁴）mjan² 穗儿

（hau⁴）mje³ 小米

mjin³（tso⁴）正面

mjo¹ 小刀

mjuŋ⁴ 蚊子、苍蝇

ts

tsa¹（lan²）狼

tsa²（pu²）灶

（cəu³）tsa² 枕头

tsa² tso³ 蚊帐

tsa³ 涨水，向，肠子

tsa⁴ tsau² 饿

tsʌ¹ 关

tsʌ² 羊

（ȵin²）tsʌ² 明年

（suˊmʌ²）tsʌ³ 杨梅

（wan² ȶy²）tsʌ³ 栀子

tsʌ³ 母亲

（ȵan³）tsʌ³ 伯母

tsʌ⁴ taʌ⁴ 汉族

tsai¹ 挑选

tsai² 刺（光刺眼）

（pu⁵）tsai² 背带

tsai² 茶

tsai³ 窄

tsai⁴ 蚕

tsai⁵ 线

tsai¹ 鸟套儿

tsai¹ tsai¹ 绳子

tsau¹ 脆

（jʌ⁴）tsau¹ 野猪

tsau² 洗（洗脸）、洗（洗衣服）

tsau² 捆

tsa⁴ tsau² 饿

tsau³ 蒸、坟墓

tsau⁴（sən¹ ȶi³）游泳

tsau⁴ 女婿

tsau⁴（je²）柱子

tsau⁵ 歪

tsau⁵ 脓

tsauˊ 帮、错

tsan² 埋葬

tsan⁵ 称

tsan⁵ tsəu³ 生气

tsan⁵ 把（一把刀）

tsaní 像

tsəi² 熟

（lʌ⁴）tsəi² 蜡烛

tsəi³ 真

tsəu² 躲、藏

tsan⁵ tsəu³ 生气

tsəu³（hin¹）接生

tsəu⁴ 粮仓

（çi⁴）tsəuˊ 休息

（taˊ）tsən¹ 过年

tsən² 沉

（nai⁴）tsən² 瘦肉

（nən⁴）tsən³ 井水

tsən³ 医治

tsən⁴ 熏（熏肉）

（lʌ⁴）tsən⁴ 蚯蚓

tsəní（ŋo²）正月

tsø⁵ 雾

tsøí 筷子、汽

tsl¹ 尾巴

（mu⁴）tsl¹ 树梢

tsl²（kaɯ³）贼

（sau⁵）tsl⁴ 扫帚

（tʌ¹）tsy¹ 眼睛

tso² tsy¹ 大木棰

tsu² 蛇

tsu² 种、栽

（au⁵）tsu³ 吻

（səní）tsu³ 星子

178

（ça¹）tsu³沙子

tsu⁵坐

tsu⁵（lən²）今后

tsuŋ²多

tso¹（min¹）潜水

tso²（pan²）大木棰

tso²粑粑

（taɿ）tso³过节

（taɿŋəu⁴）tso³端午

tsa²tso³蚊帐

tso⁴tso⁴汉人

（mjin³）tso⁴正面

tso⁵装

tso⁵（man²）左面

tso⁵（y²）母牛

tso⁵婆婆（对称）

tsoɿ字

（pin³tai²）tsoŋ¹韭菜

tsoŋ⁴送、穿（针）

tsoŋɿ（ȶhanɿȶe³）中秋

tsh

tshʌ¹疮

（nu²kənɿ）tshʌ²蜈蚣

tsha²螯

tsha⁴踩

tshau¹（ji²）初一

tshau³（kwa⁵）丑（难看）

tshau⁵醋

tshəu⁴（çin¹）先

tshəu⁵（çin¹）前面

tshən¹（ta²）青苔

（ȶin¹）tshən⁵生锈

tshən⁵绣、提篮

tshənɿ（kai⁵）三脚架

tshø¹找（虱子）

tsho¹犁

tshoŋ⁵枪

tshl¹（mu⁴）漆树

tshl¹七

tshl¹ŋo²七月

tshu⁵ȼ ce 朽

s

sa¹尝、肩膀

（lʌ⁴）sa¹（hø²）蜥蜴

saɿsaɿ（law²）蝉

saɿ射

（lʌ⁴）sʌ¹（hø²）蜥蜴

sʌ¹肩膀

sʌ³杀、溃

（lʌ⁴）sʌ³喜鹊

（tai³）sʌ⁴腋下

sʌ⁵晒

sʌ⁵四

sʌɿ射

sai¹晚（很晚）

sai¹三、菜园、根

179

（hau⁴）sai¹米

（hau⁴）sai³打闪

sai³伞

sai³（me²）上月

（ye³）sai³鱼腥草

sai⁵（pai⁵n̠in¹）上午

saií（ŋo²）三月

sau¹绿、缩（缩水）

sau²（kaɯ³）蟑螂（肖甲）

sau⁵（ts⁴）扫帚

san¹根

san³伞

（ye³）san³鱼香

san³（me³）上月

san⁵（pai⁵t̠in¹）上午

saní（ŋo²）三月

sai²十

sai²（ji²）十一

səi⁴猪食

səu¹你们

səu³干、旱、渴

sən¹旱、肝

（taní）sən¹ku³单身汉（公）

（tsəu⁴）sən¹（t̠i³）游泳

sən³酸

sən⁵姓、信、擤

səní（tsu³）星子

sl¹（thu⁴）打架（牛打架）

slí（tsu³）狮子

so³锁、守

so³（çi²）钥匙

soŋ¹刺（植物的刺）、松

（mu⁴）suŋ²松树

suŋ⁵放

（lauí）su¹鱼鹰

su¹（mΛ²tsΛ³）杨梅

su¹撕

su⁵（ŋo²）四月

t

ta¹来

ta¹（t̠y¹）眼睛

（tshən¹）ta²青苔

ta²（pai²）桌子

ta³山林

ta⁴（t̠yí）往

ta⁵戴（戴帽子）

（tan²）ta⁵中间

ta⁵（la²）胸脯

ta⁵（pΛ¹）腿

taí过、代

taí（tsən¹）过年

tΛ¹死、外祖父

tΛ¹（tsy¹）眼睛

tΛ²牵牛、春

tΛ³呕吐、挑

tΛ⁵双

（tan¹）tΛ⁵中间

ta⁵（pən¹）白天

tΛí（tsən¹）过年

tai¹ 到、外祖母

（ki⁵pʌ¹）tai¹ 熊

tai² 砍（砍树）、灯

（pin³）tai²（tsoŋ¹）韭菜

tai³（sʌ⁴）腋下

tai³ 胆

tai⁴（mo⁴）等待

tau¹ 咱们、头虱、鸡虱

（pi¹）tau² 上面

tau³tau³ 暖和、断

tau⁵ ʔce 断

taɯ² 陡

taɯ³ 肚子

tan¹ 来

tanɿ（sən¹ku³）单身汉（公）

tan¹（tʌ⁵）中间

tan¹ 凳子

tan²（ta⁵）中间

tan² 糖

təŋ⁴（pʌ¹）池塘

（lʌ⁴）tan² 手指

təu¹ 门

təu² 只（一只鸡）

təuɿ 豆

（lʌ⁴）təuɿ 饭豆

（hau¹）təuɿ 猴子

tən¹ 斗笠

tən² 停东

tən³ 穿（穿衣）

tən⁴（phji⁵）屁股

tən⁴tən⁴ 钉子

tən⁶ 三月莓莓

（lʌ⁴）tən¹ 猕猴桃

tənɿ（thai¹）蜻蜓

tənɿ 东

（nən¹）ti⁵ 下面

tiɿtʌ⁵ 地

tø¹（mən¹）下雨

tø³ 读、独

tø⁴ 读

tø⁴ 悬崖

（tji⁴）tø⁵ 地

tu³ 舀

tuɿ 热

tun¹ 煮

to² 拿、舂

to²（kiŋ¹）碓嘴

to³to³ 袋子

to⁵to⁵ 带子

toɿ（ŋəu⁴tso³）端午

toɿ 菜园

toŋ¹（lo²）冰

toŋ² 铜

th

（kuŋ³）tha² 曾祖父

（tənɿ）thai¹ 蜻蜓

thau⁵ 吐

than⁵ 炭

thəu³ 脱 （脱衣）

thoŋ¹ （tsu³） 窗子

thən³ 短

thu⁴ 打

thən⁵ 矮、听

（sl¹） thu⁴ （牛） 打架

thin¹ 针

thu⁴ （kø⁵） 卜卦

tho³ 坛子

thu⁴ （sai³） 打闪

tho³ 脱 （脱衣）

thu⁴ （lʌ⁴koŋ¹） 打雷

n

nʌ¹ 厚、密

nən⁴ 水

nʌ³ 脸

nən⁴ （tsən³） 水井

na⁵ 这

nən⁴ （tʌ¹） 眼泪

nai¹ 拾

nenɪ́ 土、泥

nai² ȶin⁴ 勤

no¹ （ȶhiɪ́） 那溪

nai³ 哭

no² 搓

nai⁴ 肉

（hau³） no³ 后天

nai⁵ 留

no⁴ （pjʌ³） 额头

nau¹ 哪里

noŋ⁴ 弟弟

nau² 谁

noŋ⁵ 感谢

（lʌ⁴） nau³ 蝌蚪

nu² 虫

nan¹ 鼻子

nu⁴ （mu⁵） 母猪

nan² 南

nu⁴ （ka²） 母鸡

nan² 竹笋

nu⁴ （lʌ⁴tan²） 拇指

nəu² （天） 冷

nu⁴ 婆婆 （背称）

（lʌ⁴） nəu³ 老鼠

ni¹ 泥鳅

nən¹ 粒、黑

nin² 口水

nən¹ （ti⁵） 下面

（hau⁴） ni³ 剩

nən¹ 蛆

（hau³） ni³ 大大后天

（hau³） nən³ 大后天

ni³ （水） 冷

l

la¹ 好

（mʌ¹） la² 青菜

lʌ² （koŋɿ）雷公

（toŋ¹）lʌ²冰

（ta⁵）la²胸脯

la⁵热

la⁵（tsu³）癣

（phaɿ）laɿ脏

lʌ¹船

lʌ²锣

lʌ²lʌ²果子

lʌ³lʌ³骨头、核

lʌ⁴儿子

（naɿ⁴）lʌ⁴腊肉

lʌ⁵劈（劈柴）

lʌɿ埋、买

lai²书、蓝

lai⁴懒

（ȵi⁵）lai⁴忘记

lai⁵破（罐子破）

（hau⁴）laiɿ稀饭

（ho²）lau¹痰

lau¹（kəu¹ȵaɿ）补锅匠

lau²桔子

lau³（wən¹）横

lau⁴（ȵin²kai¹）老人

lauɿ（su¹）鱼鹰

（jaɿjaɿ）law²萤火虫

laɯ⁴栗子

laɯ⁵看、螺、露、蜗牛

（saɿsaɿ）lawɿ蝉

（tsa¹）lan²狼

（ȵyɿ）lan²（ku³）公猪

lan⁴端（棍子两端）

lan⁴懒

lanɿ波浪

lanɿ逃

ləu³生（生孩子）

（ye²）ləu³会

ləu⁴笋筐

lən¹插（插秧）

lən²风、水枧

（tsu⁵）lən²今后

（ȵin²）lən²后年

（tshəu⁴）lən²后

lən³红

lø⁴天黑

lo²（koŋɿ）雷

（toŋ¹）lo²冰

lon²（tɕø⁵）周围

loŋ³颠簸

lu³得

lu⁵下（下山）

tj

tja³被

tja³（ljan²）着凉

tjau³篾条

tjan¹久

tjan⁵饱

（hau⁴）tjəu³糯米

183

tje² 蚱蜢

tjin¹ 脚、癫

tji² 柴

tjin¹（tsu³）癫子

tji⁴ 地、找（虱子）、哥哥

tjiní 蓝靛

tjiu⁵ 吊、钩

thj

thji³ 踢

thjin¹ 蜂刺

thji³（kʌ³）火钳

lj

ljeí 辣

lja² 累、舔

ljø³ 男阴

ljʌ³ 儿媳

lji²（ŋo²）六月

ljau¹ 流

lji² 六

ljauí（mʌ³）伯父

（lʌ⁴）lji¹（kʌ³）指甲

ljauí 聪明

lji¹（tso⁴）背面

（tja³）ljan² 着凉

ljoŋ² 龙

ljəu¹ 醒

ȶ

ȶa¹ 远、布

ȶau³ 九

ȶa² 姐姐、茄子

ȶau³（ŋo²）九月

（mau²）ȶa² 茅草

ȶau⁴（pən¹）阳光

ȶa³ 草鞋、假

ȶau⁵ 救

（mu⁴）ȶaí 木匠

（kui³）ȶaní（mu⁴）樟树

ȶʌ¹ 布

ȶəu¹ 他们

ȶʌ² 茄子

ȶəu¹ ȶəu¹ 藤

ȶʌ³ 草鞋、假

ȶəu⁴（hau³）瞎子

ȶau¹ 娶

ȶəu⁴ 瞎、端（棍子两端）

ȶau¹（pən¹）太阳

ȶəu⁵ 锯

ȶau² 舅父

（tsoŋíthauí）ȶe³ 中秋

184

（pʌ¹）ȶø¹ 阴沟鱼

ȶø⁵ 旋转、螃蟹

（lon²）ȶø⁵ 周围

ȶøí（mu⁵）猪圈

ȶi¹ 吃、喝

（me⁴）ȶi¹ 叔母

ȶi³（lʌ²lʌ²）结果

ȶi³ 烤（烤鱼）

ȶi³ 个（一个饭）

ȶi³ 纸

（tsau⁴sən¹）ȶi³ 游泳

ȶi⁴ 嫩

（fu²）ȶi⁴ 二胡

ȶi⁵（lai⁴）忘记

（ka⁵）ȶi⁵ 界线

（pu⁴）ȶi⁵ 肚脐

（jʌ⁴）ȶií 野鸡

ȶin¹ 痒、深、尖、楔子

ȶin¹（tshən⁵）生锈

ȶin¹（tsu³）金子

（hø²）ȶin¹ 早晨

ȶin² 钱、山、建（建房子）

ȶin³ 紧

（pʌ¹）ȶin⁴ 传染

（nai²）ȶin⁴ 勤

ȶin⁵ 祭祀

ȶiní（tsu³）鸡胗

（ta¹）ȶy¹ 眼睛

（wan²）ȶy²（tsʌ³）栀子

ȶy³ 鬼

ȶy⁵ 贵

（ta⁴）ȶyí 住

ȶyí（lan²ku³）公猪

ȶoŋ³ 弯

ȶoŋ⁴ 穷

ȶu²（ja⁵）田埂

ȶu⁵ 叶粑

ȶuŋ¹ 站、鼓

ȶuŋ⁴（ko⁴）蛙

ȶh

ȶhʌ³ 轻

ȶha⁵ 上（上山）

ȶhe⁵ ȶhau⁴ 钹

（tsoŋí）ȶhauíȶe³ 中秋节

ȶhauí 冬

ȶhəu¹ 怕

ȶhəu⁵ 嚼

ȶhəuí（ai¹）害羞

ȶhən⁵（tsau¹）箭猪

ȶhe² 捉

ȶhe³ 走

ȶhe⁵（ȶhau⁴）钹

ȶhø¹ 犁

ȶhi³ 尺子

ȶhi⁵ 给

（no¹）ȶhií 那溪

ȶhin¹ 千

ȶhin¹ 重

ȶhy³ ʔce 缺（刀缺口）　　　　　ȶhoŋ³ 浅

ȶho³ 轻

ȵ

ȵa¹ 河　　　　　　　　　　　　ȵiɿ 二

（lʌ⁴）ȵa¹ 溪　　　　　　　　　ȵiɿ（ŋo²）二月

ȵʌ¹ 粘　　　　　　　　　　　　ȵiɿ（səi²）二十

ȵa² 你　　　　　　　　　　　　（tshau¹）ȵiɿ 初二

ȵa³ 草、稻草　　　　　　　　　（səi²）ȵiɿ（ŋo²）十二月

ȵau⁵ 小，细　　　　　　　　　ȵi³ 冷（冷水）

（kuɿ）ȵau³ 三姑妈　　　　　　（hin¹）ȵi⁴ 生日

ȵan³（tsʌ³）伯母　　　　　　ȵiu¹ 瑶族

ȵəu¹ 我们　　　　　　　　　　（o³）ȵiuɿ 小便

ȵəu³ 少　　　　　　　　　　　ȵin¹ 臭、野猫

ȵəu⁵ 活　　　　　　　　　　　（pai⁵）ȵin¹ 中午

ȵəuɿ 黄鳝　　　　　　　　　　（lau⁴）ȵin²（kai¹）老人

ȵəuɿ（me²）坐月子　　　　　　ȵin² 年、提

ȵən²（tsu³）银子　　　　　　（hai¹）ȵoŋ¹ 昨天

ȵən⁵（kau²）夜里　　　　　　ȵu² 尿

ȵe⁵ 蚂蚁

ç

ça³ 锡、写　　　　　　　　　　çi⁴（tsənɿ）休息

ça⁵（ȵin²kuŋ⁵）大前年　　　çi⁴（je²）在（在家）

çʌ³ 写　　　　　　　　　　　　çi⁵ 是、试

çaŋ¹ 香　　　　　　　　　　　çiɿ 西

çan³ 想　　　　　　　　　　　çiu¹ 硝

çan⁵（pən¹kəŋ⁵）大前天　　（tshəu⁴）çin¹ 先、前面

çəu³ 前　　　　　　　　　　　（hoŋ²）çin¹ 心

çən⁵（kwe¹）丝瓜　　　　　　çin³ 叫、啼、响

（so³）çi² 钥匙　　　　　　　çin³（ku³）公牛（阉过的）

（laɯ⁵）çy³ 露水

çy³（wʌ²）袜子

çy³（ŋau²）水牛

çyí（kø²）嗓子

çuŋ⁵ 闻

c

（me²）ca¹ 月亮

cʌ³ 哽

cau⁵ 雪

（lʌ⁴mʌ¹ȵi¹me²）can¹ 月蚀

can¹ ʔce 天亮

can² 虹

cəu³ 头（平地话）

cəu³ kau² 膝盖

cəu³（tsa²）枕头

cəu⁵ 空心

lø² 天黑

ceu³ 头（山边话）

ceu³ 衣服

ceu⁴（kai²）葛藤

ch

（lʌ⁴）chʌ¹ 耳朵

chau³ 烧（烧山）

chau⁵ 吠

chø² 铁

chiu³ 酒、腰

ç

ça¹（tsu³）沙子

ça¹ 筛子

（mu⁴）çʌ² 杉树

（fi¹）çʌ² 蝴蝶

（ŋa¹）çe¹ 石头

（mu⁴）çiu¹ 枫树

ço¹（phø⁵）雹子

（mu⁴）ço¹ 杉树

çuŋ⁵ 桶

k

ka² 鸡

ka³ 解（解绳子）

ka⁵（ȵi⁵）界线

ka⁵（tjin¹）爪

ka⁵（lʌ⁴tan²）食指

kʌ¹ 歌、敢

（woí）kʌ² 岳父

kʌ² 菌子

kʌ² 鸡

（thji³）kʌ³ 火钳

187

kʌ³解 （解绳子）

(maiɿ) kʌ³汗垢

(lʌ⁴lji¹) kʌ³指甲

(kø⁵) kʌ³寡蛋

kʌ³痛

kʌ⁴咬

kai¹ (mu⁴) 鼻涕

(lau⁴ȵin²) kai¹老人

(ceu⁴) kai²葛藤

kai²麻

(o³) kai⁴大便

kai⁴屎

kai⁵嫁

(tshəɿ) kai⁵三脚架

(ȵən⁵) kau²夜里

(cəu³) kau²膝盖

(mʌ¹) kau³蕨根

(nən⁵) kau⁴里面

kau⁵旧、凝结

(tsɿ²) kaw²贼

(sau²) kaw³蟑螂

kaw⁴ (si³) 跳蚤

kan³说

kanɿ钢

kanɿ(ka²)小母鸡(未生过蛋)

(lau¹) kəu¹ (ȶai) 补锅匠

kəu¹ (mu²) 锅煤烟

kəu³稻子

kən¹汤

kən²苦

kən⁴盖 （盖瓦）

(pən¹) kəŋ⁵前天

(nu²) kəȵi (tshʌ²) 蜈蚣

(pən¹) ke¹今天

ke¹名字

ke³梯子

(ȵin²) keɿ今年

kø²圆

(çyɿ) kø²嗓子

(lʌ⁴) kø² (lau²) 柚子

(thu²) kø⁵卜卦

kø⁵ (kʌ³) 寡蛋

kø⁵鼎罐

kø⁵kø⁵盖子

kø⁵蛋

(ȶuŋ⁴) ko⁴蛙

(thu⁴lʌ⁴) koŋ¹打雷

(lo²) koȵi雷

ki⁵ (pʌ¹tai¹) 熊

(ȵin²) kiɿ去年

(to²) kiŋ²碓嘴

kin¹吞

(lʌ⁴) kin⁴脖子

ky³谜底

ku¹ (me²) 小姑妈

ku²蹲

ku²咬

ku³公 （公牛）

(tyɿlan²) ku³公猪

(tanɿsən¹) ku³单身汉

kuɿ (ma³) 姑妈

(hʌɿ) kuŋ²虾

kuŋ³tha²曾祖父

ŋin²kuŋ⁵前年

kuŋ³祖父

kh

khai³客

khu⁴（pji⁵）打鼾

khəu³锅

（nəŋ⁵）khu⁴外面

（lʌ⁴）khe¹侄儿、孙子

khun⁵睡

khe¹梳子

khoŋí不

khin¹路

khoŋíçi⁵不是

khu¹开

khoŋí（jaí）不快（不锋利）

khu¹（mjau³）开花

h

ha¹耍

（lʌ⁴）hau⁵hin¹男青年（后生）

ha²鞋

（lau⁴）haw²鬼师

ha³（me²）下月

haw²（fu⁵）师傅、老师

ha⁵（pai⁵ŋin¹）下午

han³肯

haí（kuŋ²）虾

he³喊、叫

hʌ¹耍

heu¹锄头

hʌí（kuŋ²）虾

（lʌ⁴sʌ¹）hø²蜥蜴

hai¹咸

（hø²）tin¹早晨

hai²（ŋoŋ¹）昨天

hin¹生（生肉）

hai³吓

hin¹生（生蛋）

hau¹（təuí）猴子

hin¹（ŋi⁴）生日

hau²（tsu³）铜板

（woí）hin¹外甥

hau³（mu³）明天

（kwan²）hin¹漂亮

（təu⁴）hau³瞎子

ho²（lau¹）痰

hau⁴（sai¹）大米

ho⁴（hin¹）学生

hau⁴（mjan²）穗儿

hoŋ²（çin¹）心

hau⁵叫（叫什么名字）

（mʌ¹）huŋ¹菜薹

189

附 录

ŋ

ŋa¹ ŋənɪ 老鹰　　　　　　　ŋəu² 蜘蛛

ŋa¹ ɕe¹ 石头　　　　　　　ŋəu⁴ 五

ŋa⁵ 爱　　　　　　　　　ŋəu⁴ ŋo² 五月

ŋʌɪ 馋　　　　　　　　　（toɪ）ŋəu⁴（tso³）端午

ŋai² 牙齿　　　　　　　　（tsənɪ）ŋo² 五月

（fai³）ŋai² 发芽　　　　　ŋo⁵ 弟弟

ŋai⁴ 瓦　　　　　　　　　ŋoɪ 饿

（wan²）ŋau² 黄牛

kw

kwa²（tsu³）跛子　　　　kwəi³ 国

（tshau³）kwa⁵ 丑（难看）　kwən³ 做

kwai¹ 斧头　　　　　　　kwanɪkwən⁵ 中指

kwai¹ 鸡冠　　　　　　　（ɕən⁵）kwe¹ 丝瓜

kwan²（hin¹）漂亮　　　　kwi³（ȵaŋɪmu⁴）樟树

kwanɪkwən⁵ 中指

khw

khwʌ³ 宽

j

ja² 二　　　　　　　　　jau² 油、我

ja³ 长　　　　　　　　　jau⁵（man²）右面

ja⁴ 也　　　　　　　　　jauɪ 快（走得快）

ja⁴（wəi³）野兽　　　　　jəu² 药、我

ja⁵ 田　　　　　　　　　jəu³ 现在

jaɪ 快（锋利）　　　　　　jəu⁴ 清明菜（艾菜）

jaɪjaɪ（law²）萤火虫　　　（wan⁴）jəuɪ 以前

jʌ⁴（wəi³）野兽　　　　　jən⁵ 答

jau¹ 咳嗽　　　　　　　　je² 家、房屋

190

je³ 烟、熏　　　　　　　　　jin³ 讨（讨饭）

ji² 一　　　　　　　　　　　jin⁵（tsu³）燕子

ji⁵ 熄灭　　　　　　　　　　jo¹ 公公（背称）

（lʌ⁴）jiuɿ 鹬　　　　　　　joŋ¹ 瘦

jin¹ 盐　　　　　　　　　　　joŋ² 溶化

jin¹ ʔce 阴

ʌ

（lʌ⁴）ʌ¹ 乌鸦　　　　　　　（tɕhəuɿ）ai¹ 害羞

ʌ³ 粗　　　　　　　　　　　au⁵（tsu³）吻

ʌ³ 大　　　　　　　　　　　an³（tsu³）影子

y

y² 牛　　　　　　　　　　　ye² 铅

yɿ 肥料　　　　　　　　　　ye³（san³）鱼腥草（鱼香）

ye¹ 湿　　　　　　　　　　　yeɿ（tsu³）村寨（院子）

（lʌ⁴）ye² 梨　　　　　　　yø² 铅

ye²（ləu²）会

ə

əu⁵（me⁴）叔父

e

e⁵ 二

o

o³（n̠iuɿ）小便　　　　　　（lʌ⁴）oŋ³ 葡萄

表三　　　　　　　　　　　　本地话词汇表

pa　22 婆　53 簸~箕　簸~米　　　　22 袍　33 保宝　53 报

把门~　坝堤~pau　55 襃　　　pan　55 邦帮般搬棒　22 盘旁螃

191

傍　31　伴　53　半

po　55　波菠玻　31　剥驳

poi　55　倍　22　培陪赔裴　53　辈　背　42　焙

pon　22　朋

poŋ　22　棚蓬篷

pe　31　百白帛　53　叉

peu　42　疕

pen　55　烤　22　彭膨　53　射

pən　55　崩　22　盆　33　本　42　份

pia　55　巴芭疤　22　琶杷划～船　33　把拿　31　八

piai　22　排牌　53　拜

pie　22　牌　33　摆憋扁匾　31　秤　别鳖　53　拜笔必痹～子　42　败逼

pien　55　班扳　33　板版　53　绊扮　42　办

piən　55　兵冰彬猄　22　贫凭瓶　33　丙饼

pi　55　碑卑　22　皮疲脾琵枇匹　53　闭秘泌庇痹　42　被～子备鼻算

piu　55　包　33　饱　53　豹爆彪

pin　55　边鞭　22　便～宜平坪评　53　变　42　病便方～

pu　22　卜　33　补缝　53　布　42　部簿步

pha　33　坡　453　潘拼

phau　35　胞

phan　35　藩　53　判

pho　31　泼

phoi　35　胚坯　453　配

phoŋ　33　捧

phe　31　拍

phəi　33　挑　453　派

phən　453　喷

phI　35　批

phi　55　鏧　35　痣披

phia　453　怕帕

phiu　35　飘　453　票

phien　453　骗

phin　35　篇偏

phu　33　谱　453　堡铺～设铺店～

ma　55　肉　22　磨～面蟆蚁　31　莫抹～布　42　磨石～

mau　22　毛矛　53　肺　42　冒帽貌

man　22　蛮亡忙茫　31　网满　42　亡妄望

mo　31　木蚁（ma^{22}　mo^{31}）

moi　22　梅媒煤　42　妹

mon　22　瞒

moŋ　22　蒙　53　孟　42　梦

me　31　麦肺墨

men　33　瓣

məi　31　美　42　每

məu　22　谋　31　某亩牡

mən　55　蝇　22　门　53　闷　42　问

mia　55　蛙　22　麻　31　马　42　骂

miau　42　杳

mie　31　篾　31　尾灭　42　买卖

mieu　22 藐渺秒　31 卯

mien　31 免　42 慢

miən　22 民明

mi　22 眉楣谜迷密蜜　31 米

min　22 绵棉名　42 面～条面
　　脸命

miu　22 苗　42 庙

mu　22 目穆牧　31 呼　42 戊墓

muŋ　31 猛懵

fa　31 缚

fan　22 房防　33 纺　53 放

fI　22 肥

fi　35 非飞

fia　31 发罚

fien　33 反

fən　33 粉　53 粪奋

fu　22 浮　42 妇

fy　53 费

wa　55 窝　22 禾　31 瓦　53 脏
　　污　42 画

wai　42 外

wan　35 荒慌方　22 王黄簧皇蝗
　　33 碗　31 枉　42 旺换

woi　35 灰

won　53 忽

we　53 煨　22 回苗　31 物
　　453 域

wen　22 横

wəi　22 围桅　31 委

wən　55 温瘟　35 昏婚　22 文
　　33 稳　42 混相～

wi　22 围　42 未味位为

wia　55 挖　35 花　31 法滑袜
　　453 化　42 话

wiai　42 坏

wie　31 越

wien　55 豌剜腕弯湾　35 翻番欢
　　22 烦　53 贩　42 犯县饭

wiən　42 闰润

wIn　22 袁园援

win　31 远

wu　53 腻

wha　33 火夥

whən　35 分～开　22 魂

ta　55 多　33 打　31 答搭达

tai　53 带代　42 大～夫大

tau　55 刀　22 桃逃淘陶萄涛
　　53 到倒～水倒打～　42 道
　　盗导

tan　55 当单担宕　22 檀坛弹～
　　琴　22 谈潭谭堂螳唐糖塘颤
　　弹子～　33 胆　53 当典～
　　渐淡党

te　53 得德

təi　22 台抬苔　53 戴　42 袋

təu　55 兜　22 头投　33 斗抖陡
　　53 斗～争　42 豆逗

tən　55 登灯敦墩　22 臀橙腾螣
　　藤疼　33 等　31 钝　53 顿
　　扽凳　42 邓

to　31 奇独读牍犊毒触

toi　55 堆　42 对碓兑

ton　55 端　22 团　33 短　31 董
　　懂　453 蜕　42 断段缎

ton　55 东冬　33 撞　53 冻栋
　　42 动洞

tI　55 低　22 题提蹄啼堤　33 底
　　抵　53 帝　42 地递弟

tIau　53 教~书

tIe　31 碟牒谍滴笛

tIən　22 亭停廷庭蜓　33 顶鼎
　　42 蜻

tIn　55 钉 35 点　22 甜田填　53
　　钉~住订~约　42 枕~上殿
　　垫定

tIu　53 调音~调~动　453 吐

tiu　22 条调　33 鸟雀麻~　53
　　钓吊

tu　55 都~城　22 处~所徒屠途
　　33 赌肚　42 度渡许

tha　22 坍　31 塔榻塌　453 他
　　42 獭

thai　453 太泰

thau　453 套

than　35 滩摊贪　33 毯抢　453
　　炭叹探

the　31 铁跌帖

thəi　35 胎

thəu　35 透偷

thən　35 吞

tho　35 拖　31 脱

thon　35 通　33 桶　53 痛

thoi　35 推　33 腿　453 退

thI　35 梯　33 体　453 替剃

thIe　31 踢剔

thIu　453 跳

thIn　35 添天　53 听厅汀

thiu　35 搛~菜挟~菜

thu　33 土　453 兔

na　22 挪搓柔揉

nai　42 这乃

nau　31 脑恼　42 闹

nan　22 难~易南男　42 难灾~

noi　42 内

non　31 暖　42 软

nəi　42 耐奈渗

nən　22 能　42 嫩

nI　22 泥　31 你

nIn　22 年　31 染

nu　55 谁哪　22 奴　31 鲁橹

ŋa　55 沾粘　31 惹

ŋan　55 央殃　22 娘　42 让越

ŋo　31 肉弱进入月

ŋon　22 元原源　42 愿

ŋon　55 蹲　22 浓

ŋe　31 日耳业

ŋen　22 碾　31 眼

ŋəu　55 爪抓　53 皱绉

ŋən　22 壬任姓银人仁　33 撵忍
　　42 认

ŋi　22 儿凝疑拟　42 二贰义议艺

ŋiu　42 尿

ŋin　42 念

ŋu　22 鱼语　31 女饵纽　53 嗅

la　55 拉　22 罗锣箩腷　31 腊蜡
　　42 取娶讨 ~饭辣

lai　42 赖癞

lau　22 劳捞牢　31 老

lan　55 蓝　22 篮兰拦栏郎廊狼
　　31 懒　42 滥缆浪

lo　22 螺　33 啰 ~ 咳　31 鹿禄

loi　22 雷　31 垒　42 累

lon　22 鸾　42 乱

loŋ　55 笼聋

le　31 肋勒

len　31 冷

ləi　22 来

ləu　22 楼搂　42 漏陋

lən　22 论 ~语峉伦沦轮陵凌菱

lI　22 泥厘狸犁黎　31 礼李里理
　　鲤　42 利痢

lia　55 瘌跛芒　22 舔舐　53 跨
　　42 撒 ~手

lian　22 良凉粮量测 ~　31 两
　　42 亮谅辆量数 ~

lio　31 六陆绿　42 燎

lioŋ　22 龙

lie　31 力历栗立

lien　22 怜

liəu　55 溜

liən　22 邻鳞簾灵零　31 林淋邻檩
　　42 令

liu　22 流刘留榴硫琉　31 柳

lIu　42 虑

lIn　22 连镰簾灵零　33 领

　　53 练

lu　22 庐驴卢炉芦鸬　42 路露鹭

ly　42 泪

tsa　55 滓杂　22 茶札紮　31 眨
　　53 左闸炸油 ~ 诈榨炸 ~ 弹
　　42 坐座

tsai　55 斋　42 寨

tsau　55 遭糟　22 曹槽　33 早枣
　　蚤澡　53 罩雾（ ~ tsi33）
　　42 皂造

tsan　55 簪　22 蚕惭藏残　33 盏
　　斩　53 溅葬　42 錾

tso　31 绝作桌浊捉　53 错

tsoi　33 嘴　53 醉　42 罪

tson　35 疮　22 全

tsoŋ　55 聪匆葱囱宗　22 从丛
　　33 总　53 综综

tse　22 齐节　31 接截膝贼即鲫

tsen　55 争

tsəi　55 最灾栽　22 随才材财裁
　　53 再载　42 在

tsəu　22 愁　33 走

tsən　55 尊遵曾姓增　22 曾 ~经
　　层　53 浸　42 尽

tsI　22 辞　33 子梓姊紫雾
　　（tsau^{53} ~）　42 挤巳字笫自

tsIu　55 焦蕉椒

tsin　55 尖煎醒　22 前乾 ~坤钱
　　33 井剪　31 净　53 箭

tsɻ　22 磁糍瓷

tsu　55 租　22 族　33 阻祖组酒

53 做　42 就

tsha 35 钗差出 ~ 差参 ~ 差 ~ 别
31 插　453 岔

tshai 35 猜　33 彩采

tshau 35 操 ~ 作抄钞　33 炒吵
草　453 糙

tshan 35 参餐窗　33 铲产

tsho 53 错

tshoi 35 催　453 脆

tshon 35 宯睡

tshoŋ 33 怂

tshe 31 切 ~ 开泽择　53 七漆

tshen 35 撑　453 衬

tshəi 453 蔡菜

tshəu 453 凑

tshən 35 村亲 ~ 家 亲参 ~ 差
42 寸

tshi 35 妻　453 砌

tshin 35 千竿签青　33 浅

tshu 35 初蛆粗秋　33 取娶
453 醋　42 楚

sa 55 襄沙纱　33 锁　31 杀

sai 55 腮鳃筛　22 柴　53 晒赛

sau 55 骚臊梢　33 扫 ~ 地嫂
53 扫 ~ 帚

san 55 三山　33 嗓磉　53 散分
~ 散 ~ 开 伞

saŋ 33 础

so 55 唆啰 ~ 所　31 雪索吸　53
肃宿

soi 453 岁　42 碎

son 55 酸闩霜双　33 双　53 算
蒜　42 旋

soŋ 55 松嵩　53 送宋

se 33 洗　31 塞　53 细瑟虱色粟

sen 55 生牲星

səu 53 瘦

sən 55 心辛新薪孙甥　22 寻
33 笋榫省　53 信讯

sɪ 55 司丝思西栖犀厕　33 死
53 四肆

siu 55 萧箫消宵霄硝销　33 小
53 笑少 ~ 年

sin 55 仙先腥　53 线

sɪ 42 事

su 55 苏酥梳疏蔬　22 锄　33
数 ~ 着　53 数 ~ 学素嗦锈

tɕa 55 遮　35 车　22 邪茄　33
姐　31 脚　53 借那蔗
42 谢

tɕan 55 姜章樟张　22 强长生 ~
长肠场墙详祥　33 蒋奖桨
涨掌　53 帐账胀酱将大 ~
浆　453 斜　42 丈仗杖强
勉 ~ 匠

tɕo 53 竹祝粥

tɕon 55 砖庄装　22 传 ~ 达传 ~
记　53 转　42 状

tɕoŋ 55 中忠　22 穷虫重 ~ 复
53 中打 ~ 众　42 共

tɕe 31 吉结着睡 ~ 揭直值隻灸
53 姪织急

tçən 55 针今金真巾斤筋蒸精晶睛经 22 沉琴陈尘勤芹承丞情成城诚 33 枕紧准整 42 近阵

tçi 55 支枝肢之芝正知雉鸡饥几机饥 22 迟池厨其棋期旗 33 旨指纸止趾纪几～个 53 翅只计臀痔记寄 42 忌

tçiu 55 朝今～招 22 朝～代潮桥荞 53 叫 42 赵轿

tçin 53 占剑见 42 件

tçu 55 周州洲猪车～马 22 绸求 33 主煮九久韭 53 救句锯 42 旧箸柱住

tçy 55 朱硃珠 22 槌锤 33 矩 53 蛀

tçha 33 扯

tçhau 35 超

tçhan 35 腔昌菖蜥

tçho 53 出畜

tçhon 35 川穿 33 串闯

tçhoŋ 53 铳

tçhe 31 尺 53 吃

tçhən 35 春椿称～呼清 53 称相～秤

tçhi 35 溪欺 33 齿起杞 453 气汽契

tçhin 35 牵轻 33 请 453 欠

tçhu 35 丘抽吹 33 丑 453 臭

ça 55 奢赊杉 22 蛇 33 写 31 勺～子 53 泻 42 社厦

çai 55 筛 22 柴豺

çau 53 孝

çan 55 香乡相箱厢银 22 常尝裳 53 相～貌 42 上

ço 31 熟

çoi 53 税

çon 22 玄船

çoŋ 55 胸凶 22 熊雄

çe 22 鞋 31 十拾舌歇血实失石

çəu 42 秀绣

çən 55 深身申伸升兴～旺 22 神辰晨绳塍 53 胜性姓 42 剩傻

çi 55 尸狮诗希稀 22 薯时匙 33 屎跂喜 53 戏世

çiu 55 烧 33 少多～

çin 55 掀声 22 嫌完 33 闪 53 扇显现 42 善

çu 55 收休 22 仇酬 33 鼠手首守 42 寿受竖树

çy 55 输殊墟书舒怯 33 水

ka 55 哥歌 31 割葛 53 个

kau 55 高篙 33 稿

kan 55 江豇风岗刚纲钢缸奸艰间中～幹 干肝尴甘柑泔 33 讲杆秆赶竿减敢 53 降

ko 22 各 31 鸽郭 53 骨谷

koŋ 55 公蚣工功攻恭 53 贡供～给

ke 55 麻雀（tiu³³～）

ken　55 更　31 革隔　53 间 ~断

kəi　55 该　33 改　53 尬盖

kəu　55 勾钩沟　33 狗苟

kən　55 跟根　31 滚

kia　55 家傢加　22 爬　31 夹袷
　　33 假贾姓　53 架嫁价挂卦
　　42 涩甲

kiai　55 乖街阶　53 界芥疥届
　　戒块

kiau　55 交胶　33 巧　53 教 ~育
　　觉睡 ~缴

kio　53 厥

kion　22 拳　33 捲　53 眷卷捐倦
　　券　42 圈猪 ~

kie　55 街　33 解 ~开

kien　31 绕缠　53 惯

kiəi　53 蛋

kiən　55 君军　22 裙　42 菌

ki　55 簋　35 亏

ku　55 姑　33 古估牯股鼓蛊　42
　　故固锢顾

kua　55 锅熨　35 窠　31 刮
　　53 过

kuan　55 官棺关光　33 广　53
　　贯罐

kue　53 国

kuen　33 茎

kuəi　55 规

kuən　31 緄　53 棍

ky　55 龟归簋　33 鬼　53 桂鳜
　　癸贵　42 櫃

khai　453 概

khau　453 靠犒

khan　35 康糠看 ~见看 ~守刊

kho　35 哭　31 确壳

khoŋ　35 空 ~虚　33 恐孔　453
　　巷空 ~缺

khe　31 刻克客

khen　35 坑

khəi　35 开

khəu　35 扣寇　33 口叩

khən　33 肯

khia　31 掐

khiai　35 揩　53 怪　453 快筷

khio　31 缺

khion　35 圈圆 ~　33 犬　53 劝

khiən　33 春

khu　33 枯苦　53 库裤

khua　33 颗　31 阔

khuan　33 宽款

khuən　35 昆崑　53 困

khy　33 跪

xa　35 喇咳虾蛾核果 ~　22 虾 ~
　　蟆河　31 瞎匣　53 黑　42
　　下夏

xai　453 懈

xau　35 薅　22 豪壕毫　33 好 ~
　　坏　453 好爱 ~耗　42 （号
　　记） ~数

xan　22 行银 ~闲寒韩衔咸　33
　　喊　42 罕旱汉限痹 （~
　　pie^{53}）

xo 35 复~兴 22 鹤 31 和~
气合盒活佛学 53 福腹
453 祸货 42 贺和~面

xoi 35 灰 33 恢 42 会

xoŋ 35 峰蜂锋封风枫疯 22 冯
红洪鸿虹 33 哄~骗 53
奉 42 俸缝（一条缝儿）

xe 31 吓

xen 22 行~为衡

xəi 33 海 53 害亥

xəu 22 侯喉猴瘊候吼 42 后厚

xən 33 很 53 恨

xu 35 夫 22 扶芙胡湖狐壶乎瓠
33 府斧虎 53 富副 42
户腐

xuai 22 怀槐淮

ŋa 22 鹅 33 哑 31 我 42 饿

ŋau 22 熬

ŋan 33 仰昂 42 雁岸

ŋe 31 额

ŋen 42 硬

ŋəu 22 牛 31 藕偶

ŋia 22 牙芽衙 42 轧~棉花

ŋiai 42 隘艾

ŋiau 31 咬

ŋua 53 卧

a 55 鸦 31 阿

an 55 安鞍庵 53 暗案

o 31 恶善~恶 53 屋

oŋ 31 五伍午

e 55 丑很~ 31 扼轭

əi 53 爱

əu 55 欧瓯杯 33 呕殴 53 热
沤怄

ən 55 思含

ja 55 爷 31 药揖鸭押压野 42
夜也

jan 55 秧 22 萤羊洋杨扬阳
31 养痒 42 样

jo 22 撩 31 岳约

joŋ 55 雍浇 22 荣戎绒融容蓉
庸 31 勇涌 42 用

je 31 折叶页醃噎 53 乙一

jəi 22 梨

jən 55 音阴荫因姻应~当鹰英
22 寅营缩 31 饮引 42 窨
印映应响~

ji 55 秽医於淤医衣依 22 益移
夷姨 53 熄倚椅意 42 易

jiu 55 妖邀腰 22 摇窑姚 53
要坳 42 鹞

jin 55 冤烟 22 盈赢言燃盐 33
影 53 怨燕厌

ju 55 忧优 31 有友酉 42 又
右佑

jy 55 誉预豫芋 31 舀

u 22 无吴 31 武舞 53 雾 42
误雨

yən 22 匀云 42 韵运

附录三

一 草苗史诗*——草苗婚礼颂词

汉字记苗音：日 乃 斗 叫 高 亲 宁 亲

苗语音标：pən¹ nai⁴² təu⁴ ȶau¹ kau³ sən¹ ȵən² sin²

直译（下同）：日 今 伙 咱 头 村 人 亲

报 不 讲 跟 本 又 要 有 跟

pau⁵ pi⁴ kaŋ³ tən³ pən⁴ ju⁶ jiu⁵ me² tən³

说 不 讲 根 本 又 要 有 根

报 不 讲 怕 本 又 有 怕

pau⁵ pi⁴ kaŋ³ q'e¹ pən⁶ ju⁵ me² q'e¹ （q'e¹ 树梢）

说 不 讲 尾 本 又 有 尾

有 跟 有 怕 有 边 有 中 不 讲 卡 那

me² tən³ me² q'e¹ me² ke¹ me² ta⁵ kwe² kaŋ³ qa⁴ nəu¹

有 根 有 尾 有 边 有 中 不 讲 里 哪

---

* 讲述人：吴维尚，草苗，67 岁，黎平起凡人；2006 年 24—27 日于黎平。此颂词由吴维尚老者提供汉字记苗音文本，由笔者用国际音标记音并译释。文字提到的一些词语注释：甪（中间一竖出头，pja¹，意为岩）怕领 q'e¹，在黎平龙额，汉名归白碑，已不存；甪高达 pja¹ kau³ ta³

讲	打	前	当	初	当	曾	公	老
kaŋ³	ta⁴²	qun⁵	taŋ³	su¹	taŋ⁵	tən³	kəŋ³³	lau⁴
讲	从	前	当	初	当	根	公	老

养	公	喜	公	喜	养	得	一	从
saŋ³¹	kəŋ³³	çi²²	kəŋ³³	çi²²	saŋ³¹	li³	jet¹	səŋ²²
养	公	喜	公	喜	养	得	一	崇

一	从	养	得	二	从	二	从	养	得	三	从
jet⁵⁵	səŋ²²	saŋ⁴	li³	n̠i⁶	səŋ²	n̠i⁶	səŋ²	saŋ⁴	li³	sam¹	səŋ²
一	崇	养	得	二	崇	二	崇	养	得	三	崇

三	从	养	得	五	从	五	从	养	得	金	故
sam¹¹	səŋ²	saŋ⁴	li³	ŋo⁴	səŋ²	ŋo⁴	səŋ²	saŋ⁴	li³	tɕəm¹	qu¹
三	崇	养	得	五	崇	五	崇	养	得	金	故

金	故	养	得	流	妹	一	年	登	发	养	老	雷
tɕəm¹	qu¹	saŋ⁴	li³	liiu²	moi⁴	i¹	n̠in²	təm¹	wet⁹	saŋ⁴	lau⁴	ləi²
金	故	养	得	流	妹	一	年	登	发	养	老	雷

二	年	登	发	养	老	龙
ja²	n̠in²	təm¹	wet⁹	saŋ⁴	lau⁴	ljən²
二	年	登	发	养	老	龙

三	年	登	发	养	老	虎
sam¹	n̠in²	təm¹	wet⁹	saŋ⁴	lau⁴	q'u³
三	年	登	发	养	老	虎

五	年	登	发	养	老	蛇
ŋo⁴	n̠in²	təm¹	wet⁹	saŋ⁴	lau⁴	ça²
五	年	登	发	养	老	蛇

七　年　登　发　养　得　老　风　老　电
set⁷ ŋin² təm¹ wet⁹ saŋ⁴ li³ lau⁴ ləm² lau⁴ lap⁹
七　年　登　发　养　得　老　风　老　闪电

兄　弟　也　多　人　们　也　样
ȶai⁴ nəŋ² ja⁶ kuŋ² qən² mən² ja⁶ laŋ⁶
兄　弟　也　多　人　们　也　浪（放浪）

不　也　乱　叫　甲　也　乱　病
pu² ja⁶ lon⁶ ȶau¹ ȶa² ja⁶ lon⁶ pin⁵
瓜　也　乱　藤　茄　也　乱　柄（把儿）

鸡　乱　务　斗　谷　乱　务　阳　闷　乱　内　应
qai⁵ lon⁶ u¹ təu³ əu⁴ lon⁶ u¹ ŋaŋ² mɐn⁵ lon⁶ qau² jin¹
鸡　乱　上　窝　谷　乱　上　火炕　针线　乱　内　蓝

竹　乱　内　达　虽　因　为　那　个
p'ɐn¹lon⁶ qau⁴ ta³ qəi³ jin¹ wi⁶ qa² nəu¹
竹　乱　内　山林　未　因　为　个　哪

因　为　婆　雷　务　闷
jin¹ wi⁶ sa⁴ pja³ u¹ mən¹
因　为　婆　雷　上　天

落　了　三　天　三　夜　的　命
tok⁷ ljeu⁴ sam¹ pən¹ sam¹ ȶan¹ ti¹ mjən¹
落　了　三　天　三　夜　的　雨

落　了　九　天　九　夜　的　古　水　大　平　天
tok⁷ ljeu⁴ ȶu³ pən¹ ȶu³ ȶan¹ ti¹ qu⁴ nem⁴ mak⁹ piŋ² mən¹
落　了　九　天　九　夜　的　雹　水　大　平　天

又	得	张	良	张	妹	牙	邬	帝	得	人	们
ju^4	li^3	$ȶaŋ^3$	$ljaŋ^2$	$ȶaŋ^3$	moi	ja^2	mau^6	$ȶi^5$	li^3	$qən^2$	$mən^2$
又	得	张	良	张	妹	俩	他	制	得	人	们

养	得	公	马	王	帝	岑	己	耍	马	王
$saŋ^4$	li^3	$kəŋ^3$	ma^4	$waŋ^2$	$ȶi^5$	$ȶən^2$	$ȶi^6$	sa^4	ma^4	$waŋ^2$
养	得	公	马	王	制	山	坡	奶	马	王

帝	顺	孖	帝	条	定	塘	多	叫	打
$ȶi^5$	$sən^1$	$ȵa^1$	$ȶi^5$	$ȶiu^2$	$ȶən^2$	$təm^1$	to^3	$ȶau^1$	ta^6
制	村	河	制	条	山	塘	给	我们	过（打理）

帝	条	定	亚	多	叫	来	帝	谷	作	叫	吃
$ȶi^5$	$ȶiu^2$	$ȶən^1$	ja^5	to^3	$ȶau^1$	ma^1	$ȶi^5$	$əu^4$	to^3	$ȶau^1$	$ȶi^1$
制	条	埂	田	给	我们	来（种）	制	谷	给	我们	吃

帝	屡	多	叫	讲	帝	美	作	弄	帝	班	多	岑
$ȶi^5$	li^4	to^3	$ȶau^3$	$kaŋ^1$	$ȶi^5$	$məi^4$	to^3	$ləŋ^1$	$ȶi^5$	pen^3	to^3	$ȶən^2$
制	话	给	我们	讲	制	树	给	山冲	制	杉木	给	山

三	天	拜	着	一	高	约
sam^1	$pən^1$	pai^1	nu^5	i^1	kau^3	jo^3
三	天	去	看	一	头	高

五	天	拜	得	一	楼	胖
$ŋo^4$	$pən^1$	pai^1	nu^5	i^1	$ləu^2$	$pʼaŋ^{11}$
五	天	去	看	一	楼	高

美	大	一	榜	双	大	一	用
$məi^4$	mak^9	i^1	$paŋ^2$	$saŋ^1$	mak^9	i^1	$joŋ^5$
树	大	像	庞桶	根	粗	像	桶

分　　岑　　地　　平　　入　　岑　　地　　平
wən¹　ȶən²　ti⁶　piŋ²　ȵap¹³　ȶən²　ti⁶　piŋ²
分　　山　　地　　平　　入　　山　　地　　平

分　　岑　　地　　计　　入　　岑　　地　　计
wən¹　ȶən¹³　ti⁶　ȶi⁵　ȵap¹³　ȶən²　ti⁶　ȶi⁵
分　　山　　地　　制　　入　　山　　地　　制

分　　公　　卜　　卡　　姚　　邪　　做　　儿　　大
wən¹　kəŋ³　pu⁴　ka⁴　jiu²　mau⁶　we⁴　lak¹⁰　mak⁹
分　　公　　父　　族　　瑶　　他　　做　　儿　　大

穿　　衣　　四　　坝　　包　　怕　　四　　斗
tən³　quk⁹　si⁵　pa⁵　pau¹　p'a⁵　si⁵　təu³
穿　　衣　　四　　襟　　包　　帕　　四　　髻

弄　　大　　做　　岑　　岑　　大　　做　　地
ləŋ¹　mak⁹　we⁴　ȶən²　ȶən²　mak⁹　we⁴　ti⁶
冲　　大　　做　　坡　　坡　　大　　做　　地

吃　　鸡　　不　　约　　收　　色　　吃　　夜　　不　　约　　收　　都
ȶi¹　qai⁵　kwe²　jo⁴　çu¹　se¹　ȶi¹　je¹　kwejo⁴　çu¹　tu³
吃　　鸡　　不　　知　　收　　嗉囊　　吃　　蛙　　不　　知　　收　　肚

却　　不　　约　　洗　　模　　不　　约　　收
tin¹　kwe²　jo⁴　çuk¹⁰　muk¹⁰　kwe²　jo⁴　çu¹
脚　　不　　知　　洗　　嘴　　不　　知　　收

分　　岑　　地　　平　　入　　岑　　地　　平
wən¹　ȶən²　ti⁶　piŋ²　ȵap¹³　ȶən²　ti⁶　piŋ²
分　　山　　地　　平　　入　　山　　地　　平

分　岑　地　计　入　岑　地　计
wən¹　ȶən²　ti⁶　ȶi⁵　n̠ap¹³　ȶən²　ti⁶　ȶi⁵
分　山　地　制　入　山　地　制

分　公　卜　苗　老　邜　在　高　岑
wən¹　kəŋ³　pu⁴　mjiu¹　lau⁴　mau⁶　n̠au⁶　kau³　ȶən²
分　公　父　苗　老　他　在　头　山

邜　在　高　己　美　老　一　棒　双　良　流
mau⁶　n̠au⁶　kau³　ȶi⁶　məi⁴　lau⁶　i¹　paŋ⁶　saŋ¹　ljaŋ²　ljiu⁴
他　在　高　己　美　老　一　棒　双　杨　柳（高己、美老、一棒、杨柳均为地名）

日　听　婆　雷　高　谈　夜　听　婆　香　讲　事
pən¹　ȶʼiŋ⁵　sa⁴　pja³　kau³　tan²　n̠əm⁵　ȶⁱiŋ⁵　sa⁴　jaŋ¹　kaŋ³　çəi⁵
日　听　婆　雷　高　谈　夜　听　婆　香　讲　法理（sa⁴jaŋ¹香婆，传说中的女恶鬼）

吃　鸡　不　约　收　色
ȶi¹　qai⁵　kwe²　jo⁴　çu¹　se¹
吃　鸡　不　知　收　嗦嚢

吃　夜　不　约　收　都　却　不　约　洗　模　不　约　收
ȶi¹　je¹　rwe²　jo⁴　çu¹　tu³　tin¹　kwe²　jo⁴　çuk¹⁰muk⁷　kwe²　jo⁴　çu¹
吃　蛙　不　知　收　肚　脚　不　知　洗　嘴　不　知　收

吹　人　打　边　拜　走　说
çui¹　qən²　ta⁶　pjan⁵　pai¹　ȶʼam³　so¹
吹　芦笙　过　田坝　去　走　姑娘

205

吹　　人　　打　　门　　拜　　　走　　女
$çui^1$　$qən^2$　ta^6　to^1　pai^1　$\textit{ţ'}am^3$　$miek^9$
吹　芦笙　过　门　去　　走　姑娘

却　　寨　　高　　女　　乐　高　寨　　高　　约　　女
tin^1　$çai^6$　kau^3　$ɳui^4$　jo^1　kau^3　$çai^6$　kau^3　jo^1　$ɳui^4$
脚　寨　头　女　乐　头　寨　头　约　女（女乐、约女均
为地名）

却　　寨　　朋　　夜　　虽　　高　　顺　　买　　夜　　故
tin^1　$çai^6$　$pən^2$　je^1　$səi^3$　kau^3　$sən^1$　$ţəi^3$　je^1　qu^1
脚　寨　生　蛙　公　头　村　买　蛙　母

分　　岑　　地　　平　　入　　岑　　地　　平
$wən^1$　$ţən^2$　ti^6　$piŋ^2$　$ɳap^{10}ţən^2$　ti^6　$piŋ^2$
分　山　地　平　入　山　地　平

入　　岑　　地　　平　　入　　岑　　地　　计
$ɳap^{13}ţən^2$　ti^6　$piŋ^2$　$ɳap^{10}ţən^2$　ti^6　$ţi^5$
入　山　地　平　入　山　地　制

分　　公　　卜　　更　　巴　　锄　　把　　凶　　交　　作　　杀
$wən^1$　$kəŋ^3$　pu^4　$kəm^1$　pak^9　$ţok^9$　pak^9　$çəŋ^5$　au^1　to^3　sa^1
分　公　父　侗　把　锄　把　枪　扛　在　肩

将　　刀　　交　　作　　腰　　除　　神　　除　　肥　　可　　记　　皮　　扒
$taŋ^1$　mja^4　au^1　to^3　qui^3　tu^2　$sən^1$　tu^2　we^2　qo^4　qi^5　pi^2　pa^2
把　刀　佩　在　腰　只　黄牛　只　水牛　可　记　琵　琶
（qo^4qi^5可记，牛腿琴，为侗族的一种乐器）

将　人　嫩　己　胖　打　高　纳　翻　打　高　双

ȶɘŋ^1　qɘn^2　nɘn^1　ȶik^1　p'aŋ^1　ta^6　kau^3　na^3　p'ia^3　ta^6　kau^3　joŋ^1

扛　芦笙　个　笛子　高　过　高　纳　翻　过　高　双

（kau^{3}na^{3}高纳、kau^{3}joŋ^{1}高双为草苗的地名）

分　岑　地　平　入　岑　地　平

wɘn^1　ȶɘn^2　ti^6　piŋ^2　ȵap^{13}　ȶɘn^2　ti^6　piŋ^2

分　山　地　平　入　山　地　平

分　岑　地　计　入　岑　地　计　分　公　卜　卡

wɘn^1　ȶɘn^{13}　ti^6　ȶi^5　ȵap^{10}　ȶɘn^2　ti^6　ȶi^5　wan^1　kɘŋ^3　pu^4　ka^4

分　山　地　制　入　山　地　制　分　公　父　汉

在　条　顺　大　做　子　多　条　顺　赖

ȵau^6　ȶiu^2　sɘn^1　mak^9　we^4　lak^{10}　to^3　ȶiu^2　sɘn^1　lai^1

住　个　村　大　做　儿　在　个　村　好

笔　墨　作　手　鞋　花　多　却　银　井　多　来

pjet^7　mak^8　to^3　mja^2　hai^2　wa^2　to^3　tin^1　ȵɘn^2　qɘm^4　to^3　lai^2

笔　墨　在　手　鞋　袜　穿　脚　银　锭　揹　背

银　排　多　嘴　子　班　多　而　约　约

ȵɘn^2　pai^2　to^6　tɘi^6　lak^1　pan^1　to^3　le^2　jo^3　jo^3

银　排　放　袋　小　男　读　书　朗　朗

子　女　作　说　亮　亮，

lak^1　mjek^9　sok^{10}　so^{35}　ljaŋ^5　liaŋ^5

子　女　说　话　亮　亮

分　岑　地　平　入　岑　地　平

wɘn^1　ȶɘn^2　ti^6　piŋ^2　ȵap^{10}　ȶɘn^2　ti^6　piŋ^2

分　山　地　平　入　山　地　平

附 录

分　岑　地　计　入　岑　地　计
wən^1　ȶən^{13}　ti^6　ȶi^5　ȵap^{10}　ȶən^2　ti^6　ȶi^5
分　山　地　制　入　岑　地　制

分　公　卜　苗　老
wən^1　kəŋ^3　pu^4　mjiu^1　lau^4
分　公　父　苗　老

作　嫩　大　堂　十　九　保　九　姓
we^4　nən^1　mak^9　taŋ^2　çap^7　ȶu^3　pau^3　ȶu^3　siŋ^5
作　个　大　塘　十　九　保　九　姓

十　动　十　姓　人
çap^7　təŋ^4　çap^7　siŋ^5　qən^2
十　洞　十　姓　人

十　姓　人　们　共　寨　在
çap^7　siŋ^5　qən^2　mən^2　ȶoŋ^4　çai^6　ȵau^6
十　姓　人　们　共　寨　在

十　姓　吗　术　共　道　正
çap^7　siŋ^1　ma^1　siu^{11}　ȶoŋ^4　tau^1　tuŋ^1
十　姓　菜　青　共　锅　煮

板　在　岑　小　坐　岑　小
pan^4　ȵau^6　ȶən^2　un^3　sui^5　ȶən^2　un^3
伴　在　山　小　坐　山　小

叫　在　岑　大　坐　岑　大
ȶau^1　ȵau^6　ȶən^2　mak^9　sui^5　ȶən^2　mak^9
我　们　在　山　大　坐　山　大

板　在　岑　小　早　邬　拜　达　不　离　将　刀　在　边　坝
pan^4　ȵau^6　ȶən^2　un^3　jet^7　mau^6　pai^1　ta^3　qəi^3　lji^2　ȶaŋ^1　mja^4　ȵau^6　ke^1　pa^1
伴　在　山　小　晨　他　去　山　不　离　把　刀　在　边　腿

晚　邬　来　言　虽　离　嘴　吗　在　半　交
ȵəm^5　mau^6　ma^1　jan^2　qəi^3　lji^2　təi^6　ma^1　ȵau^6　pan^5　ȶau^3
夜　她　回　家　不　离　袋　菜　在　半　腿

早　邬　拜　岑　唱　歌
jet^7　mau^6　pai^1　ȶən^2　to^3　qa^1
晨　他　去　山　唱　歌

晚　转　来　言　多　也
ȵəm^5　ȶon^5　ma^1　jan^2　to^3　je^6
晚　转　来　言　多　耶（to^{3}je^6 多耶，跳舞也）

上　拜　找　亲　下　拜　找　客
ȶ'a^5　pai^1　səm^6　sən^1　lui^6　pai^1　səm^6　q'ek^9
上　去　寻　亲　下　去　寻　客

刀　勾　排　甲　刀　米　排　路
mja^4　qəu^1　p'at^9　pja^2　mja^4　mjit^1　p'at^9　q'ən^1
刀　勾　砍　树丛　刀　镰　砍　路

虽　排　到　那　排　到　平　培　平　州
qəi^3　p'at^9　t'əu^5　nəu^5　p'at^9　t'əu^5　piŋ^2　pəi^2　piŋ^2　ȶu^1
不　砍　到　哪　砍　到　平　培　平　州
（piŋ^{2}pəi^{2}平培、piŋ^{2}ȶu^{1}平州，为地名）

坎　美　做　白　作　美　做　嫩
qəm^3　məi^4　we^4　pak^{10}t'o^1　məi^4　we^4　nəm^1
砍　树　作　白　拖　木　做　黑

坎　美　做　台　共
qəm³ məi⁴ we⁴ tai² ʨuŋ⁶
砍　树　做　桌　共

万　海　子　小　得　邻　虽　风
wen⁶ hai⁴ lak¹⁰ un³ li³ ma⁶ qəi³ həŋ³
万　海　子　小　有　他　不　肯

春　时　要　牛　做　工　冬　时　要　牛　关　毛
çən¹ çi² jiu⁵ tu² we⁴ kəŋ¹ təŋ¹ çi² jiu⁵ tu² təm³ mau²
春　时　要　牛　做　工　冬　时　要　牛　踩　肥

做　得　成　亲　结　得　成　客
we⁴ li³ k'ən¹ sən¹ ʨit⁹ li³ k'ən¹ q'ek⁹
做　得　成　亲　结　得　成　客

邦　老　换　美　客　条　代　换　九　鞋
paŋ⁶ lau⁴ wan⁶ məi⁴ k'e¹ ʨiu² se¹ wan⁶ ʨəu⁶ hai²
棒　大　换　根　梳　条　带　换　双　鞋

双　对　双　九　对　九　我　弟　讨　我　为
joŋ¹ ti⁵ joŋ¹ ʨəu⁶ ti⁵ ʨəu⁶ jau² nəŋ⁴ au¹ jau² wəi⁶
双　对　双　对　和　对　我　弟　讨　我　妻妹

金　公　讨　女　天　阳　共　讨　俾　点
ʨəm¹ koŋ¹ au¹ mjek⁹qen³ jaŋ² koŋ¹ au¹ pəi⁴ qeŋ⁴
金　公　讨　女　天　阳　共　讨　俾　点（ʨəm¹koŋ¹金公、mjek⁹qen³女天、jaŋ²koŋ¹阳共、pəi⁴qeŋ⁴俾点，均为人名）

想　保　贵　州　破　代　讨　息
çaŋ⁵ pau⁴ kui³ ʨu¹ p'a⁵ səm⁶ au¹ lja³
想　保　贵　州　破　代　讨　媳

金　保　贵　州　破　代　讨　婆
ȶəm¹ pau⁴ kui³ ȶu¹ p'a⁵ səm⁶ au¹ te¹
金　保　贵　州　破　代　讨　外婆

想　夜　汤　夜　破　代　讨　位
çaŋ⁵ je¹ t'aŋ¹je¹ p'a⁵ səm⁶ au¹ wəi⁶
想　夜　汤　夜　破　代　讨　婶姨

汤　习　破　代　讨　子
táŋ¹ çi¹ p'a⁵ səm⁶ au¹ lak¹⁰
汤　习　破　代　讨　子

想　冲　破　条　想　银　破　姓
çaŋ⁵ t'əŋ¹ p'a⁵ ȶiu² çaŋ¹ ȵən² p'a⁵ siŋ⁵
想　冲　破　条　想　银　破　姓

破　代　大　讨　代　小
p'a⁵ səm⁶ mak⁹ au¹ səm⁶ un³
破　代　大　讨　代　小

计　乃　卜　大　子　多
ȶi⁶ nai⁶ pu⁴ mak⁹ lak¹⁰ kuŋ²
辈　这　父　伯　子　多

分　甭　　　大　共　甭　小
wən¹ pja¹　　　mak⁹ ȶoŋ⁶ pja¹ un³
分　岩（碑，下同）大　共　岩　小

分　入　上　动　华　米
wən¹ lau³ çaŋ⁵ təŋ⁴ wa² mji⁴
分　入　上　洞　华　米

附 录

做 了 十 二 亲 十 二 客
we⁴ ljeu⁴ çi¹ ȵi⁶ sən¹ çi¹ ȵi⁶ q'ek⁹
做 了 十 二 亲 十 二 客

谷 十 二 箩 鱼 十 二 兰
əu⁴ çi¹ ȵi⁶ la² qa¹ çi¹ ȵi⁶ k'iŋ⁵
谷 十 二 箩 鱼 十 二 篮

酒 十 二 嫩 银 十 二 两
k'au³çi¹ ȵi⁶ nən¹ ȵən² çi¹ ȵi⁶ ljaŋ²
酒 十 二 个 银 十 二 两

三 十 里 路 寻 妻 夫
sam¹ çi¹ lji⁴ qk'ən¹ səm⁶ si¹ hu⁴
三 十 里 路 寻 妻 夫

九 十 里 路 寻 人 言
ȶu³ çi¹ lji⁴ lu¹ səm⁶ qən² jan²
九 十 里 路 寻 人 家

担 酒 酒 长 担 肉 肉 放
tao⁹ k'au³ k'au³ jai³ tap⁹ nan⁴ nan⁴ waŋ¹
担 酒 酒 坏 担 肉 肉 臭

担 谷 同 岑 黄 担 肉 同 岑 红
tap⁹ əu⁴ təŋ² ȶən² man³ tap⁹ nan⁴ təŋ² ȶən² ja⁵
担 谷 同 山 黄 担 肉 同 坡 红

日 乃 想 冲 破 条 想 银 破 姓
pən¹ nai⁶ çaŋ⁵ t'əŋ¹ p'a⁵ ȶiu² çaŋ⁵ ȵən² p'a⁵ siŋ⁵
日 这 想 冲 破 条 想 银 破 姓

212

日　乃　卯　旧　除　牛　入　平　孖
pən¹　nai⁶　mau⁶　ȶəu¹　tu²　tu²　lau⁶　piŋ²　ȵa¹
日　今　他　赶　只　牛　入　坪　江

喊　卜　乃　做　者　大
hem⁴　pu⁴　nəi⁴　we⁴　te¹　ta¹
喊　父　母　做　外婆　外公

旧　除　牛　入　平　砂
ȶəu¹　tu²　tu²　lau³　piŋ²　çe¹
赶　只　牛　进　坪　沙

喊　甫　乃　做　大　者
hem³　pu⁴　nəi⁴　we⁴　ta¹　te¹
喊　父　母　做　外婆　外公

记　乃　発　登
ȶi¹　nai⁶　wet⁹　təm¹
时　这　发　登

五　男　二　女　七　子　团　元
wu⁴　nan²　re¹　nui⁴　ȶ'i¹　ts'⁴　t'on²　yen²
五　男　二　女　七　子　团　圆

卜　大　子　多
pu⁴　mak⁹　lak¹⁰　kuŋ²
父　伯　子　多

分　甫　大　共　甫　小
wən¹　pja¹　mak⁹　ȶoŋ⁶　pja¹　un³
分　岩　大　共　岩　小

213

分　入　中　洞　华　米

wən¹ lau³ ȶəŋ⁵ təŋ⁴ wa² mji⁴

分　入　中　洞　华　米

改　做　六　亲　六　客

kai⁴ we⁴ ljok⁸ sən¹ ljok⁸ q'ek⁹

改　做　六　亲　六　客

谷　六　笋　鱼　六　兰

əu⁴ ljok⁸ la² qa¹ ljoŋ¹³ k'iŋ⁵

谷　六　笋　鱼　六　篮

酒　六　嫩　银　六　两

k'au³ ljok⁸ nən¹ ȵən² ljok⁸ ljaŋ²

酒　六　个　银　六　两

日　乃　又　发　登

pən¹ nai⁶ ju⁶ wet⁹ təm¹

日　今　又　发　登

五　男　二　女　七　子　团　元

wu⁴ nan² re¹ nui⁴ ȶ'i¹ tsɿ⁴ t'on² yen²

五　男　二　女　七　子　团　圆

卜　大　又　子　多

pu⁴ mak⁹ ju⁶ lak¹⁰ kuŋ²

伯　父　又　子　多

分　甪　大　共　甪　小

wən¹ pja¹ mak⁹ ȶoŋ⁶ pja¹ un³

分　岩　大　共　岩　小

分 入 下 洞 华 米 改 做 四 亲 四 客
wən¹ lau³ ha⁵ təŋ⁴ wa² mji⁴ kai⁴ we⁴ si⁵ sən¹ si⁵ q'ek⁹
分 入 下 洞 华 米 改 做 四 亲 四 客

谷 四 箩 鱼 四 兰
əu⁴ si⁵ la² qa¹ si⁵ k'iŋ⁵
谷 四 箩 鱼 四 篮

酒 四 嫩 银 四 两
k'au³si⁵ nən¹ ȵən² si⁵ ljaŋ⁴
酒 四 个 银 四 两

又 分 五 甪 五 近
ju⁶ wən¹ ŋo⁴ pja¹ ŋo⁴ ʈin¹
又 分 五 石 五 岩

有 十 头 十 老
me² ɕap⁷ təu² ɕap⁷ lau⁴
有 十 头 十 老

落 名 上 纸 写 字 上 而
tok⁷ qan¹ ʈ'a⁵ ʈi³ ɕeu¹ si⁶ ʈ'a⁵ le²
落 名 上 纸 写 字 上 书

有 名 有 姓
me² qan¹ me² siŋ⁵
有 名 有 姓

高 雨 其 马 龙 士 雨 少
kau³ y⁴ ʈi² ma⁴ loŋ² si⁵ y⁴ sau¹
高 宇 其 马 龙 士 雨 抄

215

吴　取　凡　数
wu² tɕi‿⁴ wan² su⁵
吴　取　凡　书

水　在　内　孖　甪　岑　归　屡
nəm⁴ ȵau⁶ kau⁴ ȵa¹ pja¹ tɕən² kui³ lji⁴
水　在　内　江　岩　坡　归　垒

堂　冲　顺　结
təŋ² çəŋ¹ sən¹ tɕoi³
堂　冲　顺　结

归　欧　七　厦　张　文　得　少
kui³ əu¹ set⁷ sa⁴ tsaŋ³ wən² te² sau¹
归　欧　七　厦　张　文　得　抄

张　其　怀　数
tsaŋ³ tɕ'i² wai² su⁵
张　其　怀　书

水　内　孖　　甪　高　凹
nəm⁴ kau⁴ ȵa¹　pja¹ kau³ kweŋ⁵
水　内　孖　甪　高　凹

己　甪　命　江　美　嫩　岑　比
tɕi⁴ pja¹ mjiŋ¹ kaŋ¹ məi⁴ nat⁷ tɕən² pji⁴
己　岩　命　江　美　嫩　岑　比

寨　命　江　龙　国　明　少
çai⁶ mjiŋ¹ kaŋ¹ loŋ² kwe² miən²sau⁵
寨　命　江　龙　国　明　抄

龙　真　高　数
loŋ² tsən³ kau³ su⁵
龙　真　高　书

水　内　孖　甪　田　凹
nam⁴ kau⁴ ŋ̣a¹ pja¹ ja⁵ kweŋ⁵
水　内　孖　甪　田　凹

卜　井　卜　对　卜　糯　归　斗
pu⁴ ȶim⁴ pu⁴ təi¹ pu⁴ no⁵ kui³ təu¹
卜　井　卜　对　卜　糯　归　斗

习　文　习　高　少　习　贤　数
çi² wən² çi² kau³ sau⁵ çi² çen² su⁵
习　文　习　高　抄　习　贤　书

水　内　孖　甪　怕　领
nəm⁴ kau⁴ ŋ̣a¹ pja¹ q'e¹ ljiŋ⁴
水　内　孖　岩　怕　领

归　白　亚　喊　归　纳　归　保
kui³ pe¹ ja⁴ han⁴ kui³ na³ kui³ pau⁶
归　白　亚　喊　归　纳　归　保

美　孝　高　达
məi⁴ jau¹ kau³ ta³
美　孝　高　达

龙　士　明　少　龙　起　明　数
loŋ² s'¹ mən² sau⁵ loŋ² ȶi² mjən² su⁵
龙　士　明　抄　龙　起　明　书

水　内　孖　甪　高　达
nəm^4　kau^4　ȵa^1　pja^1　kau^3　ta^3
水　内　孖　甪　高　达

分　得　登　甪　登　近，
wən^1　me^2　tən^3　pja^1　tən^3　tɕin^5
分　得　登　岩　登　石

又　有　十　头　十　老
ju^6　me^2　ɕap^7　təu^2　ɕap^7　lau^4
又　有　十　头　十　老

讲　的　话　数　的　语
kaŋ^3　ti^1　lji^4　su^5　ti^1　suŋ^1
讲　的　话　说　的　语

日　乃　发　登　千　把　赖　吃
pən^1　nai^6　wet^3　təm^1　sin^1　tən^4　lai^1　tɕi^1
日　今　发　登　千　挑　赖　吃
（tən^{4}挑，量词，一挑约一百斤）

八　男　赖　养
pet^9　pan^1　lai^1　saŋ^4
八　男　好　养

牙　叫　却　岑　午　高　约　女
ja^2　tɕau^1　tin^1　tən^2　ŋo^2　kau^3　jo^1　nui^4
俩　咱　脚　山　午　高　约　女

岑　午　养　有　男
tən^2　ŋo^2　saŋ^4　me^2　pan^1
岑　午　养　有　男

约　女　养　有　女
jo¹　nui⁴　saŋ⁴　me²　mjek⁹
约　女　养　有　女

你　有　男　当　我　有　女　对
ŋa²　me²　pan¹　taŋ⁵　jau²　me²　mjek⁹　ti⁵
你　有　男　当　我　有　女　对

一　条　美　竹　不　成　山
i¹　ȵiu²　məi⁴　pən¹　qəi³　k'ən¹　ta³
一　条　根　竹　不　成　山

一　条　美　令　不　成　弄
i¹　ȵiu²　məi⁴　ljiŋ⁵　qəi³　k'ən¹ləŋ¹
一　条　树　独　不　成　冲

一　男　不　成　寨　一　女　不　成　言
i¹　pan¹　qəi³　k'ən¹　çai⁶　i¹　mjek⁹qəi³　k'ən¹　jan²
一　男　不　成　寨　一　女　不　成　家

日　乃　你　根　我
pən¹　nai⁶　ŋa²　k'ən¹　jau²
日　今　你　跟　我

结　成　亲　良　邦　成　亲　柱
ȵit⁹　k'ən¹　sən¹　ljaŋ²　paŋ¹　k'ən¹　sən¹　tuŋ⁶
结　成　亲　良　帮　成　亲　柱
（sən¹ljaŋ²，良亲之意；sən¹tuŋ⁶，如中柱般重要的姻亲）

美　竹　同　某　美　谷　同　良
məi⁴　pən¹　təŋ²　məu⁴　məi⁴　əu⁴　təŋ²　mjaŋ²
只　竹　同　节　根　谷　同　穗

郎　娘　同　代

$lang^2$ 　 $\eta_{.}ang^2$ 　 $teng^2$ 　 sem^6 　（$lang^2$ $\eta_{.}ang^2$ 郎娘，即新郎新娘）

郎　娘　同　代

牙　教　结　得　成　亲

ja^2 　 $\underline{t}au^1$ 　 $\underline{t}it^9$ 　 li^3 　 $k'en^1$ 　 sen^1

俩　咱　结　得　成　亲

做　得　成　客

we^4 　 li^3 　 $k'en\underline{\ }^1$ 　 $q'ek^9$

做　得　成　客

你　不　虽　贤　我　现　门　断

$\eta_{.}a^2$ 　 pu^6 　 kei^3 　 ςen^2 　 jau^2 　 jen^1 　 to^1 　 tak^7

你　也　不　嫌　我　闩　门　断

我　不　虽　贤　你　扒　选　约

jau^2 　 pu^6 　 kei^3 　 ςen^2 　 $\eta_{.}a^2$ 　 pak^7 　 ςem^6 　 jo^2

我　也　不　嫌　你　锁　关　不严

日　乃　牙　叫

pen^1 　 nai^6 　 ja^2 　 $\underline{t}au^1$

日　今　俩　咱

岑　大　做　田　面　大　做　亲

$\underline{t}en^2$ 　 mak^9 　 we^4 　 ja^5 　 na^3 　 mak^9 　 we^4 　 sen^1

山　大　做　田　脸　大　做　亲

天　报　天　观

men^1 　 pau^5 　 men^1 　 $k'wang^3$

天　说　天　宽

叫　　做　　亲　　又　　恒　　观
ȶau¹　we⁴　sən¹　ju⁶　hən²　k'waŋ³
咱们　做　亲　又　还　宽

孖　　报　　孖　　长
ȵa¹　pau⁵　ȵa¹　jai³
江　　说　　江　　长

叫　　做　　亲　　又　　恒　　长
ȶau¹　we⁴　sən¹　ju⁶　hən²　jai³
咱们　做　亲　又　还　长

日　　乃　　我　　得　　子　　少　　金　　讨　　金　　多
pən¹　nai⁶　jau²　li³　lak¹⁰　sau⁴　ȶəm¹　au¹　ȶəm¹　to³
日　今　我　得　子　女婿　金　拿　金　送

子　　少　　银　　讨　　银　　送
lak¹　sau⁴　ȵən²　au¹　ȵən²　sai¹
子　婿　银　讨　银　送

日　　乃　　尧　　光　　金　　光　　银
pən¹　nai⁶　jau²　kwaŋ³　ȶəm¹　kwaŋ³　ȵən²
日　今　我　碗　金　碗　银

学　　金　　学　　银　　讨　　多　　你　　子　　少
ço⁶　ȶəm¹　ço⁶　ȵən²　au¹　to³　ȵa²　lak¹⁰　sau⁴
箸　金　箸　银　拿　给　你　子　婿

嫩　　光　　耐　　讨　　多　　你　　子　　少
nən¹　kwaŋ³　nai⁶　au¹　to³　ȵa²　lak¹⁰　sau⁴
个　碗　这　拿　给　你　子　婿

221

追 水 孖 成 水 茶
tui³ nəm⁴ n̠a¹ k'ən¹ nəm⁴ çe²
舀 水 江 成 水 茶

作 谷 多 友 一 吃 一 有
to³ əu⁴ to³ pan⁴ i¹ t̠i¹ i¹ me²
装 饭 给 伴 越 吃 越 有

做 谷 做 客 一 吃 一 发
to³ əu⁴ to³ q'ek⁹ i¹ t̠i¹ i¹ wet⁹
装 饭 给 客 越 吃 越 发

恒 有 嫩 不 耐 讨 多 你 拿 拜 做 在
hən² me² nən¹ pu² nai⁶ au¹ to³ n̠a² təi² pai¹ we⁴ mjai⁵
还 有 个 瓜 好 拿 给 你 拿 去 做 瓢

昔 崩 你 要 把 嫩 文 多 尧 来 做 种
si¹ pən¹ n̠a² jiu⁵ sai¹ nən¹ wən² to³ jau² ma¹ we⁴ t̠on³
改 天 你 要 送 个 瓜 子 给 我 来 做 种

水 十 八 年 转 高 孖
nəm⁴ çi¹ pet⁹ n̠in² t̠on⁵ kau³ n̠a¹
水 十 八 年 转 头 江

鱼 十 八 年 转 高 归
qa¹ çi¹ pet⁹ n̠in² t̠on⁵ kau³ kui³
鱼 十 八 年 转 高 溪

日 乃 尧 大 子 少 金 讨 金 多
pən¹ nai⁶ jau² ta¹ lak¹⁰ sau⁴ t̠əm¹ au¹ t̠əm¹ to³
日 今 我 岳父 子 少 金 讨 金 多

子　少　银　讨　银　送
lak¹⁰　sau⁴　ȵən²　au¹　ȵən²　sai¹
子　婿　银　讨　银　送

恒　有　乃　煮　人　老
hən²　me²　nəi⁴　te¹　qən²　lau⁴
还　有　母　岳　人　老

大　又　打　瞎　耳　又　打　聋
ta¹　ju⁶　ta⁴　ça¹　k'a¹　ju⁶　ta⁴　lak⁷
眼　又　太　瞎　耳　又　太　聋

找　去　找　来　开　子　嫩　箱
k'ət⁷pai¹　k'ət⁷ma¹　q'əi¹　lak¹⁰　nən¹　çaŋ¹
找　去　找　来　开　小　个　箱

得　三　子　尺　布　打　扒
li³　sam¹　lak¹　çik¹³　ʈa¹　ta⁴　p'a¹
得　三　小　尺　布　太　灰

做　子　条　裤　讨　作　你　子　少
we⁴　lak¹⁰　ʈiu²　q'u⁵　au¹　to3　ȵa²　lak¹⁰　sau⁴
做　小　条　裤　拿　给　你　子　婿

条　库　耐　库　三　斗
ʈiu²　q'u⁵　nai⁶　q'u⁵　sam¹　təu³
条　裤　这　裤　三　角（内裤）

裤　耐　裤　半　坝
q'u⁵　nai⁶　q'u⁵　pan⁵　pa¹
裤　这　裤　半　边

进　　塘　　塘　　赖　　鱼　　进　　田　　田　　赖　　谷

lau³　təm¹　təm¹　lai¹　pa¹　lau³　ja⁵　ja⁵　lai¹　əu⁴

进　　塘　　塘　　好　　鱼　　进　　田　　田　　好　　谷

做　　生　　意　　一　　本　　十　　利　　十　　本　　万　　利

wen⁴　sən¹　ji¹　ji²　pən⁴　s'²　lji¹　s'²　pən⁴　wan¹　lji¹

做　　生　　意　　一　　本　　十　　利　　十　　本　　万　　利

左　　手　　交　　金　　右　　手　　交　　银

tso⁴　səu⁴　ȶau³　ȶən³　jən¹　səu⁴　ȶau²　jən²

左　　手　　交　　金　　右　　手　　交　　银

左　　手　　交　　金　　金　　满　　库

tso⁴　səu⁴　ȶau³　ȶən³　ȶən³　mon⁴　k'u⁵

左　　手　　交　　金　　金　　满　　库

右　　手　　交　　银　　银　　满　　仓

jəu¹　səu⁴　ȶau³　jən²　jən²　mon⁴　t'aŋ³

右　　手　　交　　银　　银　　满　　仓

胖　　打　　广　　响

p'aŋ¹　ta⁶　kweŋ⁵　ɕaŋ⁴

高　　过　　广　　响

（kweŋ⁵ɕaŋ⁴，响坳，在黎平中潮，为瑶族住地，是草苗心中最高之山）

亲　　客　　兄　　弟　　赖　　一　　样

sən¹　q'ek⁹　ȶai⁴　nəŋ⁴　lai¹　lau³　jaŋ⁶

亲　　客　　兄　　弟　　好　　一　　样

224

二 子婿接礼还恩情的话语——女婿接礼还恩情的颂词

日	乃	却	岑	午	高	约	女
pən¹	nai⁶	tin¹	ʨən²	ŋo²	kau³	jo¹	ny⁴
日	今	脚	山	午	头	约	女

岑	午	养	有	男	约	女	养	有	女
ʨən²	ŋo²	saŋ⁴	me²	pan¹	jo¹	ny⁴	saŋ⁴	me²	mjek⁹
山	午	养	有	男	约	女	养	有	女

我	有	男	当	你	有	女	对
jau²	me²	pan¹	taŋ⁵	ȵa²	me²	mjek⁹	ti⁵
我	有	男	当	你	有	女	对

一	条	美	竹	难	成	山
i¹	ʨiu²	məi⁴	pən¹	nan²	k'ən¹	ta³
一	条	木	竹	难	成	山

一	条	美	令	难	成	弄
i¹	ʨiu²	məi⁴	ljiŋ⁵	nan²	k'ən¹	ləŋ¹
一	条	树	另	难	成	冲

一	男	不	成	寨	一	女	难	成	言
i¹	pan¹	qɕi³	k'ən¹	çai⁶	i¹	mjek⁹	nan²	k'ən¹	jan²
一	男	难	成	寨	一	女	难	成	言

牙	叫	结	成	亲	良	邦	成	亲	柱
ja²	ʨau¹	ʨit⁹	q'ən¹	sən¹	ljaŋ²	paŋ¹	q'ən¹	sən¹	tuŋ⁶
俩	咱	结	成	亲	良	帮	成	亲	柱

牙　叫　美　竹　同　某　美　谷　同　良

ja^2　$\textsubdot{t}au^1$　$m\textschwa i^4$　$p\textschwa n^1$　$t\textschwa\eta^2$　$m\textschwa u^4$　$m\textschwa i^4$　$\textschwa u^4$　$t\textschwa\eta^2$　$mja\eta^2$

俩　咱　根　竹　同　节　根　谷　同　穗

郎　娘　同　代

$la\eta^2$　$\textltailn a\eta^2$　$t\textschwa\eta^2$　$s\textschwa m^6$

郎　娘　同　代

日　乃　岑　大　做　田　面　大　做　亲

$p\textschwa n^1$　nai^6　$\textsubdot{t}\textschwa n^2$　mak^9　we^4　ja^5　na^3　mak^9　we^4　$s\textschwa n^1$

日　今　山　大　做　田　脸　大　做　亲

日　乃　你　大　子　少　金　讨　金　作

$p\textschwa n^1$　nai^6　$\textltailn a^2$　ta^1　lak^{10}　sau^4　$\textsubdot{t}\textschwa m^1$　au^1　$\textsubdot{t}\textschwa m^1$　to^3

日　今　你　岳父　子　婿　金　讨　金　送

子　少　银　讨　银　送

lak^{10}　sau^4　$\textltailn\textschwa n^2$　au^1　$\textltailn\textschwa n^2$　sai^1

子　婿　银　讨　银　送

你　一　耐　样　俾　我　一　耐　样　得

$\textltailn a^2$　i^1　nai^6　$ja\eta^6$　pi^3　jau^2　i^1　nai^6　$ja\eta^6$　li^3

你　一　这　样　比　我　一　这　样　得

牙　一　耐　样　报　尧　一　耐　样　讨

ηa^2　i^1　nai^6　$ja\eta^6$　pau^5　jau^2　i^1　nai^6　$ja\eta^6$　au^1

牙　一　这　样　说　我　一　这　样　讨

光　金　光　银　学　金　学　银

$kwa\eta^3$　$\textsubdot{t}\textschwa m^1$　$kwa\eta^3$　$\textltailn\textschwa n^2$　$\textctc o^6$　$\textsubdot{t}\textschwa m^1$　$\textctc o^6$　$\textltailn\textschwa n^2$

碗　金　碗　银　箸　金　箸　银

讨　多　尧　子　少
au¹　to³　jau²　lak¹⁰　sau⁴
拿　给　我　子　婿

牙　一　耐　俾　尧　一　耐　得
ȵa²　i¹　nai⁶　pi³　jau²　i¹　nai⁶　li³
你　这　样　比　我　这　样　得

你　一　耐　报　尧　一　耐　样　讨
ȵa²　i¹　nai⁶　pau⁵　jau²　i¹　nai⁶　jaŋ⁶　au¹
你　这　样　说　我　一　这　样　讨

是　的　大　者　可　连　尧　子　少
çi⁵　ti¹　ta¹　te¹　k'ai³　jau²　lak¹⁰　sau⁴
是　的　岳　父母　可怜　我　子　婿

参考文献

[1] 石林、罗康隆：《草苗的通婚圈和阶层婚》，《广西民族大学学报》
2006 年第 36 期。

[2] 林良斌、吴炳升：《服饰大观》，《中国湖南通道侗族文化遗产集成》
（第四辑），香港：中国国际文艺出版社 2008 年版。

[3] 三江县民委：《三江侗族自治县民族志》，广西人民出版社 1989
年版。

[4] 《通道侗族自治县概况》编写组：《通道侗族自治县概况》，湖南
人民出版社 1986 年版。

[5] 《苗族简史》编写组：《苗族简史》，贵州民族出版社 1985 年版。

[6] 黎平县民族事务委员会：《黎平县民族志》，贵州民族出版社 1989
年版。

[7] 王辅世：《苗语简志》，民族出版社 1985 年版。

[8] 贵州省黎平县志编委会：《黎平县志》，巴蜀书社 1989 年版。

[9] 通道侗族自治县县志编纂委员会：《通道县志》，民族出版社 1999
年版。

[10] 靖州苗族侗族自治县县志编纂委员会：《靖州县志》，生活·读
书·新知三联书店 1994 年版。

[11] 吴泽霖、陈国钧：《贵州苗夷社会研究》，民族出版社 2004 年版。

[12] 湖南靖州苗族侗族自治县民族事务委员会：《靖州苗族侗族自治
县民族志》，湖南人民出版社 1997 年版。

[13] 陆中午：《通道侗族自治县民族志》，民族出版社 2004 年版。

[14] 罗义群：《苗族丧葬文化论》，华龄出版社 2006 年版。

[15] 龙生庭：《中国苗族民间制度文化》，湖南人民出版社 2004 年版。

［16］张永发：《中国苗族服饰研究》，民族出版社 2004 年版。

［17］石林、罗康隆：《草苗的通婚圈和阶层婚》，《广西民族大学学报》2006 年第 36 期。

［18］《苗族简史》编写组：《苗族简史》，贵州民族出版社 1985 年版。

［19］黎平县民族事务委员会：《黎平县民族志》，贵州民族出版社 1989 年版。

［20］三江县民委：《三江侗族自治县民族志》，广西人民出版社 1989 年版。

［21］黔东南州地方志编委会：《地理志》，贵州人民出版社 1990 年版。

［22］黔东南州地方志编委会：《交通志》，贵州人民出版社 1993 年版。

［23］黔东南州地方志编委会：《地名志》，黔东南师专印刷厂 1991 年版。

［24］贵州省黎平县志编委员会：《黎平县志》，巴蜀书社 1989 年版。

后　记

　　语言学者的研究离不开语料，田野调查是获取语料最直接最可靠的手段。我喜爱田野调查工作，它不仅能搜集到有用的语料，又可以了解民族地区的风土人情，还能结识很多民族朋友。我每年至少一次要到侗族或其他民族地区去进行语言田野调查工作，从1980年起，几乎未断过，足迹遍及南北侗各地和其他民族地区。此时我不能不想起这些民族朋友，没有他们的帮助，本书就难以出版。所以，我要诚挚地感谢对本书的调研出版有帮助的朋友和单位。

　　首先，我要衷心地感谢国家社科基金一直以来对我的资助，没有国家的资助本调查研究和本书也就难以完成！

　　其次，应该感谢的是湖南洞口县离休干部阳良梅先生。1994年10月和2005年的7月及10月，我先后三次对那溪话进行了调查，其发音人都是阳先生。那时他已是75岁高龄的老者了，但仍然坚持每天8小时跟我们一起工作。在那溪人中，年轻人那溪话不常用的词语已不会讲了，年长的大部分人汉语说得不好，文化水平又低，很多汉语词语他们又不知道是什么意思，我们之间交流有一定困难，而阳先生受过中学教育，那溪话又很熟，他是最合适的发音人了。有的词他一时想不起，回家问老伴后又回来告诉我们。后来我在整理语料中有拿不准的，电话问他或书信求助他，他都热情相助。在洞口的三次调查中，他老人家百问不厌，始终热情回答，真是太难得了。在此，我要再一次向阳先生示谢、请安！

　　第三，我要感谢的是杨锡先生。杨锡先生是通道本地人中之精英，曾任县政协副主席，为通道侗族和本地人的文史抢救整理和语言文字工作作出了很大的贡献。1994年10月我和研究生黄勇去通道调查本地话、官团侗语和团头侗语。此前，我和杨先生素昧平生，只是偶然收到他寄给我的一些资料。在通道调查的十余天时间里，我们在生活和工作中，都得到杨先生无微不至的关照和帮助，作为小辈的我们觉得很是感激。在工作刚刚完成后，我们就悄悄地离开了难忘的通道和古道热肠的杨锡先生，但不曾想到杨先生不久就离开了人世，那次难忘的谋面竟成了我们的永别！

第四，我要衷心感谢黔湘桂毗邻的黎平、三江、通道、靖州四县各县乡镇村的草苗领导和接受我们调查采访的村民。

我对草苗的调查始于 2005 年对通道原政协副主席吴家彦先生的调查，之后我又多次请教了他很多的草苗问题，每次他都不厌其烦地向我们介绍了草苗诸多的语言文化问题。2008 年和 2009 年我又对通道的花苗进行了调查，在每次调查中都得到了潘启斌、吴通爱、潘仕品、吴景铎、曾垂亮、李邦益、潘启亮等县乡村领导干部的热情帮助和盛情款待。在对肯溪的两次调研中，我们都得到肯溪花苗老乡的积极配合和盛情款待，我们不仅收获了有用的资料，也感受到了花苗同胞的好客热情。

黎平虽然不是草苗人口最多的县份，但却是草苗支系最多的县，60苗、花苗和 40 苗在黎平都有分布。我们在黎平的多次调查中都得到县政府办公室主任吴仕维先生的热情款待和帮助，我们下乡前，他总是预先给下面乡镇打招呼，让我们在下面的调查得以顺利进行。我们还要感谢黎平县委党校的吴金辉校长，他向我们耐心地介绍了草苗的支系婚姻碑约文化，让我们对草苗的历史和婚姻有了清晰的了解。2008 年暑假，我们在德顺乡天堂花苗寨的调查中得到了胡大力、杨远胜的鼎力相助。花苗村民不仅热情地接受了我们的采访，而且离别时他们都来为我们送行，还派摩托车送我们到乡里，令我们十分感动。2009 年寒假我们又去德顺龙安花苗寨调查，离别前，花苗村民设丰盛的村宴为我们饯行，很令我们难忘。2008 年 7 月我们到草苗中有名的黎平洪州镇归垒草苗古寨进行田野调查，村长召集村里寨老和我们座谈，向我们介绍了草苗悠久的历史由来。临别时村长又杀鸡款待我们，浓浓的土鸡汤和香醇的草苗糯米酒，永留在我们的记忆中。2008 年 7 月初我们对顺化乡的归豆草苗寨进行了田野调查。这是一个交通闭塞，老百姓的住房十分破旧、生活很贫困的寨子。可能是他们很少见到外人，全寨的人都来看望我们，争着回答我们提出的各类问题。临别时草苗老乡的香浓油茶，给我们留下了难忘的回忆。40苗分布在黎平肇兴乡和从江洛香镇的堂华、新平等地。2008年7月我们对从江新平40苗进行了调查，简陋的三轮货车颠簸在崎岖坑洼不平的山路上，把我们贵州民大的一位女生甩趴在了车箱内，险些出了大事。在新平村德格寨，我们了解到了40苗的语言婚姻历史，也享受到了40苗的美食——喷香的油茶和清炖土鸭及家酿糯米酒。40苗老乡淳朴的笑容和美食将永留在我们的记忆中。2008年7月和2009年10月我们两次对黎平肇兴乡的堂华村进行了调查。堂华村坐落在高高的六倍山之巅，山路也是极端难行。堂华是40苗的地理和历史文化中心，有3000多人的40苗大小村寨，大都分布在其四周。40苗是一个勤劳心灵手巧的民族，农忙务农，农闲做买卖或干泥瓦工，他们的寨子都收拾得很干净，生活也比较富裕。我们在堂华的调研中也体会到了40苗老乡的浓浓情意，也品尝到了当地田鱼的美味。感谢堂华40苗老乡，希望能有时间再去造访你们。

　　三江，是侗族地区山美水美人美的地方，是侗族县份中我去得最多的地方，是我魂牵梦萦的地方。1965年8月至1966年10月我在三江待了一年多。1967年初我们又串联到此，受到三江林校同学的友好接待。1980年10—12月，在导师邢公畹先生的带领下，张旭、李钊祥、董为光和我四个研究生在三江整整进行了三个月的实习，后来我又数次去了三江。每当我听到或和贵州民大的硕本学生一起唱起"naemx luih nyal yongc"（《水下溶江》）这首赞美三江的侗歌时，总会激起我对三江悠远的情思。三江虽然没有40苗和花苗，但经我们的调查统计，发现三江才是草苗人口最多的县份，而黎平并不是。2008年7月我和贵州民大2006级的侗语班同学对三江林溪、八江、独峒、同乐、良口、洋溪等乡的草苗语言文化进行了调查。我们每到一地都得到当地乡村领导群众的大力帮助和支持，只要我们需要，他们都要停下手上的活儿，来回答我们的各种问题，一直到我们满意为止。我们随便走访到哪一家，他们都热情地接待我们，有的还拿出老的歌本给我们看，离别时总以家里好吃的油茶、酸鱼等来款待我们。尽管我们和"草亲"的相处是短暂的，但他们的音容笑貌至今仍留在我们的记忆中。在三江对草苗的调查中，我们也结识了三江草苗的三个领导干部：原柳州卫校校长吴启航先生、三江职校校长龙怀益先生和三江县委宣传部干部胡伟先生以及县语委主任、侗族的吴美莲女士。他们把三江草苗的情况向我们作了详尽的介绍，还把收藏的草苗资料送给我们，完了每次不容我们推辞，他们都要热情宴请我们，使我们很是感动，也很过意不去。时间虽然已过去五六年了，但美丽的三江山水，热情淳朴的三江草苗干部群众仍然留在我们的记忆中。谢谢，"草亲"！谢谢，三江！

第五，我还要感谢贵州民族大学民族语言文化学院和文学院的各位老师和同学对我的关心帮助，让我能与他们在一起合作共事，度过了愉快难忘的六年。感谢 2005 级、2006 级的侗语班的龚永文、陈蓉、彭婧、梁思娥、石长井、杨红梅、熊恩琴、张江舒、石庆章、龙本洲等侗族同学，感谢你们和我一道对黔湘桂毗邻的三省坡地区的草苗进行了艰苦而有意义的田野调查工作，为本书的完成打下了良好的基础工作。同学们，jih naih yaoc nanc lamc xaop！（此生我难以忘记你们）

石　林

2014 年 4 月 1 日于贵州师范学院
贵州民族学与人类学高等研究院、
中国山地民族研究中心